죽음의 정치학

θάνατος
타나토스 총서

09

유교에서 죽음은 죽은 사람의 삶을 말해 주는 것이고 그의 인생을 판단할 수 있는 표지였다. 죽은 사람의 가족 및 사회적 관계를 단적으로 드러내는 계기가 죽음이라고 생각한 것이다. 인간은 죽음으로써 산 자가 꾸미는 사회의 질서로부터 벗어나 전혀 다른 새로운 세계로 들어간다. 그러나 죽었다고 해서 죽은 사람이 살아 있을 때 구축한 사회적 관계가 일거에 단절되는 것은 아니다. 죽은 사람의 삶은 가족이라는 유대를 통해 남겨진 가족과 후손에게 계승된다. 그 관계는 이제 남아 있는 가족과 자손의 삶을 통해서 이어진다.

죽음의 정치학

유교의 죽음 이해

이용주 지음

모시는사람들

※ 이 저서는 2012년 정부(교육부)의 재원으로 한국연구재단의 지원을 받아 수행된 연구임(NRF-2012S1A6A3A01033504).

머리말

21세기가 10여 년 흐른 이 시점에서 우리 사회는 마치 유행처럼 번지는 죽음 담론을 목격하고 있다. 그러나 그런 사실은 하나의 아이러니가 아닐 수 없다. 생명의 비밀을 담고 있다고 하는 DNA 지도가 해독되고, 빠른 시일 내에 인간이 수 천 년 동안 꾸어왔던 장생불사의 꿈이 실현될지도 모른다는 기대감이 팽배해 있는 고도과학의 시대에, 왜 사람들은 죽음에 관심을 가지는 것인가? 죽음이라는 인간의 근원적인 한계를 극복해버릴 수도 있는 듯이 보이는 희망의 시대에 희망에 부풀어 영원한 삶을 기대해도 부족할 판에, 그 희망을 송두리째 무화시킬 수도 있는 죽음에 대해 진지한 관심을 가지게 되는 것은 정말 어처구니없는 아이러니가 아닌가? 그러나, 죽음에 대한 사색은 죽음에 대한 공포를 극복하고자 하는 바람의 표출일 수 있지만, 동시에 삶 자체에 대해 느끼는 두려움과 초조함의 표현일 수 있다는 생각을 해볼 수 있다. 인간은 죽지 않고자 하는 강렬한 소망만큼이나, 길고 긴 삶의 시간을 살아야 한다는 사실에 대해 커다란 두려움을 가지고 있는 것이 아닐까? 사람들은 어떻게 하면 죽지 않을까 염려하지만 동시에 어떻게 하면 살아 있는 시간을 의미 있는 시간으로 만들까 하는 부담감을 가지고 사는 것 같다. 만일 정말 죽지 않고 영원히 산다면, 그 영원한 시간을 어떻게 보내야 하는가? 영원한 시간이 가져다 줄 공포! 그것은 어쩌면 죽음의 공포보다 더 큰 공포가 아닌가? 하릴없이 주어지는 한두 시간도 견디기 힘들어하는 현대인의 조급증을 생각해 본다면, 영원한 시간이 가져다 줄 지겨움의 공포도 만만치 않은 것임이 틀림없다. 오늘날 우리 사회에 퍼지는 죽음의 사색과 담론은 죽지 않음에 대한 희망이 안겨다 주는 무한한 시간에 대한 공포의 다른 모습이라고 볼 수 있지 않을까 생각하게 된다.

죽음의 사색은 '반드시' 좋은 삶에 대한 사색을 요청한다. 동서고금의 종교와 철학에서, 죽음은 언제나 좋은 삶을 촉구하는 반성적 주제로 다루어져 왔다. 죽음은 알 수 없는 것이기 때문에, 죽음 자체가 죽음 사색의 주제가 되는 경우는 거의 없다. 설사, 그런 방향으로 논의가 방향을 잡아가는 경우가 있더라도, 그런 논의는 결국은 좋은 삶에의 사색을 위한 준비이고, 삶의 반성으로서 의미를 가지게 된다. 죽음을 논의하다 보면 반드시 따라 나오게 되는 영혼의 존재라든가, 죽은 이후의 세계라는 주제에 대한 사색도, 결국은 그 자체를 분석적으로 혹은 실증적으로 이해하려는 목표 하에서 전개되지 않는다. 죽음 사색은 결국은 삶의 사색인 것이다. 그렇다면, 죽지 않음이 가져다 줄 영원한 시간, 적어도 죽음의 연기로 인해 얻게 될 잉여의 시간이 제기하는 사색 역시 죽음 그 자체를 이해하고자 하는 방향으로 나아가는 것이 아니라 그 주어진 시간, 그 잉여의 시간을 어떻게 살 것인가로 쏟아지는 것은 당연하지 않는가? 죽음이 두려운 공포의 대상이 되는 시대에서의 죽음 사색과 죽음이 연기됨으로 인해서 획득하게 된 잉여의 시간 안에서 전개되는 현대의 죽음 사색은 그 실질에 있어서는 같은 것임을 알 수 있다. 주어진 시간을 어떻게 사용할 것인가? 내가 나의 생명의 시간을 어떻게 장악하고, 또 그 시간 안에서 나는 어떤 인간으로 살 것인가? 어떤 삶이 인간으로서 보람 있고 가치 있는 삶인가? 결국 삶의 의미가 죽음 사색의 과제가 된다는 점에서 죽음의 사색은 죽음을 극복하게 될 고도과학의 시대에도 여전히 중요한 질문으로 떠오르게 된 것이다.

옛 사람들에게 죽음이란 곧 닥쳐올 미래로서 사색의 대상이 되었다. 죽음이라는 필연적 한계 앞에서 어떻게 살아야 하는가가 죽음 사색의 동기이자 과제였다. 아직 죽음이 완전히 극복되지 않은 오늘날, 현대인은 조금 연기되기는 했지만 여전히 닥쳐올 죽음을 사색한다. 연기되기는 했지만, 반드시 닥쳐올 미래라는 점에서 죽음은 고대인에게나 현대인에게나 결과적으로는 동일한 미지의 대상이자 두려움의 대상으로 남아 있다. 고도로 발달한 과학의 도움으로 죽음을 극복한다고 해서 글자 그대로 영원히 살 수는 없다. 신이 아닌 이상 인간은 어차피 언젠가는 죽기 마련이고, 그렇게 연기된 미래로서의 죽음은 여전히 미지의 것이고 두려움의 대상이 될 것이기 때문이다. 죽음이라는 주제 앞에서 우리는 결코 진정한 현대인은 아니다. 연기된 잉여의 시간을 누린다는 점 이외에 우리는 고대인보다 더 나은 조건을 가지고 있는 것은 아니다. 오히려 물질적 풍요함이 가져다주는 안락에 대한 익숙함 때문에 떠나는 우리의 발걸음이 더 무거워질 수 있다. 안락과 풍요가 미련으로 남아 우리의 발걸음을 더 강하게 잡아당길 가능성이 있다. 그만큼 현대인은 이 세상을 떠나기가 더 어렵고, 죽음에 대해 더 큰 두려움을 가지게 될 개연성이 높다.

그런 점에서, 고대인이나 현대인이나 죽음에 대해 두려움을 가진다는 점은 크게 다르지 않지만, 현대인이 고대인보다 더 불리한 조건을 가지고 있다고 말할 수도 있을 것 같다. 붙잡는 것이 하도 많아서, 떠나지 못하도록 미련을 갖게 하는 것이 하도 많아서, 죽음은 더욱 괴로운 것으로 여겨지고 또한 더 큰 공포의 대상이 될 가능성이 있다. 막연한 미련과 공포는 죽음의 사색이 진정으로 향해야 할 관심의 방향을 왜곡할 수 있다. 미래의 죽음에 대한 불안과 현재 누리는 것에 대한 미련 때문에, 불안과 미련이 증폭 작용을 일으켜 삶을 충실하게 살기 위해 쏟아야 할 생명 에너지를 죽음을 향해 소진하게 될 위험이 더 커진다. 생명의 환희를 누리기는커녕 아직 다가오지 않은 미지의 것에 관심을 쏟게 될 위험성이 커진다. 동서고금의 철학자, 종교가들은 미지의 죽음에 몰두하지 말고 우리가 알 수 있고 장악할 수 있는 현재의 삶에 진지한 관심을 가지라고 가르쳤다. 만약 인간이 언젠가 불사의 꿈을 이룰 수 있게 된다고 가정한다면, 자기의 삶을 철저하게 장악하지 못할 때 잉여의 시간 전체가 불안과 초조로 지새야 할 공포의 지속으로 변할 수 있다. 살아 있는 시간이 축복이 아니라 연장된 고통의 시간, 연장된 불안과 두려움의 시간이 될 위험이 있다. 더 오래 살아남기 위해, 왜냐하면 남들도 다 그렇게 오래 살아남으니까, 삶의 시간은 살아남기 위해 애태우는 연장된 번민의 시간이 되는 것이다. 텔레비전을 틀기만 하면 나오는 그 숱한 보험 광고, 그 숱한 건강식품 광고는 결국 미래의 불안을 파는 술책이 아닌가? 영원히 산다 하더라도 그 자체가 결코 우리를 행복하게 만들지 않을 것이다. 영원히 산다 하더라도 진짜로 불사신이 되는 것은 아닐 것이기 때문에, 죽음의 불안은 피를 말리는 공포로 다가올 가능성이 높다.

사실 필자는 지금부터 15~6년 전 '유교의 죽음 이해'라는 제목의 작은 글을 썼던 경험이 있다. 비교종교학을 공부하고, 특히 중국의 종교와 사상을 공부하는 필자로서 죽음 문제는 절대로 피할 수 없는 주제이기 때문에, 소장 종교학자들의 모임에서 현대적인 관점에서 종교를 다시 논의하는 가능성에 대해서 토론하는 와중에, 죽음 문제를 다루었던 것이다. 그리고 그 사이, 죽음 자체를 크게 생각하지 않으면서, 바쁜 시간을 보냈다. 젊었기 때문에 죽음은 실감나는 주제가 아니었던 탓도 있고, 죽을 때가 되면 죽을 것이니 살아 있는 동안 잘 살자는 생각이 있었기 때문이기도 하다. 바쁘게 사는 동안 그야말로 순식간에 15년이 흘렀다. 그 사이 나는 나 자신도 의식하지 못하면서 죽음에 관해서 여러 편의 글을 써왔고 죽음을 항상 염두에 두고 있었던 것 같다. 그렇다고 내가 쓴 글, 내가 한 생각이 그다지 쓸모 있는 것이라는 생각을 했던 것은 아니다. 나의 생각이 쓸모가 있는 것이라면 얼마나 좋을까마는, 그렇지 않다 하더라도, 그런 생각이 적어도 나에게는 좋은 생명 에너지로 작용하고 있었던 것이 틀림없다.

한림대학교의 생사학연구소로부터 죽음에 대한 유교의 생각을 정리해 볼 의사가 없는가 하는 제안을 받고, 선뜻 그러겠노라 답을 했다. 그러나 누구나 읽을 수 있는 쉬운 글을 쓰는 일은 사실 쉬운 과제가 아니었다. 그리고 어느새 2년이 흘렀다. 그 결과는 이렇게 유교의 죽음 사유를 대강 시대 순으로 정리하는 것으로 일단락되었다. 유교 고전에 등장하는 죽음에 대한 사색에서 시작하여, 죽음과 필연적으로 연관되어 있는 주제인 귀신, 혼백, 이기, 성명, 군자, 가족, 민본, 불후 등의 문제를 어설프게나마 다루어보았다. 유교에서 죽음은 개인의 문제에 그치지 않는 가족의 문제, 공동체의 문제, 국가의 문제로 주제화 된다는 사실을 특별히 강조했다.

유교의 죽음 이해라는 작은 글을 쓰고 난 이후 필자도 어느새 훌쩍 더 이상 젊다고 할 수 없을 만큼 충분히 나이를 먹었다. 적어도 죽음의 준비라 할 수 있는 늙음과 병을 경험하고, 젊었을 당시에는 생각하지 못했던 몸의 피로를 느끼는 나이가 되었다. 게다가 직업상, 여행을 많이 하고 장거리 교통수단을 자주 이용하는 삶을 살다보니, 내가 원하지 않더라도 언제든 죽을 수 있다는 가능성을 항상 염두에 두고 살고 있다. 오늘날 우리가 준비해야 할 것은 단순한 노쇠와 질병으로 인한 죽음만이 아니다. 우리가 누리는 편리함으로 인해 맞이할, 징벌이자 선물로서의 죽음도 염두에 두어야 한다. 소위 위험사회가 가져다주는 죽음도 염두에 두어야 하는 것이다. 우리가 사는 오늘의 대한민국은 경제적으로는 상당히 진전했지만 대단히 많은 잠재적 위험을 도처에 숨기고 있는 불안한 사회가 되어 버렸다. 죽음의 사색이 좋은 삶의 기대와 반성으로 이어지는 것인 만큼, 좋은 삶은 또 반드시 좋은 사회라는 전제 위에서만 실현되는 것이다. 좋은 사회를 전제하지 않은 좋은 삶의 논의는 부르주아의 사치이거나, 공허한 담론으로 그칠 위험이 크다. 죽음의 사색이 범람한다고 말해도 좋은 오늘날, 좋은 죽음과 좋은 삶에 대한 사유가 좋은 사회를 향한 토론으로 이어지는 것을 별로 볼 수 없는 것은 안타까운 일이 아닐 수 없다.

그런 점에서 오늘날 한국 사회에서 벌어지고 있는 죽음의 사색은 방향을 잃고 있는 것이 아닐까 하는 의구심을 가지게 된다. 나는 이 책에서 유교의 죽음 이해라는 주제를 실마리로 삼아, 죽음 사색은 결국 좋은 삶을 향한 탐색이며, 그런 사색과 탐색이 의미를 가지기 위해서는 좋은 사회를 건설하고자 하는 치열한 숙의가 필요하다는 사실을 강조했다. 나의 주장을 피력하기보다는 내가 읽어온 유교 문헌이 그런 생각을 담고 있기 때문에 그 점을 부각시키려고 했다고 말하는 것이 옳다. 유교에서 말하는 좋은 삶은 군자의 삶이다. 지혜롭게, 용기를 가지고, 절제하면서, 불의에 굴하지 않고, 자기다움을 실현하는 사람이 군자라고 유교는 가르친다. 그리고 그런 군자가 만들어 내는 사회, 그것이 좋은 사회다. 나는 이 책을 통해서 군자의 먼발치에도 서지 못하는 부끄러움을 고백하고, 좋은 삶과 좋은 사회를 만들고자 하는 문제의식과 치열함이 점차 사라져 가는 이 시대의 맹목성에 대한 아쉬움을 표현하려고 했다.

이 책을 쓸 수 있도록 과제를 주신 한림대 생사학연구소 HK 단장이신 오진탁 교수님과 실무를 책임지고 많은 조언을 해주신 이창익 박사에게 감사드린다.

2015년 5월

이용주

차례

제1장 | 유교와 죽음의 정치

제사는 국가의 중대사!

『좌전』은 유교적 관념의 형성 과정을 잘 보여주는 중요한 고전이다. 그 『좌전』에는 국가 운영에서 가장 중요한 일이 "제사와 전쟁[戎, 祀]"이라고 하는 말이 나온다. "국가의 대사는 제사와 전쟁이다."[1] "제사는 국가의 대사다."[2] 등이다. 『좌전』에서 국가의 대사라고 말하는 '제사와 전쟁', 그 둘 모두가 죽음과 밀접한 관련을 가진 일이다. 여기서는 일단 '제사'에 초점을 맞추어 '유교의 죽음 이해'라는 문제에 대해 이야기하려고 한다.

'제사'는 귀신 및 신령을 섬기는 의례다. '제사'란 사자숭배의 한 방식으로서, 사람의 주검을 처리하는 '상장례'와 깊은 연관을 가진 의례다. 제사는 몸이 죽은 다음에 혼백魂魄이 어딘가에서 일정 기간 동안 지속된다는 믿음을 전제한다. 몸이 죽은 다음에 아무것도 남지 않는다는 생각은 근대적 사유의 산물이다. 근대 이전에는 죽으면 모든 것이 끝난다는 생각이 오히려 예외적이었다. 사람이 죽은 다음에도 무엇인가가 남아서 지속된다는 생각이 오히려 일반적이었고, 한문 문명권에서도 역시 그런 생각이 존재했다. 그런 문화 안에서, '제사'가 국가 운영에서 가장 중요한 일이라고 생각하는 것은 납득이 간다. 그리고 그것은 오늘날에도 숙고할 가치가 있다.

전쟁은 인간 사회에서 피할 수 없는 것이며 국가의 존망을 결정하는 중대한 사건이다. 절대적 평화주의는 이상일 뿐 현실에 실현되기는 어렵다. 전쟁을 연구하는 학문을 '평화학'이라고 말하는 것을 보아도, 전쟁이 발생할 가능성이 지극히 높기 때문에 평화에 대한 소망도 그에 비례하여 커진다는 것을 알 수 있다. 전쟁에서는 필연적으로 인명 살상이 일어난다. 전쟁과 죽음은 뗄 수 없는 관계가 있다. 이처럼 전쟁의 중요성은 누구나 쉽게 이해할 수 있지만, 제사가 국가 운영에서 왜 중요한지, 왜 제사가 전쟁과 같은 비중으로 언급되는지, 그 이유는 쉽게 와 닿지 않을 수 있다. 따라서 제사가 전쟁만큼이나 중요한 국가의 일이라는 말에 대해 약간의 설명이 필요할 것 같다.

'한갓' 종교적 활동일 뿐인 제사가 왜 그리 중요한가. 개인의 선택 문제일 뿐인 제사를 중시하는 관점을 어떻게 볼 것인가. 그것은 단지 과학적 지식이 부족했던 시대의 낡은 생각일 뿐인가?

전쟁에는 반드시 인명 살상이 일어난다. 당연히 희생자를 애도하고 추모하는 일은 국가의 중요한 임무 중의 하나다. 전쟁 희생자를 추도하는 현충일이나 '메모리얼 데이'가 중요한 국경일의 하나로 지정되어 있는 것을 생각해 보면 쉽게 알 수 있다. 실제로 종교와 무관할 것 같은 오늘의 정치에서도, 전쟁과 제사(애도와 추모)는 동전의 양면처럼 맞물려 있는 정치적인 일이 되고 있다. 그렇다면, 죽음을 애도하고 죽은 사람을 추모하는 '제사'가 '전쟁'과 마찬가지로 중요한 일이라고 하는 생각은 낡은 전근대적 사유의 잔재가 아니라 지극히 보편적인 정치적 사유라는 것을 알 수 있다. (물론 그런 행사를 한갓 시늉으로 여기는 정치가가 없는 것은 아니다.) 2,500년 전의 유교 사상가들은 죽음에 대한 애도의 의례인 제사가 전쟁만큼이나 중요한 사건이라는 사실을 정확하게 파악하고 있었던 것이다.

유교에서 '제사'를 '전쟁'과 같은 비중으로 다루었다는 사실은 유교를 이해하는 실마리가 될 수 있다. 초월 존재에 대한 신앙과 그런 신앙에 근거를 둔 '제사'가 단순히 미신적 잔재에 불과하다거나 과학이 발달하기 이전의 전근대적 사유의 소산이라고 보는 무지막지한 근대주의적 관점에서 벗어나기 위해서, '제사'의 중요성을 강조하는 유교의 입장은 숙고를 요하는 문제가 될 수 있다는 것이다.

국가는 무력 충돌에 의해 망할 수도 있고 흥할 수도 있다. 국가의 지도자들이 따라서 전쟁에 관심을 가지는 이유다. 나아가 유교는 정치 지도자가 인간의 죽음 문제에 대해서 진지한 관심을 가져야 한다고 강조한다. 현대의 민주주의적인 감각과 상당히 다르다는 것을 알 수 있다. 유교에서는 정치 지도자가 백성의 '죽음'을 애도하는 일이 중요하다고 말한다. 왜냐하면 백성의 죽음에 대한 애도는 그들의 '신뢰'를 획득하는 일과 깊이 연관되어 있기 때문이다.[3] 제사는 좁게 보면 신령에 대한 의례이지만, 넓게 보면 죽음과 연관된 모든 문화적 활동을 가리킨다. 전쟁이 중요한 문제가 되는 이유는 그것이 국민과 국가의 죽음과 연관된 일이기 때문이다. 국민의 생사는 또한 국가 존망의 전제다. 바로 그렇기 때문에 국가는 '전쟁'에 관심을 가지는 것이다. 전쟁이 목표이고 국민이 수단이 아니라 국민의 생명을 확보하는 것이 목표이기 때문에 국가는 전쟁에 주의를 기울이는 것이다.

고대 중국에서는 신령이 존재한다고 하는 믿음이 일반적으로 존재했다. 전쟁의 승패가 신령의 의지에 좌우된다고도 믿었다. 그런 사회에서 신령에 대한 제사가 중요한 일이 되는 것은 당연하다면 당연하다. 그러나 신령의 존재를 확신하지 못하는 현대에 있어서도, 국민의 죽음, 특히 국가 구성원의 집단적 죽음은 정치적으로 반드시 중요하게 다루어야 할 문제가 된다. 국민의 생명을 가볍게 여기는 국가가 오래 유지될 수 없는 것은 당연한 일이다. 정치에서 '제사'가 중요하다는 말은 국민의 '생명'에 관심을 가져야 한다는 말과 다르지 않다. 국가 지도자의 최대의 임무는 국민의 삶과 죽음을 관리하는 일이다. 백성의 삶도 중요한 문제이지만, 백성의 죽음은 더욱 더 중요한 정치 문제가 된다. 국민 개인의 죽음은 사적인 일이기 때문에 공적인 정치와 무관하다고 가볍게 생각하는 지도자가 있다면, 그는 지도자로서의 자격이 없다. 사람이 죽는다는 일은 개인적인 일이면서 동시에 지극히 사회적인 일이고, 사적인 일이면서 동시에 지극히 공적인 일이기 때문이다.

백성의 생사와 국가의 존망

제사는 신령과 혼령을 추모하고 그들과 건강한 관계를 맺기 위한 목적으로 실행된다. 유교 국가에서 상례와 제사는 단순히 개인의 일이 아니라 정치의 핵심이기도 했다. 사람이 죽었을 때 개인적인 취미에 따라 자기 방식대로 주검을 처리하는 것을 허용하는 사회는 없다. 최근에는 종교다원주의가 확립되어 종교에 따라 독자적인 방식으로 상례를 거행하는 것을 인정하지만, 그것조차도 국가의 관리 하에 놓여 있다. 죽고 살고는 언제나 사적인 동시에 공적인 일인 것이다.

특히 고대의 유교 국가에서 상례와 제사는 엄중하게 공적인 일이고 정치적인 일이었다. 개인이 마음대로 주검을 처리하거나 상례나 제사를 거행하는 것은 허용되지 않았다. 그리고 상례와 제사를 소홀히 하는 정치권력은 권력의 정당성을 인정받을 수 없었다. 신령에 대해 올바른 의례를 실행할 수 있는지 여부가 권력 정당성의 조건이었던 것이다. 서양 중세의 기독교 국가에서 교회가 정치권력 위에 군림하거나, 이슬람 정치권에서 종교가 정치권력 위에 서 있었던 것을 생각해 보면 쉽게 이해할 수 있는 일이다. 전통적인 유교 국가에서 정치와 종교는 분리되지 않았고, 정치권력은 동시에 제사 권력으로서의 권위를 가졌다. 제왕의 가장 중요한 책무는 천신에게 제사드리는 것이었다. 지방관의 가장 중요한 임무 중의 하나는 지역의 신에게 제사를 드리는 일이었다. 가부장의 가장 중요한 책무 역시 조상신에게 제사드리는 것이었다. 그들에게 제사는 의무이자 권리였다. 그런 상황에서 '제사'가 국가의 '큰 일[大事]'이라는 것은 당연한 말이 된다.

정신분석학자 지그문트 프로이트(Sigmund Freud)는 전쟁을 억지하기 위해서는 전쟁에 관심을 가져야 한다고 말했다("Why War?" : 아인슈타인과 프로이트 간의 서신). 전쟁은 피하려고 눈을 감는다고 피해 갈 수 있는 것이 아니기 때문이다. 전쟁을 두려워하고 전쟁을 피하려고 할 때 진짜 전쟁이 가까이 와 있을 수 있다. 마찬가지로, 죽음은 피한다고 피할 수 있는 일이 아니다. 오히려 죽음을 직시할 때, 죽는다는 사실은 개인과 사회를 건강하게 만드는 생존의 에너지로 전환될 수 있다.

사회 구성원의 죽음은 개인적인 일인 것 같지만 사실 모든 죽음은 국가의 제도 혹은 시스템과 연관이 있다. 누군가가 자살했다고 하자. 그 사람의 죽음은 단순히 개인의 일에 그치지 않는다. 누군가가 사고를 당해 죽었다고 해 보자. 그 경우도 마찬가지다. 독거노인이 홀로 어디선가 숨을 거두고 방치되어 있다가 여러 날이 지난 후에 발견되었다고 해 보자. 그 죽음은 국가의 시스템과 무관한 일이라고 말할 수 없다. 더구나 '세월호 사건'처럼 국가의 재난 대처 능력의 부족으로 인해 발생한 대형 사고에서의 죽음은 더 말할 필요가 없다. 어떤 경우든, '국민의 죽음'은 단순히 개인의 일에 그치지 않는다. 서로가 책임을 떠넘기기 위해, 그것은 나의 일이 아니고 우리의 일이 아니라고 애써 회피하는 경우는 있지만, 구성원의 죽음에 대해 국가가 전혀 책임이 없는 경우는 거의 없다

국민의 삶과 죽음에 관심을 가지는 것은 국가의 책무다. 국가는 살 수 있는 사람이 죽는 비극을 막아야 하고, 살아 있는 사람이 죽고 싶다는 절망감을 느끼지 않는 시스템을 만들기 위해 노력해야 한다. 국가는 국민들이 죽음에 대해 갖는 '불안과 공포'를 이해해야 하고, 생명에 대한 집착과 죽음 이후의 삶에 대한 소망을 이해해야 한다. 그리고 그런 이해가 바탕에 있을 때에만, 국가는 구성원의 죽음이 헛된 것이 되지 않을 수 있도록 세심한 관심을 쏟을 수 있다. 삶과 죽음의 의미를 정립하지 못하는 국가는 국민의 신뢰를 상실하고 한순간에 와해될 수 있다. 국가가 '전쟁'에 관심을 쏟는 만큼이나 죽음과 연관된 문제인 '제사'에 관심을 가져야 하는 이유가 거기에 있다. 제사는 죽음에 의미를 부여하는 일, 나아가 삶에 의미를 부여하는 활동이기 때문이다.

국가의 가장 기본적인 존재 이유는 국민의 생명을 지키는 것이다. 국민은 누구도 죽어서는 안 된다거나, 모두가 영원불사해야 한다는 말이 아니다. 죽는다는 것은 누구도 피할 수 없는 일이지만, 국민의 죽음이 개죽음이 되지 않도록 주의를 기울이는 것이 국가의 책무라는 말이다. 그 사실을 부정할 사람은 없을 것이다. 그러나 현재 대한민국에서 '국가'와 정치는 국민의 생사에 진정 어린 관심을 가지는 제도가 아니라 국민들로부터 위임받은 권력을 향유하고 거기서 나오는 단물만을 빨아먹는 기생충적 존재로 전락한

것이 아닌가 하는 의구심을 갖는 사람이 적지 않은 듯하다. 정치가 방향을 상실하고, 국가는 허둥지둥 무엇을 해야 할지 모르는 것 같다. 국민들이 알 수 없는 '거대한' 목표를 달성하기 위해 바쁘기 때문에 국민 개개인의 죽음에 신경을 쓸 겨를이 없을 정도로 바쁘다는 나라! 국가의 관심사는 국민 '전체'의 번영을 추구하는 것이기 때문에 개인의 죽음 '따위'는 개인이 알아서 처리하라는 나라! 이런 나라에서 누가 공동체 의식을 가질 것이며, 누가 진정 어린 충성을 바치겠는가.

『좌전』이 국가의 대사大事가 '전쟁'과 '제사'라고 말했을 때, 그것은 국민의 생존과 국가의 존망은 하나이기 때문에 국민의 생사에 관심을 가지는 일이 정치의 책임이라고 보는 '민본주의'를 표명한 것이다. 민본주의는 국민(백성)이 국가의 근본이라고 보는 입장이다. 이처럼 백성들의 죽음이 개죽음이 되지 않을 수 있도록 배려하는 것이 국가의 가장 중요한 임무라고 주장하는 유교의 관점은 절대로 낡은 것이라고 말할 수 없다. 현대정치의 고상한 속사정은 잘 모르지만, 낡은 것이라고 치부되는 유교 정치론은 적어도 그 점에 있어서는 정치의 근본에 대해 다시 생각하게 만드는 힘을 가지고 있다. 국민의 '죽음' 문제에 섬세한 배려를 쏟지 못하는 정치는 제대로 된 정치가 아니라는 점을 지적한다는 그 사실만으로도 그렇다.

국가가 국민의 생명에 관심을 기울이고 국민의 생사 문제에 깊은 관심을 가질 때, 국민들은 죽음에 대한 막연한 공포를 떨쳐 내고 죽음을 필연적인 사건으로 받아들이면서 충실한 삶에 매진할 수 있다. 심지어 자기의 목숨을 걸고 사회의 안녕을 위해 헌신하고, 공동체를 위해 자기를 희생하는 용기를 낼 수도 있다. 사람의 생명이 존중받는 사회에서 개인은 자신의 생명도 소중한 것이라는 확신을 가질 수 있다. 다른 사람의 죽음이 가치 있는 것으로 다루어지는 것을 볼 때, 나의 죽음도 의미 있는 것이 될 수 있다는 확신을 가질 수 있다. 그런 신뢰가 상식으로 자리 잡을 때에 비로소 사회와 국가는 안정적으로 유지될 수 있다. 공자는 도리가 무너진 나라에서 부귀영화를 누리는 일은 부끄러운 일이라고 말한 바 있다. ("邦無道 富與貴 恥也") 사람의 생명을 무가치한 것으로 여기는 나라에서, 삶의 가치를 말하는 것은 공염불이 될 수 있다는 말이다.

이 나라에서 나의 생명과 죽음은 헛된 것이구나, 이 사회 안에서 나는 무의미한 존재로 살다가 그냥 그렇게 사라지는구나! 이런 허무와 낙심이 지배하는 사회에서 타인을 위해 자신을 희생한다는 것은 정말 개죽음이라고 생각되지 않겠는가? 국민이 국가에 대해 총체적인 불신감을 가질 때, 그 국가는 사람이 살 곳이 아니게 된다. 공자가 국민의 '신뢰'가 정치에서 가장 중요한 것이라고 말한 이유다! ("民無信不立") 죽음에 의미를 부여하며 죽은 자와 관계를 정립하는 '제사'가 전쟁과 더불어 국가의 중대사라고 하는 말에는 이런 깊은 의미가 숨어 있다.

유교 죽음론의 시선

여기서 정말로 신령이 존재하는가, 혹은 제사 대상이 되는 죽은 자의 영혼이 존재하는가 아닌가는 문제가 되지 않는다. 신령 세계의 존재 여부, 죽음 이후의 영혼의 존재 여부는 인간의 인식으로는 알 수 없는 것이다. 그렇기 때문에, 우리는 제대로 삶을 살기 위해서라도 죽음의 의미와 가치에 대한 확신이 필요하다. 죽음 이후의 세계가 존재하지 않는다 해도, 죽음이 의미 있는 것으로 받아들여지고 적절한 애도를 받는 그런 정도의 가치를 가진 것이라면, 죽음에 대한 막연한 두려움이나 허무감을 극복할 수 있다. 죽음에 대한 바른 이해를 확립하고 구성원의 죽음에 대한 올바르게 대처하는 일은 그 사회를 유지하고 강화하는 데 진정으로 중요한 과제가 될 수 있다.

죽음 이후의 세상과 사후의 생명이 정말로 존재하는지 아닌지, 알 수 없는 일이지만, 사실 그 문제는 그다지 중요하지 않다. 그것과 무관하게 구성원의 죽음에 대한 사회와 국가의 대처 방식은 살아남은 사람의 공동체 의식을 결정하는 중요한 변수가 되는 것은 분명하다. 국민의 죽음을 개죽음으로 만드는 나라, 사람의 죽음을 아무런 의미와 가치가 없는 것으로 처리하는 나라에서 삶의 의미를 진지하게 사유하기는 어려울 것이고, 그 누구도 국가와 공동체에 대해 존경과 충성을 바치려 하지 않을 것이다.

유교에서 전쟁과 제사, 전쟁과 죽음의 중요성을 강조하는 이유는 전쟁과 죽음 그 자체의 본질을 이해하려는 관심 때문이 아니다. 유교는 그런 본질의 탐구에 큰 관심을 가지지 않는다. 유교에서 신의 존재 여부를 철학적으로 탐구하는 신 존재 증명이나 현상을 넘어선 본질에 대한 형이상학적 탐구가 그다지 활발하지 않았던 이유다. 유교의 모든 관심은 세상에서 평화로운 삶을 사는 방법을 탐색하는 일, 백성들의 생명이 존중받는 국가를 만드는 일에 기울어져 있다. 행복한 삶을 가능하게 하는 평화와 생명 존중이 유교의 근본 관심이었다. 죽음 이후에 영혼이 지속되는가, 혹은 영혼과 귀신은 '실제로' 존재하는가를 탐구하는 일이 유교의 근본 관심으로 떠오른 경우는 거의 없다.

그러나 죽음 문제에 관심을 가지다 보면 '죽음 이후'의 삶이나 죽은 다음의 세계 및 영혼(혼백, 귀신)의 행방에 관한 물음이 자연스럽게 따라 나온다. 그러나 그런 경우라도 '죽음 이후'가 진지한 학문적 탐색의 주제가 되는 경우는 많지 않다. 설사 그것이 주제로 등장한다 하더라도, 그 사후 세계의 존재를 '증명'하고자 하는 관심에서가 아니라 삶의 문제를 더 잘 이해하기 위한 사유의 단초로서 의미가 있었다. 결국 유교에서 관심을 가지는 것은 죽음의 형이상학적 탐색이 아니었던 것이다. 유교는 언제나 삶의 문제로서만 죽음을 다루었다. 유교의 기나긴 역사 안에서, 앞에서 언급한 『좌전』을 비롯하여, 공자孔子, 맹자孟子, 왕충王充, 주희朱熹, 왕양명王陽明 등 수많은 사상의 대가들을 만날 수 있다. 그들은 예외 없이 죽음 문제에 관심을 기울였다. 죽음 사유가 그들의 사상적 주제의 하나라고 해도 과언이 아닐 정도로, 그들은 죽음을 진지하게 사유했다. 따라서 유교가 죽음에 관심을 기울이지 않는다는 세간의 평가는 오해다. 그들 중에는 죽음 이후의 사후적 생명(혼백, 귀신)의 존재 양상을 이론적으로 설명하려는 관심을 가진 경우도 없지 않다. 하지만 그들의 사상 세계 안에서 죽음은 언제나 삶의 문제를 해결하고자 하는 관심의 일환으로 주제화되었다. 유교의 최대 관심사는 생명이고 백성의 좋은 삶이었던 것이다.

『좌전』에서 '전쟁'과 '제사'가 국가의 중대사라고 말할 때도 최종적인 관심은 백성의 삶이고, 백성들로 구성된 국가 공동체의 존속이었다. 때때로, 극단적인 국가주의적 관점에서 백성의 삶을 국가 존속의 수단으로 사유하는 사상가가 없었던 것은 아니다. 하지만 유교의 근본적 관심은 백성의 삶이며, 국가는 그 목표를 달성하기 위한 수단이었다는 사실은 변하지 않는다.

국가는 추상적인 개념에 불과하다. 국가를 구성하는 한 사람, 한 사람이 모여야 국가가 성립된다. 국민이 없는데 국가만 존재하는 경우는 없다. 국가의 목표는 국가 그 자체나 국민을 지배하는 통치 집단, 혹은 기존의 체제를 유지하는 것이 아니다. 국가는 국가를 구성하는 국민으로 인해서, 그리고 국민을 위해서 존재하는 것이다. 이것은 유교 국가론의 핵심이며, 유교 국가론의 기본 중의 기본이다. 역사 속에서 국가가 국민을 단순한 수단이나 도구로 이용했던 불행한 경험이 없었던 것은 아니다. 그러나 그렇다고 해서 국가론의 기본이 바뀌는 것은 아니다. 그런 기본은 모든 유교 사상가들에 의해 명확하게 천명되었다.

그런 유교의 국가론을 우리는 '민본' 국가론, 혹은 '민본' 사상이라고 부른다. 민본은 '이민위본'以民爲本, 즉 '백성이 국가의 근본'이라는 말의 줄임말이다. 따라서 '민본'이라는 말이 하나의 공식적인 개념으로 존재했던 것은 아니다. 유교적 '민본'은 '왕도'王道 정치를 통해 실현된다. 왕도 정치란 백성을 사랑하고 백성이 국가의 근본이라고 생각하는 지도자가 이끄는 정치라는 말이다. 전통 시대에 왕도 정치는 세습적 군주인 왕을 전제하는 정치 이념이었다. 그러나 왕도 정치를 반드시 세습직의 왕이 지배하는 정치라고 볼 필요는 없다. 왕권 시대에는 왕권적인 왕도 정치가 있을 수 있고, 민주 시대에는 민주적인 왕도 정치가 있을 수 있다. 그리스적 의미의 민주와 20세기적 의미의 민주, 심지어 볼셰비키적 민주가 존재할 수 있는 것처럼.

국민이 모두 참여하는 민주적 선거에 의해 지도자를 선출하는 제도를 실천한다고 해서, 곧바로 민주주의가 실현되었다고 말할 수 없다. 민주적으로 선출된 지도자라고 해서 곧바로 국민을 위한 정치를 실행하는 것은 아니다. 민주적인 선거로 뽑힌 지도자 중에서 지도자답지 못한 숱한 지도자들을 경험한 우리는 그 사실을 너무나 잘 안다. 왕도 정치는 단순히 지도자 선출의 방식을 두고 하는 말이 아닌 것이다. 민본의 이념을 실천에 옮기는 정치가 왕도 정치다. 왕이 왕다울 때, 즉 지도자가 지도자다울 때, 그리고 그런

왕(지도자) 아래서 신하(관료, 공무원)가 신하다울 때, 그런 사회에서 사람이 사람으로 존중받고 국민들이 모두 사람다움을 실현할 때, 그런 사회를 만드는 정치를 왕도 정치라고 말할 수 있다.

민본 정치는 중민重民 정치라고 불리기도 한다. 중重은 무겁고 소중하다는 말이다. 결국 중민 정치란 백성을 소중하게 여기는 정치, 백성을 귀하게 여기는 정치라는 정도의 의미일 것이다. 그러나 중민重民과 중민衆民은 구별해야 한다. 중민衆民과 중민重民은 발음은 같지만 내용이 근본적으로 다르다. 전자, 곧 중민衆民 정치는 사람 머릿수로 정당성이 보증된다고 믿는 정치다. 그야말로 '데모(demo, 多衆)'의 '크라시(-cracy, 統治)'다. 우리가 '데모-크라시'를 '민주주의'로 번역한 것은 잘못이라는 생각이 든다. 충분히 정치적으로 성숙하지 않은 '다중多衆'이 사회를 구성할 때에는 그런 민주주의는 언제든 껍데기만 민주적인 형식주의로 흘러가고, 결국은 백성이 주인인 정치가 아니라 백성을 우롱하는 우중愚衆 정치로 전락할 위험이 있다. 형식적으로만 국민이 주인인 나라의 정치가 중민衆民 정치라면, 내용적으로 실질적으로 국민이 귀하게 대접받는 나라의 정치가 중민重民 정치, 곧 민본 정치다.

'민본'이야말로 민주의 진정한 내용의 하나라고 말할 수 있다. 그러나 오늘날 우리가 경험하는 민주 정치는 선거의 형식에만 집착하는 개념이기 때문에, 구호로만 국민이 주인이 되는 정치로 흐르고 있다. 그럴 경우에도 명칭은 여전히 '민주주의'이기 때문에, 자칫 이름이 사실을 호도할 수 있다. 하지만 '민본'은 정치의 내용을 가리키는 질적인 개념이다. 따라서 형식적으로만 '민본' 정치라는 것은 없다. 백성이 근본이 된다는 실질이 사라지면 '민본'이라는 이름도 무의미해진다. 그렇다면 우리가 현재 기대할 수 있는 가장 바람직한 조합은 당연히 민주적 '민본' 정치일 것이다. 민중이 권력자들의 노리개로 우롱당하지 않는 정치, 민중이 진정한 국가의 주인이 되고 주인으로 존중받는 중민重民 정치가 이상적인 정치 체제의 모습이라는 말이다. 우리는 그런 정치적 이상을 '민본-민주' 정치라고 부를 수 있다고 생각한다.

그런데 민주 정치가 왜곡되어 온 것과 마찬가지로 민본 정치 역시 자주 왜곡되어 왔다. 주체이고 주인이어야 할 백성이 거의 언제나 객체이고, 손님이고, 대상이고, 수단으로 다루어져 왔던 것이다. 명말청초明末淸初의 대유학자 황종희(黃宗羲, 1619-1679)는 『명이대방록明夷待訪錄』이라는 책을 써서 민본 정치가 왜곡되어 왔던 역사와 현실을 신랄하게 비판했다. 그 책은 17세기의 저술임에도 불구하고, 오늘 우리의 현실을 돌파하는 힘이 있다. 그래서 일본인 학자들 중에는 황종희를 중국의 루소(Rousseau)라고 부르는 사람이 있었을 정도였다. 우리가 유교적 민본 사상에 의심의 눈길을 보냈던 이유는 바로 그런 역사적 왜곡 때문이다. 비뚤어진 권력 의지를 가진 인간들의 정치적 욕망에 의해 유교 국가론의 기본 중의 기본이 자주 왜곡되어 왔던 것이다.

민본의 핵심은 예의와 신뢰

그런 민본 정치, 혹은 왕도 정치에서 가장 중요한 일은 무엇인가? 당연히 백성의 '생사生死'다. 백성의 삶과 죽음에 관심을 가지는 것이 국가의 목표이고 정치의 목표인 것이다. 그리고 구체적으로 그것은 네 가지로 집약된다. 하나는 백성이고, 둘은 음식 즉 경제적 윤택함이며, 셋은 상례 즉 죽음의 처리이며, 넷은 죽음에 대한 의미 부여와 애도 즉 제사다. 전통적인 개념으로 말하자면, '백성[民], 음식[食], 상례[喪], 제사[祭]'가 그것이다. 그것을 다시 줄여서 말한다면, '음식[食]과 제사[祭]'라고 압축할 수 있다. 음식[食]은 경제생활을 말한다. 사회 구성원의 삶과 생명을 유지하는 일이다. 백성은 먹는 것을 근본으로 삼는다. 공자는 정치의 근본이 무엇인지 묻는 질문에 대해 '충분한 경제력[足食], 충분한 군사력[足兵], 백성의 신뢰[民信]'(『논어』「안연」) 세 가지를 언급했다.

먼저 경제적으로 인간다운 삶을 유지할 수 없는 상태에서 국가는 존립할 수 없다. 중국 사상가들은 학파의 차이를 넘어서 "창고가 가득해야 예절을 알게 되고, 의식이 풍족해야 영욕을 안다."[4]는 생각을 정치의 기본이라고 생각했다. 그러나 그런 생각은 먹는 것이 정치의 기본이지만 그것만으로는 충분하지 않다는 의미를 내포한다. 신뢰나 예의는 한 사회에 가치관이 뿌리내리고 있어야 실천될 수 있다. 가치와 질서가 실현되는 사회에서 예의가 실행되며, 공동의 가치를 공유하는 사회 안에서라야 구성원 사이의 신뢰가 수립된다. 공감하고 공유할 수 있는 가치가 없는 상태에서 법적인 강제만으로 예의와 신뢰는 뿌리내리지 못한다. 가치관의 내면화라는 전제 없이 강제적인 질서를 부과하는 것은 오히려 폭력이고 강압이 될 수 있다. 그런 질서와 신뢰가 없는 인간 사회는 사람이 살기 힘든 지옥이 된다. 가치와 질서와 신뢰가 확립되지 않은 사회는 장기 존속할 수 없다.

그렇다면 유교적인 예禮와 의義는 낡은 도덕적 가치에 불과한 것일까? 반드시 그렇게 볼 수 없다. 유교에서 말하는 예와 의는 내가 존립하기 위해 다른 사람의 존립을 인정하는 마음가짐이고, 그런 마음가짐에서 비롯되는 사고와 행동이다. 다른 사람의 존립을 긍정하는 것이 예의禮義의 출발점이다. 나의 존립이 다른 사람의 존립에 의존한다는 확신이 내면화될 때, 그것은 예의를 아는 태도와 행위로 드러난다. 그런 상호 의존에 입각한 도덕성을 우리는 '호혜적 이타주의(reciprocal altruism)'라고 부를 수 있을 것이다. 유교가 강조하는 '예의'는 '호혜적 이타주의'에 입각하여 공동의 가치를 내면화하고, 그런 가치관을 실행에 옮기는 능력이다. 호혜성은 모든 도덕의 출발점이다. 사람 사이에 그런 예의가 있어야 사람과 사람이 함께 사는 공동체가 만들어지고, 그 공동체는 존속할 수 있다. 예의가 없으면 사회는 인간 지옥이 된다. 결국 그 사회는 망한다. 한 사회는 경제적 실패나 전쟁이나 재난으로 망할 수 있지만, 구성원 사이에서 서로를 돕고 양보하는 호혜적 이타심이 사라지고 신뢰가 무너져서 망할 수도 있다. 그렇다면, 유교에서 말하는 '예의'가 봉건적인 가치이기 때문에 낡은 것이라고 치부하는 것은 곤란하지 않겠는가?

어떤 시대든 사람 사는 세상에는 그 시대에 맞는 '예의'가 요구된다. 예의는 선험적인 도덕이나 초월적인 규범이 아니다. 예의의 구체적인 내용은 때와 장소에 따라 달라지고 변화할 수 있다. 그러나 어떤 사회를 유지하고 사람과 사람 사이의 관계를 조정하는 '예의' 자체가 존재하지 않는 사회는 없다. 부자, 동료, 가족, 군신 등 모든 인간관계는 '예의'에 뿌리를 두고 있다.

사람과 사람이 모여서 성립하는 사회는 '예의' 없이는 존속할 수 없다. 그러나 사람과 사람의 약속에만 의지해서는 예의를 유지하는 것이 어려워질 수 있다. 사람과 사람의 약속을 초월하는, 인간끼리의 약속을 근거 지우는 어떤 근본적인 보증이 뒷받침되지 않으면 사람과 사람 관계를 지탱하는 예의가 유지되기 어렵다. 과거에는 초월의 힘을 전제하는 종교가 사회적 약속과 예의를 유지하는 역할을 했다. 그러나 종교의 힘이 약해진 현대에 와서는 법이 그 역할을 한다. 그래서 '법은 종교'라고 말하는 사람도 있다. 그런데 법을 단순히 사람들 사이의 약속에 불과하다고 보면 그 법의 구속력은 힘이 없어진다. 형벌만으로 법을 유지하는 데에는 한계가 있기 때문이다. 우리는 법을 만드는 기구, 즉 입법 기관을 '성스러운' 것이라고 말하면서, 사람들 사이의 약속인 법에 권위를 부여하고 그 법의 영속성을 보증하려고 한다. 사람들끼리의 약속만으로 무언가 부족하다고 느낀 사람들이 인간 사회를 유지하는 가치와 질서가 초월적인 존재로부터 오는 것이라고 관념화했을 것이다. 그런 관념은 인간 사회의 질서 문제에 깊은 관심을 가지는 유교의 중요한 문서인 『예기』 안에서 깊이 논의되고 있다.

한자어에는 본래 '종교'라는 어휘가 존재하지 않았다. 우리가 오늘날 '종교'라고 번역하는 말은 서양어를 번역하면서 만들어진 근대어다. '종교'에 해당하는 서양어의 'religion'은 본래 '이어 준다', '연결시킨다'는 의미가 있는 'religare'에서 기원한 말이다. 사람과 사람을 '이어 주는', 혹은 인간과 궁극적인 존재를 '이어 주는', 혹은 전통과 현재를 '이어 주는' 가치관 · 제도 · 신념이 '종교(religion)'다. 여기서 '종교'가 반드시 초월적인 신을 전제하는 어휘가 아니라는 사실을 기억할 필요가 있다. 그러나 대부분의 전근대사회는 초월적인 신의 존재를 믿었기 때문에 종교가 초월적 존재를 상정하는 개념으로 자연스럽게 굳어버린 것일 뿐이다.

유교에서 말하는 '제사'는 인간적 삶을 초월하는 무엇인가가 존재한다는 전제 위에서 성립하는 활동이다. 그리고 사람들은 제사를 통해서 인간의 삶을 초월의 세계와 연결하려고 시도한다. 그런 초월적 세계가 실제로 존재하는지 여부는 다른 문제다. 그리고 제사는 단순히 초월과의 연결에만 관심을 가지는 것은 아니었다. 제사는 제사에 참여하는 사람들을 하나로 묶어 주는(binding) 기능을 가지고 있다. 어쩌면 그런 연결 기능이 더 중요한 것일 수 있다. 기독교의 예배도 그런 목표와 기능을 가지고 있다. 유교의 중요한 개념 중의 하나인 '신도설교(神道設敎, 신성한 초월적 가르침을 근거로 세상에 가르침을 펼친다.)'라는 말은 제사(종교, 예배)의 사회적 기능을 정확하게 표현하고 있다.

제사는 사람이 죽으면 그걸로 끝이 아니라 다른 방식으로 존속한다는 믿음을 바탕에 깔고 있다. 죽은 사람은 산 사람이 경험할 수 없는 더 높은 차원의 세계에서 사후의 삶을 계속한다는 믿음도 그것을 뒷받침했다. 물론 우리는 그 세계의 존재를 증명할 수 없다. 증명할 수 없지만, 그 너머의 세계를 상상하고 상정할 수 있다. 인간과 인간 사이의 약속을 강화시키고, 인간이 만든 사회의 가치를 드높이기 위해, 그런 세계를 상정하는 것이 사회를 유지하는 데 유리하기 때문이다.

물론 그런 초월 세계에 대한 상상을 혹세무민惑世誣民의 도구로 이용한 사람들이 있었던 것도 사실이다. 권력의 욕망에 사로잡혀 민본의 이념을 왜곡하고 민중의 삶을 피폐하게 만든 사람들이 등장했던 것처럼, 초월 세계에 대한 믿음을 이용하여 또 다른 방식의 권력 욕망을 채우는 무리들은 끊임없이 등장했다. 정치가 우리를 배반한다고 정치를 부정할 수 없고 정치가를 이 세상에서 모두 다 제거해 버릴 수 없는 것처럼, 종교 역시 간단히 부정할 수 없다. 시대마다 사회마다 종교의 형태는 달라지지만, 사회를 유지하는 가치관 혹은 문화적 신념, 바람직한 삶의 소망으로서 '종교'라는 인간의 행동 자체는 사라지지 않을 것이다. 바람직한 삶의 소망 없이는 인간의 삶 자체가 불가능해지기 때문이다.

그런 바람직한 삶을 향한 소망이 결국 죽음에 대한 관심과 죽은 자에게 드리는 제사라는 형태로 나타난다. 그런 점에서 유교에서 말하는 제사는 좁게는 조상신을 포함하는 신령에게 희생물을 바치고 기원하는 의례이지만,

넓게는 인간의 삶을 유지할 수 있게 만들어 주는 근원적인 가치관을 의미할 수 있다. 경제적으로 궁핍해져 구성원의 생명을 지키지 못하는 국가는 유지될 수 없다. 마찬가지로 인간을 존중하는 문화와 고상한 삶에 대한 소망과 가치가 확립되지 않은 사회는 유지될 수 없다.

유교는 정치인 동시에 종교

다시 음식과 제사, 혹은 '민民, 식食'과 '상喪, 제祭'로 돌아가자. 유교의 민본사상은 정치사상인 동시에 종교사상이다. 유교는 '백성과 생명' 및 '상례와 제사'를 통해 실행되는 삶의 소망과 가치관을 핵심에 두는 정치-종교 사상이다.[5] 『좌전』에서 '전쟁'과 '제사'를 말했다면, 공자는 『좌전』의 논의를 발전시켜 이 문제에 대해 더 확고한 입장을 제시하고 있다. '백성과 음식'을 중시한다는 것은 '백성이 근본이 되는 정치'와 '백성이 윤택한 정치'를 중시한다는 의미다. 백성이 생활의 풍족함과 삶의 여유로움을 누릴 수 있도록 하는 것이 국가의 제일 목표라는 말이다. 그리고 '상례와 제사'는 경제 문제가 해결된 다음에 과제로 삼아야 할 종교적 의례와 연관된 문제다. 그런 의례를 통해서 국가는 죽은 자에 대한 기억과 감사를 실천하고 생명의 연속성에 경의를 표시한다. 그런 실천을 통해, 사람은 세상에서의 삶이 우연히 왔다가 지나가 버리는 것이 아니라 연면한 연속성을 가지고 이어진다는 사실을 표현한다. 의례는 신념의 실행이다. 의례의 실행을 통해서 국가가 생명의 가치를 소중하게 여긴다는 사실을 몸짓으로 보여주는 것이다. 그렇다면, '민, 식'과 '상, 제'는 결국 '생명'과 '죽음' 문제로 귀결된다고 말할 수 있다. 백성(국민)의 '생명'과 '죽음'에 관심을 기울이는 것이 곧 국가의 목표라는 것이

『논어』에서 표명되는 공자의 기본 입장이었다.

공자는 이렇게 말했다. “살아 있을 때는 예로써 모시고, 돌아가시면 예로써 장례를 치르고, 제사로 섬긴다.”[6] 공자는 백성의 생명과 죽음을 관리하고 보호하고 배려하는 국가의 책무에 대해 말했다.

앞에서 우리는 ‘예와 의’, 즉 사회적 가치와 신뢰, 그리고 종교의 관계에 대해 잠시 살펴보았다. 질서와 가치와 신뢰를 상실한 삶은 혼란스럽고 방향을 상실해 버려 도무지 사는 것 같지 않은 삶이 되어 버린다. 유교에서 말하는 예禮는 사회가 승인하는 가치를 몸짓으로 드러내는 일이다. 예는 단순한 개별 사상가의 주관적 · 독단적 주장이 아니라 공동체 이념의 사회적 실행이고, 사회적으로 승인된 몸짓이다. 그것은 사회가 공감할 수 있는 형식을 가지고 있다. 그러나 형식에만 그친다면 그것은 껍데기만 남은 몸짓으로 전락할 수 있다.

삶[生]은 반드시 그런 예禮에 근거하여 꾸려져야 한다. 그러나 인간의 생명은 삶으로만 완결되지 않는다. 생명生命의 ‘명命’은 사실 죽음과 관계가 있는 말이다. 『예기』 · 「중용」의 제1장에는 ‘하늘이 부여한 것이 인간의 삶[天命之謂性]’이라는 말이 나온다. 하늘이 인간에게 부여한 생명, 그것이 인간을 인간으로 만든다는 말이다. 『장자』와 『순자』에는 “생사를 명이라고 한다[生死, 命也]”는 말도 나온다. 생명의 시작과 끝, 그 한계가 있는 시간 안에서 삶은 영위된다. 시간적 한계를 비롯한 모든 한계가 ‘명命’이다. 죽어야 비로소 사람의 삶은 완결된다. 그는 그의 삶을 살고[生] 주어진 한계[命] 안에서 생명을 완결하는 것이다.

그러나 죽어서도 죽음의 의례를 통과하지 않은 자는 제대로 죽지 못한 어정쩡한 상태에 머물러 있게 된다. 사람이 죽으면 시신을 수습하여 사회가 승인하는 방식(예에 따르는 몸짓)으로 시신을 거두어 장례를 치르고 난 다음에야, 그는 제대로 죽은 사람이 된다. 그리고 그의 삶은 완결된다. "죽으면 예로써 묻어 준다"라는 말의 의미다. 죽어도 죽지 못하고 방치되어 있는 사람은 삶의 끝을 정확하게 완결 짓지 못한 불행한 사람이다. 죽은 사람이 죽음의례를 치르지 못하고 방치되는 이유는 다양하다. 살아 있는 사람의 욕망 때문이거나, 제대로 작동하지 못하는 국가 시스템 때문이거나, 전쟁 때문이거나… 이유야 어떻든 그런 상황은 피해야 한다고 생각되었다. 옛날 유교 국가에서는 죽어서 제대로 장례를 치르지 못해서 방치된 사람의 귀신이 국가에 재앙을 내린다고 생각했다. 따라서 국가는 재앙을 피하기 위해 후손이 없는 시체와 해골을 거두어 장례를 치러 주었다.

상례喪禮는 장례葬禮를 포함하는 죽음의 의례다. 상喪은 상실喪失이고, 장葬은 시신을 땅에 묻는다는 의미다. 그러나 그냥 버리듯이 묻는 것이 아니다. 일정한 예법에 따라서 묻는다. 그리고 땅에 묻음으로 그 사람은 완전히 죽은 사람, 혹은 좋은 죽음을 맞이한 사람이 된다.[7] 죽은 사람을 땅에 묻고 보낸 다음, 그의 영혼(혼백)이 일정 기간 동안 이 세상 주변에 존재한다는 믿음에 기초하여 제사를 지낸다. 영혼이라는 말은 유교에서는 존재하지 않았던 말이다. 여기서 영혼이라는 말은 사람이 죽은 다음에 다른 형식으로 여전히 살아간다는 믿음의 전제 위에서 상정하는 초육체적 존재로서의 '무엇'이다. 유교에서 영혼에 해당하는 것은 혼백魂魄이다.[8] 정확하게 말하자면, 제사의 대상은 혼魂이다. 백魄은 땅에 묻힌 다음 서서히 땅의 일부로 되돌아간다. 그리고 죽음과 함께 사람의 몸을 떠난 혼은 귀鬼, 혹은 귀신鬼神이라고 부른다. 죽은 사람의 혼에게 제물을 바치면서 죽음에 사회적 가치를 부여하는 의식이 제사인 것이다. 제사 역시 사회적으로 승인된 형식에 따라서 실행해

야 한다.[9]

사람이 죽으면 저세상에서 다른 방식으로 존속된다. 그런 신앙적 전제 위에서, 유교에서는 죽은 자를 보낸 다음 귀신에게 제사를 드릴 수 있도록 만들어 주는 것이 국가와 정치의 의무라고 말한다. 좋은 정치란 모든 백성이 돌아가신 자신의 부모와 조상에게 제사를 드릴 수 있는 경제적, 문화적 조건을 만들어 주는 정치이다. 죽은 사람 입장에서는 자손의 제사를 받지 못하는 것보다 더 큰 불운은 없다. 따라서 자손이 없는 무후無後가 사람에게 가장 큰 불행이고, 저주 중의 저주라고 여겼다. 자손의 입장에서는 돌아가신 조상과 부모에게 제사를 드리지 못한다는 것은 불효 중의 불효이고, 불행 중의 불행이라고 생각했다.

제사를 드릴 수 없을 만큼 가난하다거나, 제사에 신경을 쓸 수 없을 만큼 여유가 없다면, 그것은 살아도 사는 것이라고 말할 수 없지 않을까? 유교의 최고의 가치는 효다. 효는 살아 있는 부모님을 안락하게 모시고, 돌아가신 다음에 때에 맞추어 제사를 올리는 것이 핵심이다. 백성이 제사를 드릴 수 있는 경제적 문화적 조건을 만들어 주는 것이 정치의 목적과 직결되어 있다는 말은 언뜻 이해하기 어려운 것일 수 있다. 하지만 유교적 가치 체계 안에서 그것이 진실이다. 앞에서 설명한 이유에서, 백성들이 자신의 조상을 추모하고 조상에게 효를 실행할 수 있다는 것은 안정되고 윤택한 행복한 사회를 이루는 조건이 될 수 있기 때문이다. 공자는 "죽음을 신중히 처리할 수 있고, 돌아가신 조상을 제사로 추모할 수 있다면, 백성들의 덕이 두터워질 것이다."[10]라고 말한다. 상례와 제사의 질서가 확보될 때, 백성들의 정신적 삶[德]은 풍요로워진다. 인간이 인간다움을 완성하기 위해서는 최소한의 삶의 조건이 충족되어야 한다. 돌아가신 부모와 조상을 섬기는 효를 실행할 수 있는 사회에서라야 사회적 약속이 의미를 가질 수 있다. 그런 사회야말로 삶의 의미를 찾을 수 있는 사회이며, 그런 사회에서라야 비로소 사람은 서로 신뢰하면서 안심하고 더불어 살 수 있다. 그런 사회에서라야 '인간다움'에 대해 논의할 수 있게 되는 것이 아닌가? 결국, '백성들의 덕'[民德]이 두터워진다는 것은 '사람다움'을 실현할 수 있다는 말이다.

양생과 송사, 유교의 이상

공자의 정신을 계승하는 맹자는 공자의 말을 더욱 분명하고 단호한 태도로 보충한다. "양생은 중요하지만 그것만으로는 큰일을 했다고 말할 수 없다. 죽은 부모를 잘 보낼 수 있을 때에라야 비로소 큰일을 다했다고 말할 수 있을 것이다."[11] 여기서 '큰일'은 인간으로서 마땅히 해야 할 기본 의무, 즉 효孝다. 맹자는 공자의 생각을 이어서 양생과 송사를 인간이 완수해야 할 가장 중요한 일이라고 말한다. 그러나 여기서 주의할 점은 맹자가 산 사람을 봉양하는 양생보다 더 근본적이고 중요한 일이 송사라고 강조했다는 사실이다.

죽은 자를 보내는 일이 산 사람을 봉양하는 일보다 더 근원적이라니! 잘 살아야지 죽은 사람을 잘 보낼 수도 있는 것이 아닌가, 맹자의 말은 순서가 잘못된 것이 아닌가, 그런 의문이 생길 수도 있다. 그러나 조금만 생각해 보면, 맹자가 죽은 사람을 잘 보내는 '송사'를 더 강조한 이유를 납득할 수 있을 것 같다. 돌아간 사람을 제대로 보낼 수 없는 사회라면, 그게 무슨 사람 사는 세상일 수 있겠는가?

죽은 자의 시신이 지천에 버려져있어서 시체가 동물의 밥이 되는 세상을 한번 생각해 보라! 맹자가 활동하던 춘추-전국시대는 전쟁의 참화가 극심한 시대였다. 그런 시대에 국가는 전쟁으로 인해 죽은 사람들의 시체를 처리할 여력조차 남아 있지 않았다. 그래서 전쟁으로 죽거나, 굶주려 죽거나, 이런저런 이유로 죽은 사람들의 시체가 제대로 처리되지 못하고, 산천에 널부러져 있는 것이 일상사가 되어 버렸다. 맹자는 죽은 사람을 제대로 보내주지 못하는 세상의 비참을 목도하면서, 백성이 주인이 되는 세상의 비전을 민본과 왕도 정치의 이론으로 승화시켰다.

도가 역시 전쟁을 반대하고 비판한다는 점에서 유가와 다르지 않다. 도가 사상의 대표자인 장자 역시 『장자』 「인간세」의 첫머리에서 죽은 자를 제대로 묻어 주지 못하고 시체가 온 천지에 방치되고 있는 그 시대의 비극을 생생하게 전해 주고 있다. 맹자가 그런 시대의 비참을 왕도 정치의 이념으로 승화시키려 한 것과 달리, 장자는 그런 시대의 비참에서 출발하여 악착같이 자기 이익을 추구하는 세상에서 한 발을 빼는 소요逍遙와 제물齊物의 철학을 만들어 낸다.

결국 유가든 도가든, 가족과 이웃의 죽음을 잘 처리하는 일을 가장 중요한 정치적 과제로 삼았다는 것을 알 수 있다. 그런 점에서 '송사'가 가능할 때 비로소 진정한 효의 실천이 완성된다는 맹자의 말은 실감이 난다. 유교에서는 양생과 송사가 유교 가치의 핵심인 효를 실천하는 가장 근본적인 일이고, 국가의 임무는 백성들이 효를 실천할 수 있는 사회적 경제적 조건을 마련해 주는 것이라는 것을 확인할 수 있다.

효가 정치적으로 가장 중요한 일이 되는 이유는 무엇인가? 가족 질서와 국가 질서는 전혀 다른 두 영역이 아닌가? 사적인 영역과 공적인 영역을 확연하게 구분하는 근대적 관점에서는 가족과 국가는 전혀 별개의 두 영역이다. 굳이 가족과 국가의 연속성을 생각할 수 있다고 한다면, 가족의 대표자인 가장이 세금을 내어 국가의 살림이 꾸려진다는 정도를 생각할 수 있을 것이다. 그러나 전통 유교 사회에서 가족과 국가의 연속성은 단순히 조세 문제에 한정되는 것은 아니었다.

국가의 존재 이유가 질서 유지와 생명의 보호에 있다고 한다면, 그런 국가의 임무를 달성하기 위해서는 국가를 구성하는 최소 단위인 가家(가족)가 조세를 납부하는 것은 당연하다. 그러나 오늘날처럼 치밀한 행정 · 경찰 · 군사 조직을 갖추지 못했던 고대국가에서 치안을 비롯한 모든 사무를 국가가 도맡아 처리하는 것은 불가능했다. 경찰력과 군사력을 유지하기 위해서는 엄청난 재원이 필요하다. 사회적 질서 유지와 국방이라는 국가의 임무는 가족 단위에서 어린이와 청년을 질서와 규칙을 준수하는 인간으로 성장시키는 훈련을 철저하게 한다는 조건 하에서만 가능한 일이 된다. 그런 협력의 조건 하에서만 국가는 사회 전체의 질서를 유지하는 역할을 떠맡을 수 있다.

여기서 가족과 국가는 이념적으로 하나라고 하는 유교의 가국일체家國一體 이념과 상례 및 제례의 연속성에 대해 부연해 보자. 가국일체라는 말은 공적인 영역의 국가와 사적인 영역인 가족이 접속되어 있다는 이념을 표현한다. 가족 안에서의 헌신이라는 기초 없이 국가 공동체 전체를 위한 희생과 헌신을 개인에게 기대하는 것은 불가능하다. 따라서 고차적인 사회질서인 예는 가족 질서인 효에 의존해서 그 기초가 마련된다. 가정의 효가 사회적 규범인 예의 전제 조건이었던 것이다. 유교 사회에서 효가 단순히 가정의 문제가 아니라 국가 자체의 존립을 위해 가장 중요한 가치로 인식되었던 이유다. 가족의 리더인 가장은 결국 국가의 지배 구조와 접속한다. 그런 구조 안에서, 가족의 죽음을 마무리하는 상례 · 장례는 국가 질서가 유지되기 위한 전제로 기능했다. 공자와 맹자가 효의 실천, 특히 상례와 장례로 상징되는 효의 실천이 정치 성공의 전제 조건이라고 말한 것은 그런 배경이 있다.

하지만 양생과 송사를 중시하는 입장이 유교의 전유물이라고 말할 수는 없다. 그것은 인류의 보편적인 가치라고도 볼 수 있기 때문이다. 또한 그것은 고대 중국의 경제적 배경과도 밀접한 연관을 가지고 있다. 농경을 근간으로 삼는 문명사회 안에서, 정도의 차이는 있겠지만, 농경의 지속이 곧 생명의 지속이고 사회의 지속이다. 그런 사회에서 효 윤리의 중요성은 극대화된다. 농경은 특별한 기상 이변이 발생하지 않는 한 같은 지역에서 반복된다. 부모가 죽고 나면 자식은 가업을 잇고 생명을 이어 갈 것이다. 이런 경제구조 안에서 조상의 업을 계승하고 조상의 가르침에 순종하는 효가 중요한 가치가 되는 것은 충분히 예상할 수 있다. 이념적으로 유교에 대립했던 묵가 역시 "살아 있을 때는 사랑을 표현하고 죽으면 슬픔을 표현한다."[12]라고 하면서, 효의 중요성을 역설했다. 잘 알려져 있듯이 묵가는 화려한 장례[후장厚葬]에 반대하고 간소한 장례[박장薄葬]를 주장했다. 그러나 묵가가 효의 가치를 부정했던 것은 아니다. 묵가는 화려한 의례로 인해 인민의 재화가 과도하게 낭비되는 것을 경험했기 때문에 후장에 반대한 것이다. 그러나 박장을 주장했다고 해서 묵가가 효를 부정한다거나 인륜을 무시했다고 비판하는 것은 비약이다.

가족이 단위가 되는 향촌의 씨족적氏族的 종법 사회 안에서 가족 사이의 끈끈한 감정적 결속력은 국가 사회의 거시적 질서와 공동체의 결속력을 확보하는 기초가 된다. 그런 확신이 양생과 송사를 강조하는 효 윤리의 배경에 놓여 있다. 유교에서 가장 중요하게 여기는 인의와 충효는 가족적인 친애의 감정에서 출발하여 사회적 질서에 대한 복종으로 확대되는, 인간의 기본 윤리다. 그런 사회적 질서에 대한 복종 없이 사회는 장기 지속될 수 없다. 공자를 계승하여 유교의 가치를 확산하는 것을 임무로 삼았던 순자荀子는 '양생과 송사'(효의 실천)가 유교 정치의 목표라는 사실을 단적으로 보여주는 논의를 펼치고 있다.

"예에서, 살아 있는 사람을 섬기는 일[事生](양생)은 삶의 기쁨을 드러내기 위한 것이다. 그리고 죽은 사람을 보내는 일[送死]은 죽은 자를 보내는 슬픔을 표현하기 위한 것이다. 귀신에게 제사 드리는 일은 공경의 마음을 드러내기 위한 것이고, 군대를 출동시킬 때의 의식은 위엄을 드러내기 위한 것이다. 이런 의례는 모든 왕이 동일하게 행하는 것으로서, 그 유래를 알 수는 없지만, 옛날이나 지금이나 차이가 없다. 따라서 상례는 다른 것이 아니라 죽음과 삶의 의미를 밝히기 위한 행위이고, 죽은 사람을 보낼 때에 슬픔과 공경으로 행하는 것은 끝마침을 주도하게 마무리하기 위한 것이다. 산 자를 섬기는 사생(양생)은 삶의 시작을 표현하고, 죽은 자를 보내는 송사는 마침을 표현한다. 시작과 끝이 다 갖추어졌으니, 그것으로 효자의 일, 즉 인간으로서의 의무가 완수되고, 성인의 도가 완비된다. 죽은 자를 보내는 데에 각박하고 생명을 보호하는 데에만 관심을 쏟는 것은 묵가의 행동이고, 살아있는 자에게 각박하고 죽은 자를 보내는 일에만 관심을 쏟는 것은 (초월 세계에 대한) 미혹에 빠진 자들의 행동이고, 산 자를 죽이면서 송사를 치러 주는 것은 도적의 행동이다. 생명을 크게 드러내면서 죽은 자를 잘 보내는 것, 죽음과 삶이라는 인생의 시작과 끝을 법도에 따라 잘 보호하고 잘 보내는 일이 예의의 법도이며, 그것이 유학자들의 행동이다."[13]

제2장 | 공자의 침묵 : 제사의 정치학

자로의 질문과 공자의 대답

『논어』에는 "귀신을 어떻게 섬겨야[事] 합니까?"라는 자로(계로)의 질문과 "사람을 섬기는 일도 모르는데, 어찌 귀신을 섬기는 일을 알겠는가?"라고 말하는 공자의 대답이 실려 있다.[1] 공자의 대답은 유교의 무신론적 입장을 보여주는 것이라고 해석되고 있다. 하지만 잘 살펴보면 그 문답은 귀신의 존재 여부에 관한 질문과 대답이 아님을 알 수 있다. 자로는 귀신을 어떻게 '섬겨야[事]' 하는지를 묻고 있을 뿐이다. 귀신이 당연히 존재한다는 하는 전제 위에서, 귀신을 어떻게 '섬겨야' 하는지를 묻고 있는 것이다. 여기서 '섬긴다'는 말의 의미는 문제가 되지만, 그것이 귀신이 '존재합니까?' 하는 질문이 아닌 것은 분명하다. 귀신의 존재 여부는 이 문답의 주제가 아니었던 것이다. 하지만 자로와 공자의 대화는 귀신의 존재 여부를 묻는 질문과 그에 대한 대답으로 곡해되어 왔다. 나아가 공자의 대답은 유교의 합리주의, 즉 유교의 무신(귀)론을 대변하는 발언으로 오해되어 왔다.

고대 중국에서 귀신의 '존재'에 대한 의문은 거의 존재하지 않았다. 귀신의 성질이나 기원에 관한 토론은 존재했지만, 귀신의 존재 자체에 대한 의

문은 거의 없었다. 귀신은 당연히 존재하는 것으로 여겨졌기 때문이다. 고대 사상가들 중에서 묵자는 귀신 문제를 논의한 대표적인 사상가로 알려져 있다. 묵자가 문제 삼는 귀신은 죽은 조상의 신령이 아니라 일반적인 귀신 · 산천귀신 · 천귀였다. 귀신의 의미가 무엇이든 묵자는 귀신의 존재를 당연히 긍정했다.

유교의 귀신[人鬼]이 가족적 관계 속에 있는 존재라면 묵자의 귀신은 가족 관계를 넘어서 있는 신적 존재였다. 묵자는 유교적 가족주의의 틀을 벗어난 독특한 사회를 구상했다. 따라서 그가 상정하는 귀신 역시 가족주의의 틀을 벗어나 있는 것이다. 그 토론은 중국 종교사에서 면면히 존재하는 두 경향, 즉 가족주의와 탈가족주의의 대립과 관계된 중요한 문제를 제기한다. 후한 시대의 사상가로 잘 알려진 왕충王充 역시 "사물이 죽으면 귀신이 되지 않는다. 그렇다면 사람만 유독 죽어서 귀신이 된다고 말하는가?" "사람이 죽으면 귀신이 되지 않는다. 지각이 사라지고 말도 할 수 없다. 그렇다면 사람을 해칠 수도 없는 것이다."[2]라고 말하면서 '사람이 죽으면 귀신이 된다[人死爲鬼].'는 유교적 귀신관에 대해 의문을 제기했다. 그렇다고 해서 왕충이 '사람이 죽어서' 된 귀신이 아닌 모든 신적 존재, 특히 '천지신명'天地神明의 존재를 부정했던 것은 아니다. 따라서 그는 천지신명에 대한 제사도 당연히 인정한다. 왕충은 모든 귀신을 부정한 것이 아니라 유교에서 말하는 인귀로서의 귀신을 부정했을 뿐이다. 그런 점에서 왕충이 무신론자라거나 비판적 합리주의라고 하는 일반적인 평가는 납득하기 힘들다.

중국 종교사에서 '귀신'은 크게 두 가지 의미가 있다. 하나는 '천지의 신령'으로서 귀신이며, 다른 하나는 '조상신'으로서의 귀신이다. 가족주의 종교인 유교는 '귀신=조상신'이라는 관점을 확립했다. 그래서 등장한 것이 "사람이 죽으면 귀신이 된다[人死爲鬼].”라는 관점이다. 그러나 유교가 ‘조상신’ 이외의 귀신을 전면 부정하는 것은 아니다. 귀신을 가족주의의 틀 안으로 끌어들이려는 유교의 노력에도 불구하고, 천지신명天地神明에 대한 일반인의 신앙을 완전히 불식시키는 것은 불가능했던 것이다. 민중의 귀신鬼神 신앙은 고대부터 현재에 이르기까지 연면히 지속되고 있는 가장 보편적인 신앙이라 할 수 있다. 민중적 신앙을 확대 발전시킨 도교에서는 민중의 귀신 신앙을 전적으로 수용했다. 다만 도교에서 ‘귀신[鬼]’은 대개 부정적 함의가 있다. 부정적인 의미를 가진 초월 존재를 귀, 혹은 고기故氣라고 부른다. 한편 도교에서는 위대한 인물이 죽은 후 신神이 되거나 우주적인 도道가 신神으로 현현한다고 생각한다.

예 전문가 공자의 입장

춘추전국 시대에 귀족들의 삶은 예禮에 의해 규제되었다. 공자가 젊은이들에게 가르쳤던 것이 그런 귀족적인 질서 규범인 예였다. 공자는 제자들을 예를 체득하고 실천하는 군자로 교육시키고자 했다. “예가 아니면 보지도 말고 듣지도 말라. 예가 아니면 말하지도 말고, 움직이지도 말라!”[3] 공자 사상의 핵심이 인仁인가 예禮인가 하는 해묵은 논쟁이 있지만, 그런 논쟁 자체는 출발점이 잘못된 것이다. 예와 인은 양자택일적인 것이 아니기 때문이다. 예와 인은 표리일체다. 예는 실천을 요구하는 규범이고 인은 예를 실천하는 자가 가져야 할 인격이다. 인과 모순을 일으키는 예는 있을 수 없다. 예가 인을 상실하고 형식만 남을 수는 있다. 그러나 그 경우 예禮는 허례虛禮이거나 비례非禮가 된다. 따라서 원리적으로 말하자면, 인 없는 예는 예가 아니다. 마찬가지로 예에 합당한 실천이 뒤따르지 않는 인仁을 상상하기는 어렵다. 예가 따르지 않는 친밀함은 예라고 부르지 않고 버릇없는 친함, 즉 친압親狎이라고 부른다.[4]

공자는 당시에도 알려진 예 전문가였다. 공자는 정치가로서의 능력을 크게 인정받지 못했을 수도 있다. 하지만, 고대의 전통을 연구한 예 전문가 혹은 학자로서의 공자의 명성은 비교적 확립되어 있었다. 당시에 모든 사람들이 군주를 보좌할 수 있는 지혜를 체득한 사람(군자)으로서 공자의 자질을 높이 평가했던 것은 아니다. 공자에 대한 평가는 지역적 편차가 심했다. 노魯에서 공자는 당연히 큰 존경을 받았다. 그러나 노魯를 벗어난 지역, 특히 한韓, 송宋, 제齊 등에서 공자는 시대착오적인 인물로 희화화되기도 했다. 『장자』에 등장하는 공자의 이미지가 대표적이다. 유교 경전의 하나로 알려진 『좌전』 자체가 공자를 그다지 높게 평가하지 않는 것처럼 보인다.

어쨌든 예 전문가인 공자에게 배우는 제자들은 공자에게 예禮의 핵심과 관련된 어려운 문제를 들고 나온다. 자로의 '귀신 섬김'에 관한 질문도 그 중의 하나라고 볼 수 있다. 나는 그 질문이 어려운 것일 뿐 아니라 위험하기까지 했던 질문일 것이라고 생각한다. 현실의 정치권력에 대한 비판으로 이어질 수 있는 질문이기 때문이다. 다시 반복하지만, 자로의 질문은 '귀신은 존재합니까?'라는 귀신 존재론에 관한 것이 아니다. 자로는 귀신의 실재성 여부를 묻는 것이 아니다. 그의 질문은 그런 형이상학 문제가 아니라 제사를 드리는 원칙에 대한 문제로서, 예의 정치적 측면을 건드리고 있다. 자로는 공자의 제자들 중에서 정사政事(정치)에 뛰어난 인물로 인정받고 있었다. 그렇다면, 『논어』에 나오는 자로의 질문은 자로의 정치적 관심을 표출한 것으로 보는 것이 옳다.[5]

앞의 자로의 질문으로 돌아가 보자. 자로는 귀신 '섬기기[事]'에 대해 묻는다. 주자를 비롯한 대부분의 주석자들은 '섬긴다'는 것을 '제사를 바친다'는 의미로 해석한다.[6] 귀신을 섬기는 방식이 '제사'라는 것은 의심의 여지가 없다. 제사는 공자의 전문인 예의 중요 구성 부분이다. 예 전문가인 공자에게 그런 질문을 던지는 것은 당연하다. 그러나 아무리 공자라도 귀신의 존재 여부는 알 수 없다. 귀신은 인간의 지식으로는 알 수 없는 것이다. 자로의 질문에서 사事(섬김)는 제祭 혹은 사祀(제사)라고 해석할 수 있다. 그렇다면, 너무도 당연해 보이는 그런 질문을 자로가 던진 이유는 무엇인가? 자로가 어리석어서 엉뚱한 질문을 던진 것인가? 그렇지 않다. 자로의 질문은 너무도 현실적이고 중요한 주제를 건드리고 있다. 너무 중요해서 오히려 엉뚱해 보이는 질문일 수 있다.

근대적 관점에서 유교를 읽는 연구자들은 유교에서 '예 실천'과 '제사'의 중요성을 간과하는 경향이 있다. 제사는 예의 핵심이다. 제사를 빼고, 더 나아가 예를 빼고 유교를 연구하고, 유교를 이해한다는 것은 어불성설이다. 예는 공자 사상의 핵심이고, 유교의 핵심이다. 따라서 예의 근본인 제사에 대해 너무도 뻔해 보이는 질문을 한다는 것 자체가 황당해 보일 수는 있지만, 제사에 관한 질문이 그렇게 단순한 질문은 아니라는 사실은 기억해야 한다. 예나 제사는 상당히 민감한 정치적 주제다. 자로의 질문은 '소위 정치한다는 저 사람들 뭘 알고 하나요, 제대로 하고는 있나요?' 그런 식의 뉘앙스를 담을 수 있다.

예禮 실천에서 가장 중요한 것이 상례喪禮와 제사祭祀였다는 사실은 죽음의 의례, 귀신을 섬기는 의례가 중요한 정치적 문제였다는 것을 말해 준다. 조선 시대에 상례喪禮 문제를 둘러싸고 벌어진 '예송禮訟 논쟁'이 그렇게 중요한 의미를 가졌던 것을 생각해 보면 좋을 것이다. 더구나 현실적으로 '절실한 문제'와 그에 대한 '진지한 사색[切問而近思]'(『논어』「자장」)을 강조하는 공자 집단에서 '제사' 문제, 특히 올바른 제사 문제는 그냥 지나칠 수 없는 중요한 주제였던 것이다.

공자 사상의 탁월한 해석자인 주자 역시 '귀신을 섬기는 문제'가 중요한 문제라고 인정한다(『논어집주』). 하지만 주자의 『논어』 해석을 매우 존중하는 일반적인 분위기에도 불구하고, 귀신 문제에 대해서만은, 그 문제가 비현실인 문제라서 유교의 현실주의적 관심과는 어울리지 않는 것으로 취급하는 경향이 퍼져 있다. 이처럼 귀신에 관한 질문이 비현실적이라고 생각하는 이유는 무엇일까? 『논어』가 기록된 시대의 감각과 동떨어진 현재적 감각으로 그것을 읽기 때문이다. 적어도 『논어』를 편집한 유자들은 그 질문의 중요성을 잘 알고 있었을 것이다. 그래서 그 문답을 하나의 '전형적' 문제로서 『논어』에 수록했을 것이다.[7]

예, 유교의 근본 규범

공자가 살았던 시대는 주나라에서 실천되었다고 생각되던 이상적인 예禮가 무너지는 과정에 있었다. 그런 시기에 공자는 예 회복을 강조하고 나섰다. 예 회복을 강조하는 공자에게 자로는 예의 핵심인 '제사[事鬼神]'에 대해 질문한 것이다. 이때의 귀신은 조상신에 한정되는 것은 아니었을 것이다. 고대 중국에서 귀신은 조상신을 포함하는 넓은 의미의 신령적 존재를 지칭했다. 공자 시대에는 귀신 개념을 조상신에게만 적용하는 관념이 확립되어 있지 않았을 것이다. 따라서 나중에 유교의 정통적 관점이 되는 "사람이 죽으면 귀신이 된다[人死爲鬼].”라는 명제는 아직 존재하지 않았던 것 같다.

정치 문제에 깊은 관심을 가졌던 자로가 그런 질문을 던졌다는 사실은 의미심장하다. 대답은 항상 질문에 대한 대답이다. 공자의 대답 역시 정치에 깊은 관심을 가졌던 자로에게 한 말이라는 사실을 잊지 말아야 한다. 공자의 대답은 질문과 대답이 오고 간 맥락을 염두에 두면서 해석해야 한다. 예와 제사 문제는 단순한 예절 문제가 아니라 사회의 계층적 질서, 문화적 질서와 관련된 정치 문제였다. 제사는 제사를 실행할 자격이 있는 사람이 제사를 받을 자격이 있는 신에게 바치는 것이다. 제사의 대상과 주체는 엄격하게 규정된다. 성의와 정성을 갖추었다고 누구든지 아무 신에게나 제사를 드릴 수 있는 것은 아니다. 제사의 대상과 주체는 예 체계 안에서 대단히 엄격하게 정해져 있다. 그런 규정을 지키는 것이 사회 질서와 문명의 존속을 보증하는 원리라고 여겨졌다. 바로 그런 점에서 제사는 무엇보다 진지한 정치 문제가 될 수 있었던 것이다

따라서 정치 문제에 밝은 자로가 공자에게 제사 문제로 표현되는 정치 질서의 근본과 관련된 질문을 던진 것이다. 자로는 단순한 형식과 절차 문제가 아니라 제사를 통해 표현되는 올바른 정치적 질서에 대해 질문을 던진 것이다. 자로의 질문은 다음과 같이 바꾸어 볼 수 있다. 누가, 어떤 신에게, 어떤 방식으로, 언제, 왜 제사를 드려야 합니까? 제사를 통해 실현되어야 할 올바른 질서란 어떤 것입니까? 자로의 질문은 예의 근본적 의미에 대한 질문이었다. 그것은 말하자면, 기독교에서 하나님을 '올바르게' 믿고 섬기는 '방법'은 무엇인가 하는 질문과 비슷하다. 그러나 질문을 던진 당사자인 자로 본인은 그 문제가 지닌 심각성과 무게를 이해하지 못했을 수도 있다. 그리고 이어서 자로는 다시 '죽음'에 대해 질문을 던진다.[8]

『논어』 안에서는 예의 중요성을 의심하는 발언이 등장하지 않는다. 비슷한 시대의 문헌인 『좌전』 안에서도 마찬가지다. 반면 그 두 책에서는 "예가 아니다[非禮也]!"라는 표현이 자주 보인다. 어떤 행위는 옳지 않기 때문에, 그런 행위를 하는 사람은 비난받아야 한다는 의미다. 그 당시에 예가 얼마나 중요한 행동 원리였는지를 짐작하게 한다. 그리고 그 예는 초월적 존재인 귀신의 존재를 당연하게 여기는 사회 안에서 통용되었다.

공자 귀신론 해석의 어려움

『좌전』에는 유교 귀신론의 전범으로서 중요한 의미를 갖는 정나라 자산子産의 귀신론이 실려 있다. 당연히 그 귀신론은 '귀신의 존재' 여부에 대한 논의가 아니다. 그것은 귀신이 존재한다는 것을 당연시하면서 귀신의 '유래와 본질'에 대해 말한다. (좌전에 나오는 자산의 귀신론은 이 책의 3장에서 자세히 다룬다.) 공자는 어떤가? 공자는 귀신의 존재를 의심하는 사람이었는가? 공자는 '무신(귀)론자'였는가?

여러 사람들이 「팔일」편에 나오는 "제여재, 제신여신재(祭如在, 祭神如神在)"라는 구절을 공자의 무신론적 태도를 보여주는 증거라고 본다. 그러나 나는 그 구절이 결코 공자의 무신론적 태도의 증거가 될 수 없다고 생각한다. 공자를 무신론자라고 보는 사람들은, 공자가 '실제로는' 귀신의 존재를 믿지 않았지만, '마치' 귀신이 존재하는 '것처럼' 행동했다는 식으로 그 구절을 해석한다. 그러나 그런 해석은 종교를 정치와 분리시키고, 종교를 단순한 정치의 분식扮飾에 불과하다고 보는 근대적 관점의 산물일 수 있다. 정치와 종교는 분리된다는 근대의 정교분리政敎分離 원칙에 입각하여 고대 문화를 해석하는 것이다. 현대 중국에서 『논어』 주석을 대표하는 양백준의 『논어역주』는 그런 관점의 전형을 보여준다. 양백준은 이렇게 결론을 내린다. "공자가 귀신이 실제로 존재한다는 것을 정말로 믿었다고는 할 수 없다."[9] 공자는 귀신의 존재를 부정하면서도 귀신이 존재하는 척 연극을 했다는 말이다. 과연 그럴까?

'제여재祭如在'에서 재在는 존재를 의미하는 재在가 아니다. 공자의 말은 귀신의 유무에 대한 발언이 아니라는 말이다. 귀신은 '저세상(타계, 이계)'의 존재, 초월적 존재다. 귀신은 이 세상이 아니라 '저세상'에 존재한다. '제여재祭如在'는 '저세상'의 귀신이 '이 세상'에 머물러 있는 것처럼 공자가 행동했다는 뜻으로 읽을 수 있다. '실제로는 없는 것이지만 있는 것처럼'이라는 쇼를 했다는 말이 아니다. 사실은 저세상에 있는 것이지만, '이 세상에 존재하는 것처럼'이라는 말이다. 보이지는 않지만 보이는 듯이 했다는 의미로, 그만큼 경건하게 행동했음을 강조하는 말이다. 공자는 귀신의 존재, 비존재에 대해 어떤 판단도 내리지 않았다.

춘추시대에 유有 혹은 무無라는 개념을 사용하여 귀신의 존재를 둘러싼 토론을 전개한 경우는 있다. 예를 들어 묵자의 경우가 그렇다. 물론 묵자를 무신론자라고 볼 수는 없다. 어쨌든 묵자는 '유무[有鬼, 無鬼]'라는 표현을 사용하여, 귀신의 '있음'과 '없음'에 대해 논의했다. 『논어』에 나오는 '여재如在'는 귀신이 정말로 존재하는가, 아닌가 하는 귀신의 '유무有無' 문제가 아니다. 그 구절이 뜻하는 바는, '저세상'의 귀신은 눈에 보이지는 않지만 제사를 드리는 사람이 사는 '이 세상'에 직접 도래한다고 믿고, 그 믿음에 따라 경건한 태도를 취했다는 의미다. 귀신이 정말 이 세상 안에 도래하는지는 아무도 모른다. 공자라고 해서 '아는' 것은 아니다. 그것은 그렇게 믿는 '믿음'의 문제이지 아는 '인식'의 문제가 아니다.

예禮에는 다양한 내용이 있다. 그것은 천지신명과 조상신에 대한 믿음이 전제되어 있는 규범이었다. 그래서 수천 수백 가지 예 행위들이 있지만, 가장 중요한 것은 '제사'라는 관점이 성립되는 것이다. 유교 담론에서 귀신의 실재성에 대한 논쟁, 즉 '귀신 존재 증명론'이라는 주제가 없는 이유는 그것이 자명한 믿음에 속했기 때문이다. 귀신을 부정하는 사람이 있을 때, 비로소 그것의 실재성이 토론의 대상이 된다. 불교 전래와 함께 중국 사상계 안에서 신멸론神滅論과 신불멸론神不滅論 논쟁이 나타난 이유는, 불교에서 말하는 '신'의 실재에 대한 의심이 실제로 존재했기 때문이다. 그러나 사실상 신멸-신불멸론은 '귀신'의 실재성을 둘러싼 토론이 아니다. 예를 들어, 『포박자내편』을 저술한 도교 사상가 갈홍은 귀신(천지귀신)이 당연히 존재한다고 생각하면서도, 불교가 주장하는 신불멸론에 반대한다. 귀신의 '존재 여부'와 '신'의 소멸 혹은 불멸 여부가 전혀 다른 차원에 속하는 문제였다는 것을 알 수 있다. 갈홍의 '신선론'은 불교의 '신불멸론'에 대한 도교적 대응이라고 볼 수 있다. 위진 시기의 중요한 사상적 주제였던 신멸-신불멸 논쟁은 '신' 개념의 혼란 때문에 모호한 논쟁이 되어 버렸지만, 원론적으로 말한다면, 그 논쟁은 귀신의 실재성이 아니라 윤회의 주체가 되는 '무엇'이 계속해서 존재하는지에 관한 것이었다.[10] 윤회의 주체가 무엇이든, 사람의 몸이 죽은 다음에 '무엇'이 남는다고 한다면, 눈에 보이지 않는 그 '무엇'을 중국어로는 신神이라는 개념으로 표현할 수밖에 없다. "음양의 기가 눈에 보이지 않는 것을 신이라고 말한다."[11]라는 고전적인 '신' 개념을 사용하여 중국의 전통적 종교와는 전혀 다른 맥락을 가진 불교의 윤회 문제를 설명하려고 하다 보니, 논자들 사이에서 같은 말을 놓고 전혀 다른 이야기를 하게 되는 해프닝이 발생한 것이다.

그 논쟁에서 유교와 도교 측에서는 '신멸'을 주장했다. 그만큼 '신멸론'은 중국인들의 전통적인 입장과 친연성이 있었기 때문이다. 그러나 그들(유교와 도교)이 '신멸'이라는 개념을 가지고 '귀신'의 존재를 부정했다고 생각하면 큰 오해다. 그들은 단지 사람이 죽고 나면 사유 능력이 사라지고, 윤회하는 주체란 존재하지 않는다는 사실을 말하기 위해 '신멸(사유능력의 소멸, 주체성의 소멸)'을 주장한 것일 뿐이다. '신' 개념이 모호하기 때문에 생긴 혼란이다.

유교적 관점에서는 '신'은 신적 존재(deity)를 가리키지만, 동시에 인간이 지닌 정신을 의미하기도 한다. 정신 능력을 의미하는 '신'은 사람이 죽은 다음에는 사라지는 것이 원칙이다. 그러나 초월 존재로서의 신은 반드시 그렇지 않다.[12] 신멸-신불멸 논쟁은 문화 접변의 과정에서 발생하는 '의미론적 격차'의 전형적인 사례의 하나라고 볼 수 있다. 마찬가지로 근대적 개념과 인식의 틀로 공자의 사상을 해석할 때 의미론적 격차가 발생하는 것은 아닐까? 우리에게 너무 깊이 스며들어 있어, 거의 무의식적으로 작동하고 있는 근대적 사유로 인해 공자의 사상을 오해할 수 있다는 말이다. 문화 번역의 어려움이 여기에 있다. 그것은 단순히 서양 중심주의라고 비판하고 끝날 수 있는 문제가 아니다.

제사와 정치

자로子路의 질문에는 '예의 핵심인 제사란 무엇인가', '올바른 제사란 어떤 것인가' 하는 정치적 의미가 내포되어 있었다. 그런 질문에 대답하는 것은 민감하고도 위험할 수 있다. 자로의 질문에 제대로 대답하기 위해서는, 현재 위정자들이 예를 실행하는 방식과 태도, 즉 그들이 끊임없이 위반하는 예의 '참된' 의미와 형식에 대해 말해야 할 것이다. 그런 대답은 자칫 잘못하면 현재의 정치적 지도자에 대한 비판으로 이어질 수 있다. 정치 문제에 밝았던 자로는 공자로부터 직설적 대답 듣기를 원했을 수 있다. "현재, 예禮를 실행한다는 명분으로 행해지는 제사는 엉터리가 아닙니까? 그리고 예를 행하는 현재의 권력자들이 정당성을 가지고 있다고 할 수 있습니까?" 자로의 질문에 담긴 뉘앙스는 분명 그렇다. 그런 뉘앙스를 읽어 내지 못하는 이상, 자로의 질문은 공허한 '귀신의 존재'에 관한 질문으로 읽힐 것이다. 그런 뉘앙스를 무시하는 해석자들은 자로의 질문을 절실하지 않은 질문이라고 규정한다.

한편 자로의 질문에 대한 공자의 우회적인 대답은 어떻게 해석할 수 있을까? 공자가 자로에게 핀잔을 주기 위해 그렇게 말한 것일까? 정말 그렇다면 우리는 공자의 인격을 의심하지 않을 수 없다. 공자가 자로의 질문에 직접 답하지 않는 이유는 그 질문에 담긴 정치적 뉘앙스를 파악했기 때문이 아닐까? 그러나 『논어』에서는 질문과 대답의 맥락이 제거되어 있다. 그것은 공자의 말을 추상화시키고 보편화시키고자 하는 편집자의 의도 때문일 수 있다.

모든 대답은 질문에 대한 대답이다. 『논어』를 읽을 때, 질문과 대답으로 이루어진 발언을 통해 공자의 생각을 이해하기 위해서는 문답이라는 구조를 잊지 말아야 한다. 공자 말씀을 보편적인 진리로 신성화하려는 경건한 태도가 오히려 공자의 발언을 왜곡할 수 있다. 『논어』 안에서 자로는 학구적인 자공이나 진지한 안회와 다르다. 귀신을 어떻게 섬겨야 하는가? 이상적인 예의 모습은 어때야 하는가? 그 질문은 저돌적인 자로이기에 가능했던 질문이었을 것이다. 자공이나, 안회는 너무나 근본적인 질문을 던져 스승을 당혹스럽게 만들 만큼 순진하지 않았고, 당돌하지도 않았을 것이다. 너무도 근본적이라서 직접 문제가 되기 어려운 문제를 자로가 들고 나온 것이다.

그 질문에 대해 공자는 직접적인 대답을 하지 않는다. 공자는 자로를 완전히 무시하는 대답으로 자로의 의문을 일축하고 우회하는 것처럼 보인다. 공자의 대답은 언뜻 보면 동문서답이라고 할 수 있을 정도다. 그러나 "사람을 섬기는 일도 모르는데, 어찌 귀신 섬기는 일을 알겠는가?"라는 공자의 대답은 우회적인 방식으로 '예의 근본적 의미'에 대해 말하고 있다. 공자의 대답은 이렇게 읽을 수 있다. '제사는 아무나 아무 신에게나, 제멋대로, 하고 싶다고 해서 드리는 것이 아니다.' 이렇게 읽는다면, 그것은 자로의 질문에 대한 우회적인 대답이 되는 동시에, 당시 무너져 가는 예를 회복하는 것을 사명으로 생각하던 공자의 신념을 담은 대답이 될 수 있다. 제사를 드릴 자격이 없는 사람들이 제사를 드리는 것은 예가 무너진 증거다. 실행되지 않아야 할 제사가 빈번하게 실행되고 있다는 것은 예가 무너진 현실을 말해준다. 당시에는 받을 자격이 없는 신령에게 바치는 제사, 자격이 없는 사람이 드리는 제사, 바른 형식을 벗어난 제사 등등, 한마디로 '비례非禮'라고 평가해야 할 제사들이 도처에서 실행되고 있었다. 『논어』 안에서도 우리는 예의 근본에서 멀어진 엉터리 의례에 대한 공자의 한탄과 비판을 자주 목격할 수 있다.[13]

공자의 시대는 주周 나라의 전통적 권위가 실추되고, 소위 패자들이 자신들의 정치적 지배를 정당화하기 위해 부심하는 시대였다. 주 나라를 대신하는 정통성 수립에 광분하던 신생 권력은 다양한 방법을 시도한다. 그 중에서 가장 중요한 것이 역법曆法의 개정과 제사의 실행이다. 즉, 전통적인 역법을 개정하여 자기의 현실에 맞는 새로운 역법을 제정하는 일, 그리고 자기들의 권위를 뒷받침하는 새로운 신령에게 제사를 드리는 일이다. 역법 개정은 제사의 실행과 연관이 있고, 국가 제사는 국가의 정통성 수립과 직결되는 문제였다. 정치적 권위는 신적 존재의 추인으로써 확고해진다. 역법의 제정과 제사의 실행은 하늘의 추인을 확인하는 중요한 '정치 - 종교적(politico-religious)' 행위였던 것이다. 소위 '천명'은 그런 방식으로 확인할 수 있다고 생각되었던 것이다. 따라서 제후들은 우주의 운행을 기록하고 예측하는 역법을 자기에게 유리한 관점에서 개정하고, 천자(주나라 천자)에게만 허락된 여러 제사를 실행하려고 시도했다. 천명天命의 수여 방식이라고 생각되던 봉선封禪의 제사 실행이 대표적인 경우다. 당시 제후들이 지식인들과 예 전문가의 도움을 필요로 했던 이유가 그것이다. 당시 군자라고 불리는 지식인들은 각 지역 제후들의 정치적 활동을 지원했다. 공자 역시 바른 제후를 만나 질서의 전범典範을 제공하고자 하는 강력한 포부를 가지고 있었다. 군자들은 권력의 비판자가 될 수도 있지만 권력을 정당화하는 권력의 주구走狗일 수도 있었다. 어느 시대든 지식인은 양면적인 존재였던 것이다.

제사에 관한 자로의 질문은 그런 시대적 배경을 염두에 두고 읽어야 한다. 그렇게 읽을 때, 자로의 질문은 "새로운 권력자에게 어울리는 제사는 어떤 것입니까?"라는 질문이 된다. 이 정도 되면 공자는 대단히 심각한 질문에 직면한 것이다. 함부로 대답하기가 곤란해진다. 그러나 공자는 유머 감각이 있는 선생이었고, 현실에 대한 냉철한 비판의 감각도 가지고 있었다. 그런 복잡한 면모를 가진 공자의 대답은 우회적일 수밖에 없다. 복잡한 사유를 하는 사람에게 단순한 것은 없다. 그러나 그 우회적인 말 속에서 현실에 대한 날카로운 비판이 숨겨져 있다. "사람을 섬기는 일도 모르는데, 어찌 귀신을 섬기는 일을 알겠는가?"라는 공자의 대답은 그런 맥락에서 나온 것이다.

권력이란 사람을 '섬기기' 위해 주어지는 것이다. 하느님이 인간에게 권력을 부여[天命]하는 이유는 어리석고 가난한 백성들을 먹이고 교육시키라는 임무를 부여하기 위해서다. 그것이 사람을 섬기는[事人] 일이다. 정치는 힘없는 사람을 개돼지처럼 다루는 폭력 행사가 아니다. 정치는 사람들에게 바른 삶을 가르쳐 주고 이끌어 가는 일이다. 유교에서 정치는 곧 교육, 교화인 것이다. 그래서 정교政教라는 말이 생긴다. 정교는 사람을 사랑하는 일[愛人]이다. 사람을 섬기고 사랑하는 일, 그것이 정치다. 사람을 섬기기 위해서는, 먼저 신뢰를 획득해야 한다. 그것이 정치의 근본이다.[14] 사람을 올바로 섬기라고 하늘[天]이 부여한 것이 천명이다. 정당한 권력이 천명이다. 사람을 섬기지 못하는 자에게 천명은 오지 않는다. 막무가내로 천신에게 제사 지낸다고 정당성이 저절로 찾아오지 않는다. 그러나 올바른 지도자는 굳이 신들에게 제사를 드리지 않아도 천명이 저절로 찾아온다. 백성들이 귀의하고 복종하는 그것이 천명의 도래를 알리는 증거다. 민심이 곧 천심인 것이다. "백성이 신의 주인이다. 따라서 성왕은 먼저 백성을 모아 국가를 이룬 다음에 신들에게 제사 바치는 데 힘을 썼다."[15]라는 『좌전』의 말은 유교 천명론의 근본을 표현한 것이다. 천명을 받지 못했기 때문에 백성이 따르지 않는데도 불구하고, 자격도 없는 사람이 함부로 드리는 제사는 바른 제사가 아니다. 그것은 형식만 제사지 효력이 없다. 그것을 공자는 아첨[諂]이라고 말한다. "올바르지 않은 귀신에게 제사를 드리는 것은 아첨이다."[16] 신을 섬기는 일에 대해 안다는 말은 '아첨'과 정당한 '제사'를 구별할 수 있고, 정당한 제사를 드릴 수 있는 자격을 가지고 바른 제사를 드릴 수 있다는 말이다.

올바른 제사란 무엇인가?

공자는 아첨인 제사[諂, 非禮]와 올바른 제사[祭, 禮]를 엄격하게 구별했다. 진정한 마음에서 나온 제사와 형식적인 제사를 구별했다. 『논어』 어디에서도 공자가 제사 자체를 부정했다는 기록은 보이지 않는다. 그러나 공자는 '아첨'에 불과한 제사를 단연코 부정했다. 공자는 정치란 세상을 바르게 만드는 일이라고 주장했다[政者, 正也](『논어』「안연」). 그러나 정당하지 않은 제사, 형식적 제사, 정당한 권력을 행사하지 않는 자들의 제사는 아첨이다. 그런 제사에 대해 신은 반응하지 않는다. 그런 제사를 과도한 제사, 즉 '음사淫祀'라고 부른다.[17]

고대 이스라엘의 예언자들이 정당성을 상실한 제사, 하나님에 대한 과도한 제사를 비판한 것처럼, 공자는 부정한 제사, 정당하지 않은 제사, 정의롭지 않은 제사를 비판했다. 같은 맥락에서, 공자의 대답은 이렇게 해석할 수 있을 것이다. "사람을 제대로 섬기지 못하는 자들이(알량한 권력을 가졌다고 해서) 함부로 천지신명에게 제사를 드리는 것이 어찌 바른 일이겠는가?"[18] 공자는 '귀신 섬김'[事鬼]과 '사람 섬김'[事人]을 대비시키면서 자로의 질문을 심오한 정치철학으로 승화시키고 있는 것이다. 공자가 아니고서는 그런 언어를 구사할 수 없을 정도다. 귀신을 섬기는 일보다 더 근본적인 것이 '사람을 섬기는 일'이다. 이때의 '사인(事人, 사람을 섬김)'은 바른 정치를 말한다. 공자는 폭력으로서의 정치가 아니라 섬김으로서의 정치, 음모로서의 정치가 아니라 바른 삶을 꾸릴 수 있는 세상으로 만드는 정치를 소망한다.

공자의 발언은 자로 개인에 대한 가르침이라고 해석되기도 한다. 자로의 부족함을 깨우치기 위한 개별적 훈계라는 것이다. 섬김[事]의 주체가 자로라고 보는 것이다. 그 결과, 그 구절은 "자로야, 너는[汝] 사람도 섬기지 못하는데, 어떻게 귀신을 섬길 수 있겠느냐?"라는 식으로 해석된다. 나는 그런 전통적 독해법은 심각한 오해에서 나온 것이라고 생각한다. 물론 공자의 말은 이렇게 해석할 수는 있을 것이다. "자로야 너도 정치에 관심을 가지고 있다면, 귀신 섬기는 문제보다는 사람 섬기는 일에 더 큰 관심을 가져야 한다."라고.

죽음이란 무엇인가?

공자의 대답에 이어 자로(계로)는 '죽음'에 대해 질문한다. 그리고 공자는 "삶에 대해서도 알지 못하는데 어떻게 죽음을 알겠는가?"[19]라고 대답한다. 이 구절은 유교의 죽음, 귀신, 종교적 관점을 이해하는 데에 중요한 문장으로 널리 인용되고 있다. 그리고 대부분의 논자들은 그 문장을 근거로 공자는 비종교적인 사상가라고 말한다. "공자께서는 괴이한 힘의 출현과 예에 어긋나는 신적 존재에 대해서는 말씀하지 않았다."[20], "백성의 삶에 관심을 기울이는 것, 귀신을 공경하나 멀리하는 것, 그것을 가히 앎[知]이라고 말할 수 있다."[21] 등, 『논어』 속의 다른 구절을 통해 공자의 비종교적 태도를 확인할 수 있다고 주장한다.

죽음과 귀신, 초경험 세계에 관한 공자의 입장을 어떻게 이해해야 하는가? 삶에 대해 알지 못하기에 죽음에 관심을 가져서 안 된다고 하는 식으로 공자의 말을 해석하는 것이 옳은가? 만일 공자가 정말 그런 뜻으로 말했다면, 나는 오히려 공자가 비상식적인 주장을 한 것이라고 볼 수 있다고 생각한다. 삶이란 손쉽게 알 수 있는 것이 아니다. 삶도 잘 모르니, 아예 죽음 문제 같은 것은 생각할 가치조차 없다? 그렇게는 말할 수는 없다. 당연히 삶은 어렵다. 삶의 의미와 가치를 쉽게 포착할 수는 없다. 그렇기 때문에 죽음에 대한 진지한 사유를 통해 삶의 의미에 대해 사색하는 기회를 얻을 수 있는 것은 아닐까? 죽음을 생각하면서, 삶의 절실함을 느낄 수 있고, 내 삶의 방법을 반성하는 기회를 얻을 수 있다. 사람은 오직 한 번 살고 한 번 죽는다. 그 '오직 한 번'이라는 절실함과 절박함이 삶을 더욱 진지하게 생각하게 만든다. '오직 한 번'의 죽음이기 때문에, 잘 죽어야 한다.

자로의 귀신 섬김 문제가 정치적인 함의를 가진 질문이었던 것과 마찬가지로, 죽음 문제 역시 깊은 정치적 함의를 지니고 있었을 가능성이 있다. "아는 것을 안다고 하고, 모르는 것을 모른다고 하는 것이 참된 앎"[22]이라는 것이 공자의 기본 입장이다. 그런 공자가 '죽음' 문제에 대해 단정적 대답을 했을 리가 만무하다. 죽음은 아무도 알 수 없는 영원한 신비다. 붓다도 죽음 문제에 대해 답을 피했다. 공자의 태도는 형이상학적 문제에 침묵한 붓다와 다르지 않다. 그렇다고 "삶을 모르는데 죽음을 어찌 알겠는가?[未知生, 焉知死]" 라는 말이 자로를 힐난한 것은 아닐 것이다. 공자는 이렇게 말하고 싶은 것일 수 있다. '나는 삶에 대해서도 아직 모르는 것이 많다. 삶의 원리나 도리에 대해 약간의 이해를 갖기는 했지만, 내가 인간사 전체를 완전히 알고 있다고는 말할 수 없다. 더구나 신비 중의 신비인 죽음에 대해서 내가 정통한 견해를 가지고 있다고 생각해서는 안 된다. 그것은 각자 자신의 결단에 의해 판단해야 하는 심오한 문제이다.'라고 대답하고 있는지도 모른다. 자로뿐 아니라 공자도 죽음에 대해 모르기는 마찬가지 아닌가? 차이가 있다면, 죽음을 대하는 수준이 다르기 때문에 삶을 대하는 수준이 달라지는 것뿐이다.

공자는 뜻을 이루지 못한 정치인이었다. 주나라의 문화를 회복하고자 하는 포부가 좌절당하고 현실에 대해 실망감을 가지고 있었을 것이다. 나중에 공자는 그런 실망감과 원망을 극복한다. '하늘을 원망하지 않고 사람을 탓하지 않는다[不怨天 不尤人]'. 그러나 그 말은 공자가 한때 인간에 대한 섭섭함과 하늘에 대한 원망을 가진 적이 있다고 하는 술회로 읽을 수 있다.[23] 그런데 제자 자로가 '죽음'이라는 근원적인 문제에 대해 묻는다. 그 질문은 분명 공자를 당혹스럽게 만들었을 것이다. 그리고 공자는 "[나는] 삶을 아직 잘 모른다. (더구나) 죽음에 대해 무엇을 알겠는가?[未知生, 焉知死]" 하고 고백한다. 이 문장에서 주어가 생략되어 있다. 일반적인 해석과 달리, 그 문장의 주어가 '자로'가 아니라 '나' 즉 '공자 자신'이라고 보면 어떨까? 전혀 의미가 달라지지 않는가? 그 말은 자로에 대한 충고가 아니라 공자 자신의 솔직한 고백이다. 영원한 신비인 죽음에 대해서 명석한 답을 가진 사람이 있겠는가? 질문을 던진 자로만 삶에 대해 모르는 것이 아니다. 공자도 자신이 삶에 대해 알지 못한다고 생각하지 않았을까? 그러니 죽음에 대해 모르는 것은 더 말할 것도 없다. 공자는 자로를 비난하는 것이 아니라 자신의 '알지 못함[不知, 未知]'에 대해 말하고 있는 것이다.

그러나 공자의 대답이 충고나 훈계로 해석되어 온 이유는 무엇일까? 공자는 모든 것을 아는 '전지자(omniscient)'라는 전제에서, '죽음' 문제는 자네 같은 어리석은 인간은 아직 몰라도 된다는 오만한 태도를 취했다고 해석하게 된 것이 아닐까? 공자는 결코 전지자나 전능자(omnipotent)가 아니다. 공자를 성인화시키고, 『논어』를 성인 공자의 어록으로 읽어야 한다는 교조적 태도가 공자의 발언을 오해하게 만드는 원인이라 생각한다.

귀신은 객관적 합리적 인식의 대상이 아니다. '귀신'의 존재를 부정하는 것이 곧바로 지성적인 태도가 될 수 없고, 또 그것을 인정하는 것이 미신적이라거나 무식하다고 볼 수 없다. '죽음'에 대해서도 마찬가지다. 죽음에 대해 안다고 주장한다면, 그것은 사기다. 당연히 죽음에 대해 모른다는 것이 부끄러운 일이 될 수도 없다. 어디까지나 그것은 신념의 문제이고 실천의 문제다. 그 신념을 어떻게 활용하는가, 어떻게 의미 부여하는가가 중요하다.

공자는 무신론자가 아니다

일반적인 오해와 달리, 초월 세계에 대한 관심이 항상 무용한 것은 아니다. 초월 세계에 대한 이해가 삶과 현실에 대한 태도를 결정하기 때문이다. 종교의 중요성이 거기에 있다. 신을 믿는 사람이 현실에 대해 부정적이고 비관적인 태도를 가진다고 말할 수는 없다. 그리고 신을 믿지 않는 사람이 더 현실에 충실한 삶을 산다고 말할 수도 없다. 종교사회학자 막스 베버(Max Weber)의 연구는 그런 사실을 증명한다. 신의 섭리와 소명을 믿는 프로테스탄트 윤리가 가장 현실적인 삶의 방식인 자본주의를 형성시키는 원동력이 되었다. 나는 베버의 테제가 무조건 옳다고 생각하지는 않지만, 신에 대한 믿음이 곧 비현실적이고 비합리적인 것이라고 보는 평면적 합리주의는 받아들일 수 없다. 신을 믿는 사람이 비현실적인 관심으로 생을 낭비하는 것이라고 폄하하는 맹목적 계몽주의가 더욱 문제다.

유교는 귀신을 부정하는 사상이라는 통속적 이해는 그런 계몽주의의 산물이다. 『논어』의 여러 구절이 그런 통속적 이해를 증폭시키는 데 동원되었다. "공자께서는 괴력난신에 대해서 말하지 않았다."[子不語, 怪力亂神]라는 문장이 대표적인 예다.(『논어』「술이」) 그 문장은 사실 난해하다. '괴력난신(怪力亂神)'이라는 말을 어떻게 해석하면 좋을까? 일반적으로는 괴 · 력 · 난 · 신으로 하나하나 떼어 독립된 개념으로 읽는다. 『주자집주』를 비롯하여 리쩌허우(李澤厚)의 『논어금독』 등 중국어로 된 논어 해석, 카나야 오사무(金谷治)의 『논어』를 비롯한 일본의 해석들, 에임즈(Roger Ames)를 비롯한 영어권의 거의 모든 논어 번역은 '怪力亂神'을 각각 독립시켜 네 가지 사실(괴 · 력 · 난 · 신)을 가리키는 것으로 해석한다. 그 경우 괴怪와 신神은 별문제가 없지만, 력力과 란亂은 모호한 것이 되어 버린다. 공자가 저술했다고 하는 『춘추』 자체가 력力과 란亂(권력 투쟁, 전쟁, 정치적 혁명)으로 가득 차 있지 않은가? (물론 『춘추』와 공자는 무관하다는 유력한 견해도 있다.)

고대 중국의 정치에서 가장 중요한 두 가지 문제인 '전쟁[力, 亂](戎)'과 '제사[怪, 神](祀)'에 대해 공자가 무관심했고, 제자들에게 그 두 문제에 대해 자기의 입장을 밝히지 않았다는 것은 이해가 되지 않는다. 『논어』를 보아도 공자가 그 문제에 무관심했다고 생각할 수는 없다. 나는 오히려 공자가 전쟁이나 폭력(정치적 폭력과 무력행사에 의한 혼란)은 물론이고 '제사'에 대해 진지한 관심을 가지고 있었다고 생각한다. 그 두 가지는 그 당시 삶의 현장에서 너무도 중요한 문제였기 때문이다. 따라서 "자불어, 괴력난신子不語, 怪力亂神"이라는 구절을 공자가 그런 문제에 대해 '말하지 않았다'는 식으로 읽어서는 곤란하다.

그렇다면 그 문장을 달리 해석할 수 있는 가능성은 있는가? 당시 비례非禮적 행위가 만연하는 현실을 비판했던 공자로서는, '괴력'과 '난신'이 난무하던 당시의 정치 현실을 직접 비판하기보다는 차라리 침묵하는 길을 택했다고 해석할 수는 없을까? 침묵은 긍정이나 무지의 표현일 수도 있지만, 근본적인 부정일 수 있기 때문이다. 그렇게 읽기 위해서는 일반적인 독법과 다른 길을 선택해야 할 것이라고 생각한다.

다른 가능한 독법은 '괴력'과 '난신'의 두 단어로 분리하는 것이다. 나는 '괴력'과 '난신'을 각각 분리된 두 단어로 읽는 길을 선택한다. 그러나 문제는 구두법의 문제에 그치지 않는다. 도대체 '괴력怪力'과 '난신亂神'이란 무엇인가? 그것이 더욱 중요한 문제다. 공자가 반대한 것, 공자가 침묵으로써 거부하고 반대한 '괴력'과 '난신'이란 도대체 무엇인가?

'괴怪'는 지괴志怪에서의 괴怪이다. 그것은 다른 말로 이異라고 한다. 그 두 말이 합쳐져서 '괴이'(怪異)라는 숙어가 만들어진다. '력力'은 초월적 힘, 초능력 등, 갖가지 괴이한 힘이 드러나는 현상, 즉 역현현상(力顯現像, kratophany)이다. 그것은 인간의 초능력을 의미할 수도 있고, 자연계의 초월 현상을 가리킬 수도 있다. 그런 괴怪, 이異, 괴력怪力은 부정적 뉘앙스를 담고 있다. 일상의 정상적 사유의 범주를 벗어나 있다는 의미에서 그렇다. 고대 중국에는 인간적 지성으로 이해할 수 없는 괴이 현상, 괴력 현상을 기록하는 전통이 있었다. 그것이 예술적으로 승화된 것이 귀신, 요괴가 등장하는 '지괴志怪' 문학이다. '지괴'는 민중의 종교 세계와 깊은 연관성이 있다. 청대의 유명한 학자 원매袁枚는 『자불어子不語』라는 책을 편찬하여, 그런 괴력 현상, 괴이 현상을 기록했다. 공자께서 말하지 않았지만, 실제 정치의 현실에서는 너무나 중요한 문제이기 때문에 그것을 기록한 것이다. 그는 그런 기록을 통해, 민중의 숨겨진 소망과 열망을 기록하려고 했다. 『자불어』는 비슷한 시기에 편찬된 『요재지이聊齋志異』와 함께 전근대 중국에서의 민중적 종교 신앙을 연구하는 최고의 자료다.

공자는 초월적 힘의 표출인 이런 '괴력'에 대해 침묵한 것이다. 공자가 왜 그것에 대해 침묵했을까? 공자는 앎[知]과 모름[不知]의 양자택일을 넘어서 있는 초월적 현상의 가능성과 위험성을 동시에 이해했기 때문에, 그런 현상에 대해 침묵한 것이라고 생각할 수 있다. 중국에서 초월 현상을 기록하는 '지괴' 문학이 중요한 문학적 장르로서 지속되었던 이유도 동일한 맥락에서 설명될 수 있을 것이다. 애초에 '지괴'는 힘없는 민초의 말없는 욕구를 살펴보는 가늠자였던 것이다. 초월적 존재는 '힘[力]'을 가진 존재, 특수한 권능을 가진 존재로 이 세상에 현현한다. 물론 공자는 그런 '괴력'을 부정적으로 평가한다. 초월적 존재는 힘을 가진 존재이지만, 그 힘은 변덕스럽고 위험한 것이다. 제대로 통제되지 않는 신비로운 힘은 파괴적이다.

공자가 문화적 이상으로 생각한 주 나라의 질서[禮=人道]와 그것의 근거인 하늘의 질서[天道]는 그런 변덕스러움 혹은 괴이함과 거리가 멀다. 진정한 신적인 질서에는 항상성[恒]에 있다. 변화하지만 변화하지 않는, 조화로운 변화의 항상성, 그것이 천도天道이며 역易이다. 그것이 공자가 평생 배우고 가르치려고 했던 신념이었다. 그러나 '괴력' 현상은 그런 질서 바깥에서 일어나는 것이다. 공자의 시대는 천도에 근거한 인도가 무너지는 시대였다. 그 시대를 '예가 무너지고 악이 파괴되는[禮崩樂壞]' 시대라고 말하는 이유다. 그런 혼란의 시대에, 괴력 현상과 신앙은 일상적으로 만연해 있었다. 공자가 '괴력'에 대해 침묵했다는 말은, 공자가 정당한 우주적 힘인 인도의 실현을 대망하고 있었음을 의미한다. 『논어』에서 보이는 것처럼, 공자는 성스러운 힘의 현현을 인정하고, 그 앞에서 공경의 자세를 취한다[敬而遠之]. 그러나 신에 대한 공경이 지나쳐 삶이 종교적 활동에 의해 질식당하는 것은 절대 바람직하지 않다. 공자는 신적인 질서를 긍정하면서도 종교의 과잉을 경계한 것이다. 공자가 침묵을 통해서 거부한 것은 기이한 힘[怪力], 예 질서를 벗어난 초월 존재들[亂神]이다.

란亂은 치治의 반대말이다. 정상적인 인간의 질서를 벗어난 것이 란亂이고, 그 질서가 실현되는 상태가 치治다. 치란治亂은 사회 질서의 유무, 예禮 유무에 관한 유가적 술어였다. 공자는 초월적인 신이나 초월 현상 자체를 부정한 것이 아니다. 공자가 부정한 것은 정당한 예 질서[人道]을 벗어난 제사, 그리고 예법의 원리에 맞지 않는[非禮] 초월 현상이다. 이런 공자의 입장은 아첨[諂]인 제사를 비판한 것과 통한다. 결론적으로, 공자는 정당하지 않은 제사[淫祀]를 통해 기이한 초자연적 힘[怪力], 혼란스러운 신의 출현[亂神]을 기대하는 '비례非禮'적인 행위에 대해 비판적 태도를 취했다고 말할 수 있다.

한편 괴력怪力과 난신亂神은 예 체계 안에 포함되지 않은 민중의 신앙과 종교 활동을 가리킨다. 민중적 종교는 예 체계에서 벗어나 있다. 민중의 신앙과 제사는 예가 지향하는 천도의 현현을 무시하고, 제사를 드릴 수 있는 자격과 불러낼 수 있는 신의 위상을 무시하고 순전히 공리적인 관점에 따라 실행된다. 공자의 '난신' 비판은 민중의 제사, 민중의 샤머니즘적 종교 활동을 비판한 것이라고 해석할 수도 있다. 민중이 그런 종교 활동에 몰입하는 것 자체가 건강한 정치 질서가 무너진 증거가 될 수 있을 것이다. 건강하지 못한 사회에서 민중은 미신에 빠져든다. 공자의 '괴력' '난신' 비판은 그런 사실을 예리하게 포착하고 있다. 공자의 침묵에는 민중 신앙의 무질서에 대한 비판이자 현실의 정치권력에 대한 저항이라는 이중적 시선이 있다.

좋은 정치가 바른 제사의 조건

유교는 하늘의 신[天神], 땅의 신[地祇], 조상신[人鬼]의 존재를 긍정하고, 예법에 적합한 제사를 통해 신적 존재들과 소통하는 것을 기대한다. 그러나 예법의 원칙을 벗어나는 신적 존재와의 교류, 즉 음사淫祀를 부정한다. 특히 빙의에 의존하는 난장적亂場的 오르지(orgy), 그런 경험에 의존하는 집단 에너지의 분출, 트랜스(trance) 상태에서 신을 불러내고 그 신에게 제사하는 새신賽神, 혹은 청신請神의 샤먼적 의례를 강하게 비판한다. 공자가 '괴력'이나 '난신'적인 현상에 대해 침묵한 이유는 민중적 종교가 초래할 수 있는 혼란을 경계하기 위한 것이었다고 말할 수 있다. 공자의 입장은 '비례'에 대한 거부감의 연장선 위에 있다.

공자가 강조하고 가르친 지식은 예법에 관한 지식이다. 백성을 편하게 만들고, 부정한 폭력을 배제하고, 민중을 올바른 가치의 세계로 이끌어 가는, 정당한 질서의 확립이 공자의 과제였다. 단순한 외적 강제가 아니다. 사랑과 공감이 결여된 질서는 폭력이 되기 쉽다. 예와 인, 예와 의가 함께 가야 하는 이유이다. 공자는 반복해서 그 사실을 강조한다. 예가 궁극적 목적이 아니라 백성의 안녕과 복지 행복이 궁극적 목표이다. 사람이 예를 위해 존재하는 것이 아니라 예가 사람을 위해 존재한다. 진리 역시 마찬가지다. 사람의 삶을 도외시한 제사[예의 실천]는 사치이고 낭비이고 폭력이다.

올바른 예를 실천하는 방식과 올바른 예를 실천하는 것이 공자가 가르친 학문의 핵심 내용이었다. 예의 참된 의미와 참된 실천 방식을 이해하지 못하는 자는 '앎(지식)[知]'을 가진 사람이라고 말할 수 없다. 왜곡된 지식을 가지는 것은 차라리 아무것도 모르는 것만 못하다. 모르는 자는 가르칠 수가 있지만, 알면서 무시하거나 알면서 왜곡하는 자는 교정이 불가능하다. 공자는 예법의 습득과 실천이 군자로서 획득해야 할 진짜 지식이라고 생각했다. 그러나 어중간한 지식(예법의 이념과 실행 방식)으로 오히려 참된 예 이해와 실천을 방해하는 잘못된 습관, 잘못된 가치관이 더욱 문제라고 생각했다. 『논어』에서 공자는 집착한다고 할 수 있을 정도로 그 지식[知]에 관심을 가진다.

순자는 '천인지분(天人之分, 하늘과 인간의 구분)'이라는 개념을 제시하며, 공자의 종교적 태도를 해명하려고 한다. 하늘[天]은 하늘의 일을 하고 사람[위정자]은 사람의 일을 한다. 일종의 정치적 분업론이다. 그러나 그 경우 사람을 일반인으로 확대해도 역시 말이 된다. '천인지분'을 이해하지 못하는 사람들의 행태는 어떨까? 지도자로서 마땅히 해야 할 일은 하지 않고 제사와 기도에만 열을 올린다. "오! 하늘이시여 도와주소서!"라고 기도하면서 날밤을 새울 것이다. 하늘에 제사만 드린다고 정치, 경제, 농사, 전쟁이 저절로 되는 것은 아니다. 사람이 할 수 있는 일을 충실히 해 나갈 때 하늘은 하늘의 일을 수행한다. 하늘의 책무와 인간의 의무는 다르다. 그렇다고 인간의 삶이 하늘과 무관하지는 않다. 인간의 삶은 천도의 운행에 매여 있다. 인간의 임무는 하늘의 운행을 모방하는 것이기 때문이다. [인간의 일인] 삶을 완성하라, [하늘의 일인] 좋은 죽음이 저절로 다가올 것이다. 인간의 일을 다 하라, 그러면 하늘은 하늘의 일을 할 것이다. '천인지분'이라는 말의 의미는 그렇다. 그런 생각을 단순히 무신론적이라거나 비종교적 태도라고 평가할 수 없다.

이스라엘의 예언자들의 관점도 그것과 대단히 비슷하다. 야훼신은 예언자들의 입을 빌려, 나는 너희들이(당시의 왕들과 제사장들) 바치는 거짓 제사가 지긋지긋하다, 희생물을 태울 때 나는 기름 냄새가 역겹다고 말한다. 왕들이 올바른 정치의 길을 도외시하고 제사에 몰두하는 현실을 비판하고 있다. 그 예언자들은 반종교적이고, 무신론적이라고 말할 수 있는가? 나는 공자와 순자의 발언을 이스라엘 예언자들의 제사 비판과 상당히 유사한 맥락에서 이해할 수 있다고 생각한다.

제3장 | 『좌전』, 『예기』의 혼백과 귀신

죽음 사유와 영혼

죽음과 생명의 본질이 무엇인지 알지 못했던 인간은 '영혼' 내지 영혼과 유사한 개념을 통해 죽음과 생명의 의미를 생생하게 포착하려고 했다. 영혼 개념은 죽음을 사색하기 위해 창조된 사유의 '도구'라고 할 수 있다. 그 개념이 만들어진 이후 죽음에 대한 사색은 거의 항상 영혼의 문제와 결부되어 이루어졌다. 죽은 다음에 영혼이 어디로 가는가, 죽은 다음에도 영혼은 존재하는가를 둘러싼 사색은 결국 죽음 사색의 핵심이 되어 철학과 종교 사유의 알파와 오메가가 되기에 이른 것이다. 그 사실은 과학 만능 시대인 현대에 와서도 변함이 없다. 죽음은 단순한 생물학적 사실인가, 죽음 이후에는 허무만이 남기 때문에 죽음은 생물-물리학적 사실일 뿐인가, 아니면 죽음은 삶의 연장선에서 삶을 더 가치 있고 의미 있게 만들어 주는 삶의 한 단계인가? 어떤 죽음 인식을 가지는가, 어떤 태도로 죽음을 맞이하는가, 그것은 결국 삶을 어떻게 바라보고 어떤 태도로 삶을 살아가는가와 뗄 수 없이 뒤얽혀 있다. 죽음의 탐색, 죽음의 사유가 생명[삶] 이후의 영혼의 행방에 대한 사유가 되는 이유가 거기에 있다. 삶이 중요하기에 죽음을 사유해야 하는 것이다.

공자 역시 죽음 사유의 의미를 간파했다. 공자는 죽음 탐색이 결국은 좋은 삶의 탐구로 귀결되어야 한다고 가르쳤다. 죽음이란 생명의 끝이다. 그러나 끝이 좋아야 생명은 가치를 획득할 수 있다. 공자는 목숨을 걸고서라도 포기할 수 없는 가치가 있다고 생각한다. "아침에 도를 들으면 저녁에 죽어도 좋다."[1]는 공자의 말은 목숨을 가볍게 보라는 말이 아니다. 인간의 존재 이유를 탐색하는 일은 목숨을 걸 만한 가치가 있다는 말이다. 좋은 삶의 탐구가 철학의 목표라고 가르쳤던 소크라테스가 '철학은 죽음의 연습'이라고 말했던 것과 비슷하다. 우리가 영혼이라고 부르는, 생명 이후의 그 '무엇'의 행방에 대한 사유는 결국 삶을 대하는 우리의 태도를 결정하는 데 가장 중요한 계기가 된다.(앞 장에서는 공자의 귀신론을 실마리로 그 문제에 대해 논의했다.)

영혼이 정말로 존재하는가, 지금까지도 앞으로도 우리는 그 질문에 대해 확고한 해답을 얻기 어려울 것이다. 그리고 죽음에 대한 사유가 영혼의 존재 증명이라는 방향으로만 나아간다면, 사실 그것은 죽음 사유의 방향 상실이라고 말할 수 있다. 영혼이 존재 여부는 증명할 수 있는 것이 아니다. 영혼의 문제에 대한 그런 방향으로의 관심은 마치 신의 존재 여부를 따지는 일만큼이나 불모의 논의로 끝나고 말 가능성이 높다. 영혼의 존재 여부는 어떤 과학으로도 밝힐 수 없다. 수학의 수가 세상의 사실을 설명하고 지시하는 도구인 것처럼, 개념 역시 우리의 사유를 인도하고 촉진하는 도구에 불과하다. 사유의 도구에 불과한 영혼 개념을 놓고 그것의 실재성을 깊이 따질 필요가 없다. 그러나 숫자 없이 수학적인 사유를 전개할 수 없는 것처럼, 개념의 도움 없이 철학적·종교적 사유를 전개할 수는 없다.

죽음 인식에서 중요한 것은 영혼의 존재를 확인하는 것이 아니라 영혼의 행방에 대해 자기만의 삶의 길을 찾는 일이다. 죽음과 삶의 의미를 자기 삶의 과정 안에 넣어서 사유하는 작업이 중요하다. 예를 들어, 나는 왜 살려고 아등바등하는가, 그냥 살아야 하기에 그런가, 그냥 살기 위해 그렇게 하는 것은 너무 비참하지 않은가, 내가 벌레나 동물과 정말 다른가, 나는 그저 유전자의 명령에 따라 그렇게 할 뿐인가? 살아남는 것만이 최상의 목적이라면, 윤리니 법이니 가치니 존엄이니 배려니 사랑이니 좋은 삶이니, 그런 모든 말들은 정말 그 자체로 아무런 가치가 없는가? 그런 모든 말들은 가진 자가 가지지 못한 자를 착취하고 이용하기 위한 말장난에 불과한 것일까?

그 실체를 만지고 볼 수는 없다 하더라도 그런 말이 없다면 우리의 삶은 각박해질 것이다. 그런 말의 의미를 찾아가려는 노력을 기울이기 때문에 인간의 삶은 더 존엄해지는 것이다. 우리가 삶의 의미를 찾는 이유는 생물학적 욕구 충족을 넘어서서 더 존엄하고 더 가치 있는 삶을 살고자 하는 소망 때문이 아닌가? 인간의 존엄성을 확보하기 위해 생명의 가치를 발견하려는 죽음의 사유가 중요해진다. 그런 사유의 길 위에서 죽음은 생명과 함께한다. 내가 죽으면 나는 끝나지만, 나의 생명이 의미 있는 것이었기 때문에 내 죽음도 의미를 얻는다.

그렇다면 가치 있는 삶이란 무엇인가? 가치 있는 삶을 정의 내릴 수 있는가? 그것이 무엇이라고 규정하는 것이 쉬운 일은 아니다. 하지만 사람은 각자의 삶이 가치 있는 것이어야 한다고 믿고 그렇게 되기를 소망한다. 그 소망과 믿음이 우리에게 영혼의 존재를 사유하게 만드는 것이 아닐까? 영혼의 존재를 사유한다는 것은, 다른 말로 하자면, 우리의 생명이 우연히 던져져서 덧없이 떠나는 것이 아니라는 확신을 가진다는 것이다. 인생이 가치 있는 존재 활동이라는 믿음과 확신을 포기하지 않고 갈 때, 거기서 영혼이라는 개념이 튀어 오르는 것이다.

동서고금의 철인들은 죽음을 사유하면서 영혼에 대해 말해 왔다. '실체적' 영혼이 아니라 생명 '가치'로서 영혼에 대해 말해 왔다. 영혼이나 죽음 이후의 초월적 존재는 어차피 인간이 알 수 없는 것이니, 그것을 굳이 증명할 필요는 없다. 공자는 "삶을 알지 못하는데 어찌 죽음을 알 것인가?"[未知生, 焉知死]라고 자로의 질문에 답한다. 그 말은 공자 자신의 무지에 대한 고백이며, 더 나아가 인간의 한계에 대한 고백이다. 공자는 인간의 한계에 대한 고백을 통해, 죽음은 좋은 삶의 결과로 다가오는 것이니 좋은 삶을 살 수 있도록 더욱 힘을 써야 한다고 권유한다. 죽음에 대해서는 알지 못하지만, 우리가 장악할 수 있는 삶, 그것은 우리의 몫이다. 그러니 살아있는 사람은 살아 있다는 그 사실에 충실해야 한다. 그것이 공자가 자로에게 한 말의 의도라고 나는 믿는다.

현재의 삶을 도외시하고 삶 너머에 너무 많은 관심을 가지는 것은 건강하지 않다. 위정자가 백성을 행복하게 만드는 일 그 자체에 몰두하지 않고 하늘의 복을 비는 일에 몰두하는 것이 건강하지 않은 행동인 것과 마찬가지다. 그러나 삶의 의미를 탐색하면서 삶 너머의 세계에 대해 무관심한 것 또한 건강하지 않은 삶이 아닐까?

귀신과 혼백

우리가 생명과 죽음, 그리고 영혼이라는 말을 사용하기 시작한 것은 겨우 100년 남짓하다. 생명은 영어의 life, 혹은 프랑스어 la vie의 번역어로 일본에서 만들어진 한자어이고, 죽음은 우리말이지만 100년 전에 철학적으로 사유하는 사람들이 그 말을 사용하지는 않았을 것이다. 영혼으로 가면 상황은 좀 더 복잡해진다. 지식인들이 사용하는 한자어 어휘 안에는 영혼이라는 개념이 존재하지 않았다. 아이러니하게 들릴지 모르지만, '영혼'이라는 말은 한문 문명권의 사상 안에서 존재했던 개념이 아니다. 그것은 가톨릭 선교사들을 통해 서양에서 들어온 anima(soul, psyche)라는 개념을 번역하는 과정에서 만들어진 한자어다. 그 말을 구성하는 각각의 한자[靈, 魂]는 아주 오래전부터 한문 문명권 안에서 사용되고 있었다. 그러나 단어로서 '영혼靈魂'은 서양의 종교가 들어오면서 anima 개념의 번역어로 사용되기 시작했다.

'영혼'이라는 어휘는 번역어로서 대단히 훌륭한 것이다. 한자와 한문에 소양을 가진 사람이라면 누구나 그 어휘의 의미를 추측할 수 있기 때문이다. 그러나 전통적으로 존재하지 않았던 개념 도구를 사용하여 한자 문명권의 사후 세계 이해를 충분하게 표현하기는 어렵다. 하지만 한자 문명권 안에서 영혼과 비슷한 '어떤 것'에 대한 사유가 전혀 없었던 것은 아니다. 전통적인 사유의 세계로 들어가기 위해서는, 고전적 한자어 어휘와 번역어로 새롭게 만들어진 어휘 사이의 미묘한 차이에 주의를 기울여야 한다. 사상은 언어를 사용하는 정신 활동이기에 언어의 뉘앙스를 포착하는 것이 중요하다.

앞에서 언급한 것처럼, '영혼'은 전통적인 한자어가 아니다. '영혼'의 영은 신령스런(numinous) 현상이나, 신령스러운 존재에서 나오는 어떤 힘을 표현하는 글자였다.[2] 도교나 민간신앙에서 그 말은 매우 빈번하게 사용되었다. 예를 들어, 신령스러운 치유력을 가진 부적[符籍, talisman]을 영부靈符라고 부른다든지, 신적 존재의 메시지를 전달하는 글을 영문靈文이라고 부른다든지 하는 식이었다(실제로 그 두 말은 거의 같은 의미다). 신령神靈이라는 개념어가 존재했던 것 역시 그 영靈이라는 말이 초월적인 존재의 위력을 나타내는 글자라는 사실을 단적으로 보여준다. 중국 사상에서 신神은 모든 종류의 초월적 존재를 가리키는 개념이었다. 일반적인 인간 능력을 초월하는 모든 것을 신이라고 불렀다. 숭배나 제사의 대상이 되는 초월 존재를 뭉뚱그려 모두 신이라고 불렀다. 그래서 귀鬼도 귀신鬼神이라고 불릴 수 있었던 것이다. 유교 경전인『예기』에서는 사람이 죽어서 된 신적 존재를 '귀鬼'라 부르고, 그 이외의 자연현상과 관련된 모든 신적 존재를 '신神'이라 부른다고 설명한다. 그러나 현실에서 '귀'와 '신'의 개념과 용례는『예기』의 설명보다 훨씬 더 넓고 모호하다.

한자 문화권 안에서 '귀鬼[귀신]'의 용례는 대체로 세 가지로 나누어진다고 볼 수 있다. 첫째, 세상의 도처에서 출몰하는 초월 존재인 '귀'다. 이 경우의 '귀'는 '신'과 밀접한 관련을 가지면서 '신'보다 하위의 존재라고 생각된다. 둘째, 원한을 품고 죽은 사람의 혼령으로 세상을 떠나지 못하고 환난을 일으키는 것을 '귀'라고 한다. 이 경우의 귀를 보통 '여귀厲鬼'라고 부른다. 셋째, 조상신을 의미하는 '귀'다.

첫째 유형의 '귀'는 민중적인 신앙의 대상이 되었다. 그러나 민중적인 신앙 대상으로서 '귀'에 대한 정식 의례는 존재하지 않는다. '신'과 달리 '귀'는 공식적인 숭배의 대상이 아니라 기피 혹은 배제해야 할 대상이라고 생각되었기 때문이다. 고대 중국의 제자백가 사상가들, 특히 묵자는 '귀'를 자주 언급했고, 장자도 그런 의미의 '귀'를 언급했다. 예를 들어,『장자』「달생」에는 제나라 환공桓公의 견귀見鬼 우화가 보이는데, '귀'의 존재를 의심하는 환공의 물음에 대해, 제나라의 관리 황자고오皇子告敖는 연못 속에 사는 귀신 리履, 부뚜막 귀신 계髻, 출입문의 흙더미 아래 사는 귀신 뇌정雷霆, 동북방의 소택지에 사는 귀신 배아倍阿와 해롱鮭蠪. 서북방의 소택지에 사는 일양泆陽,

물에 사는 귀신 망상罔象, 언덕 귀신 신莘, 산에 사는 외발의 귀신 기夔, 들판의 귀신 방황彷徨, 연못의 귀신 위사委蛇 등의 이름을 열거한다.[3]

둘째 유형의 '귀'는 본론에서 언급하는 자산子産의 귀신론에 등장하는 '여귀厲鬼'다. 자세한 내용은 본문에서 논의된다.

셋째 유형인 조상의 죽은 혼령인 '귀'는 자손의 제사를 받는다. 조상신으로서 '귀'는 제사를 받는 동안 자손을 위해 복을 내리지만, 궁극적으로 하늘의 신령 세계의 일원이 되어 이 세상을 완전히 떠난다고 생각된다. 유가적 의미의 '귀'가 '죽은 사람의 혼령[人死爲鬼]'만을 한정적으로 지칭하는 것이라면, 민중 신앙의 '귀'는 세상 도처에 존재하는 하위의 '신령'을 포괄적으로 가리킨다는 점에서 차이가 있다. 그리고 '신'과 '귀'의 차이는 제사의 대상이 되는가, 신상神像을 만드는가 여부에 달려 있다. '신'에게는 공식적인 의례를 행하고 또 신상을 만든다. 그러나 '귀'에게는 공식적인 제사를 드리지 않는다. 신은 고귀한 존재이고 귀는 기피해야 할 대상이다. 현재의 중국, 대만, 홍콩의 민간신앙에서 그런 관행이 유지되고 있다. '신'에 대해서는 신상(statue)을 만들고 숭배 의례를 거행하지만 '귀'를 위해서는 상을 만들지 않고 숭배 의례도 행하지 않는다.[4]

전근대 사회에서는 인간 세계의 일상성을 넘어서는 특별한 존재인 신적인 존재가 있다고 믿었다. 그리고 그런 존재와 교섭해야 한다는 것은 지극히 당연한 확신이자, 사회적 상상력의 중요한 일부분이었다. 그리고 그 초월적 신적인 영역을 표현하기 위해 '령靈'이라는 말을 사용했던 것은 우리말의 현대적인 감각으로도 충분히 납득할 수 있다. '령'은 명사적으로도 사용될 수 있고, 동시에 형용사적으로도 사용될 수 있다. '신神' 역시 마찬가지다. 그러나 '혼魂'은 형용사적으로는 사용되지 않는다. 혼魂은 우리 논의의 맥락 안에서 조금 더 깊은 탐구가 필요한 대상이다. 혼은 간단히 정리할 수 있는 개념이 아니지만, 생명이 끝난 다음에 사람은 어떻게 되는가에 대한 유교의 상상력을 단적으로 보여주는 개념이라는 점에서, 유교의 죽음 이해를 논의할 때 가장 먼저 해명되어야 한다.

혼魂은 영혼靈魂이라는 한자어의 일부를 구성하는 요소다. 따라서 우리는 '혼魂'이 '영혼靈魂'과 비슷한 의미를 가진 어휘일 것이라고 추측할 수 있다. 그러나 그런 추측은 반쯤만 옳다. 그 개념의 역사적 문화적 맥락을 따지고 들어가 보면, 한자어 '혼魂'과 현대어 '영혼靈魂'은 다르다. 하지만 사람이 죽은 다음에 존속하는 '어떤 것'이라는 점에서 혼과 영혼은 비슷하다. 여기서는 한자어 혼魂(혹은 혼백魂魄)의 의미에 대해 살펴보자.[5]

영혼과 혼백의 차이

고전 중국어에서 혼魂은 단독 어휘로 사용되기도 했고, 백魄과 함께 복합 어휘로 사용되기도 했다. 앞에서 언급한 것처럼, 혼백魂魄(혹은 魂/魄)은 죽음에 관한 유교적 사유를 이해하는 데 반드시 검토해야 하는 말이다. 고전적 어휘인 혼백魂魄의 의미를 논의하기에 앞서, 혼魂 혹은 혼백魂魄과 현대어 영혼靈魂의 차이에 대해 잠시 생각해 보자.

'영혼'이라는 말에 익숙한 현대인은 영혼이 당연히 하나라고 생각할 것이다. (물론 영혼의 존재를 믿지 않는 사람은 당연히 영혼은 없다고 생각할 것이다.). 따라서 그들에게 "영혼은 몇 개가 있을까요?"라고 묻는다면, 질문 자체가 황당하다고 생각할 것이 틀림없다. 영혼은 '하나'라는 것이 현대인의 상식이기 때문이다. 그러나 고대 중국에서 '영혼'에 대응하는 개념이 '혼백'이라는 사실을 알았다고 하고, 다시 그 혼백이 몇 개가 있는가? 라고 묻는다면, 이번에는 다시금 황당한 표정을 지으면서, '혼백'이니 당연히 하나가 아닌가, 라고 반문할 것이 틀림없다.

유교가 인간의 혼백(魂/魄)을 합쳐서 10개라고 본다는 사실을 아는 사람은 많지 않다. 사람이 죽으면 혼魂과 백魄이라는 두 종류의 영적 존재가 신체를 빠져나온다. (혼과 백은 모두 기氣다. 우리의 몸을 형성하는 것도 기다. 따라서 혼, 백을 육체와 구별되는 정신적인 것이라고 말할 수는 없다. 중국 사상에서는 현대적인 의미에서의 정신과 육체의 근본적인 구별이 성립하지 않는다.) 그리고 혼魂은 셋[三], 백魄은 일곱[七]이라고 생각했다. 그래서 혼魂과 백魄을 말할 때, 삼혼칠백三魂七魄이라고 부르기도 했다. 그들을 인격화하여 삼혼三魂과 칠백七魄 각각이 서로 다른 이름을 가진 체내신體內神이라고 생각했다. 따라서 혼백이 몇 개 있느냐는 질문에 대해서는 10개라고 답하는 것이 옳다. 물론 이런 이야기가 황당하게 들릴 수도 있다. 하지만 적어도 중세 이후의 중국에서 삼혼칠백은 거의 상식적인 관점이었다. 성리학의 집대성자로 알려진 주자朱子(주희)조차도 이런 생각을 당연한 것으로 받아들였다. 현재에도 유교식 장례에서는 시신을 칠성판(구멍을 일곱 개 뚫은 판자) 위에 누인다. 일곱 구멍은 칠백이 빠져 나가는 통로라고 생각했던 것이다. '삼혼칠백'은 주희보다 약 1세기 전에 편찬된 도교 문서 중에 『운급칠첨雲笈七籤』이라는 책에 나온다. 거기서 '삼혼칠백'은 독립된 주제로 다루어지고 있다. 도교적 상상력이 유교 사상 안으로 들어온 대표적인 사례다.

물론 이런 상상력이 유교의 정통적인 생각이라고 말할 수는 없다. 그러나 유교에서는 정통과 이단의 명확한 구분이 존재하기 않기 때문에, 정통적인 관점과 비정통적인 관점을 구분하는 것 자체가 불가능하다. 기독교를 기준으로 종교를 논의하는 것의 난점이 바로 그것이다. 모든 종교, 나아가 거의 모든 일에서, 정통과 이단을 나누는 버릇을 버리지 못하고, 모든 종교가 정통적 교리를 가지고 있을 것이라고 간주해 버린다. 그리고 함부로 정통적 입장을 전제하고, 그것과 다르면 '이단'이라거나 '사이비'라는 낙인을 찍어서 배제하고 비난한다. 심지어 기독교를 믿지 않는 사람도 기독교의 사고방식을 모방하여 다른 생각을 이단이라든지 이교라고 배척하고 박해하는 나쁜 버릇을 쉽게 배운다. 하지만 동양의 종교에서 중세 기독교에서처럼 이단을 배척하고 박해하는 풍토는 찾아보기 어렵다. 조선 유교, 특히 조선 중기 이후의 성리학에서 정통과 이단을 구분하고 정치적으로 박해하는 풍조가 등장했는데, 그것은 정통에서 벗어나는 입장을 '사문난적'이라고 배척 비난하면서 사상의 순수성을 추구했던 조선 유교의 특징 중의 하나라고 말할 수 있다. 실제로 유교에서는 '도그마'라고 부를 만한 정통적 입장을 구별해 내는 것이 쉽지 않다. '삼혼칠백' 관념은 민간신앙과 도교에서 발전한 것이지만, 나중에 유교 안에 자연스럽게 침투해 들어왔고 유교적인 관념의 일부로 정착했다.

'혼백' 개념을 비교적 분명하게 제시한 『좌전』과 『예기』에서 삼혼칠백에 대한 언급을 찾을 수 없다. 여기서는 삼혼칠백 관념이 일반화되기 이전 단계의 유교 경전에 보이는 혼백 관념을 중심으로 유교적 영혼 관념의 형성 과정에 대해 논의해 볼 것이다

『좌전』의 귀신론

한문 문명권에서 '혼백' 개념의 출현 시기는 확정할 수 없다. 다만, 기원전

4세기 중반에 편찬된 것으로 추정되는 『좌전』에서 처음으로 귀신, 귀, 신, 혼, 혼백 등의 개념이 등장하는 것은 사실이다. 『좌전』의 '소공昭公 7년' 기사에 보이는 자산子産의 '귀신론'과 '혼백론'은 나중에 더욱 내용이 다듬어지는 유교적 귀신론과 혼백론의 원형을 제시하는 것이라는 점에서 주목할 만하다.

그 기사를 중심으로 살펴보자. 정鄭의 집정을 역임했던 자산은 백유伯有라는 인물의 죽음과 관련하여, 귀신[鬼] 및 혼백魂魄에 관한 중요한 해석을 제시한다. 그 기사의 줄거리는 다음과 같다. 자산이 집권하던 시절, 이미 죽은 정나라 공자의 한 사람이었던 백유伯有(良霄)의 혼령이 다른 사람의 꿈에 나타났다. 그 백유의 혼령은 대帶와 단段을 죽일 것이라고 경고했고, 실제로 귀신이 출현하여 두 사람이 죽는 일이 발생했다. 그런 사건으로 국인國人들이 공포에 떨었다. 그러자 자산이 제시한 대책은 이렇다. 귀신에 의해 사람이 죽는 일이 발생한 이유는 억울한 죽음을 당한 백유의 귀신이 나타나 재앙을 내렸기 때문이다. 따라서 공손설과 백유의 아들 양지를 백유의 후사後嗣로 내세우고 백유의 귀신에게 제사를 바쳐 백유의 귀신을 위로해야 한다. 자산의 충고를 따라 후사를 세워 제사를 바치고 나서부터는 귀신이 사람을 해치는 일이 그쳤다. 그 일에 대해 자대숙子大叔이 자산에게 질문했다. 자산은 다음과 같이 대답한다. "귀신이 돌아갈 곳이 있으면 재앙[厲=祟]을 내리지 않는다. 그래서 내가 그의 귀신[鬼]이 돌아갈 수 있도록 해 주었다."[6]라고. 이런 자산의 해명 자체는 당시의 일반적인 귀신관을 반영하는 것이라고 단정할 수 없을 것이다. 왜냐하면 만일 그런 자산의 해명이 그 당시의 일반적인 생각을 반영하는 것이라고 한다면, 귀신의 출현에 대해 사람들이 혼란에 빠지는 일도 없었을 것이고, 또한 자대숙이 자산에게 그 사실에 대해 특별히 질문할 이유도 없었을 것이기 때문이다.[7] 자대숙의 질문을 통해 볼 때, 우리는 자산이 제기한 해결책은 당시 일반인의 귀신 이해와는 다른 특별한 것이었음을 알 수 있다. 당시의 예법에 대해 잘 알고 있었을 것이 틀림없는 자대숙이 자산의 해결 방식에 대해 놀라움을 금치 못하고 있다는 사실이 그 증거다. 따라서 나는 자산의 귀신관은 당시의 상식에서 볼 때 특별한 것이었을 가능성이 높다고 판단한다. 그러나 시대가 흐르면서 『좌전』이 경전적 권위를 가진 문헌으로 승격되어 감에 따라, 정현鄭玄과 공영달孔穎達을 비롯한 여러 주석가들의 해석을 거치면서, 자산의 관점은 유교 귀신론의 정통으로서의 자격을 얻는다. 이하, 자산의 귀신론을 몇 가지 항목으로 나누어 정리하고, 그 각 항목에 대해 조금 더 자세히 살펴보자.

자산의 귀신론은 다음과 같은 세 가지 사항을 전제하는 것이었다고 해석할 수 있다.

(1) 사람은 죽으면 귀신이 된다.[8]

(2) 귀신은 후손에 의한 제사를 받지 않으면 죽어서 돌아갈 곳을 잃어버리고 떠돌면서 세상 사람들에게 재앙을 내릴 수 있다.[9]

(3) 귀신이 내리는 재앙을 피하기 위해서는 죽은 사람의 후손을 세워[立嗣] 제사를 바쳐야 한다.

위의 각각의 사항에 대해 부연해 보자.

첫째, '사람이 죽으면 귀신이 된다[人死爲鬼]'는 관점이 자산의 대답 안에 '직접' 등장하는 것은 아니다. 그러나 자산은 그것을 당연한 사실로 전제하고 있다. 기사의 본문에서 자산의 귀신론의 전제가 되는 관점이 엿보이기 때문에 그런 추측이 성립할 수 있다. 그 사건이 완료된 다음 자산은 진晉나라로 갔다. 거기서 조경자趙景子는 자산에게 백유가 죽은 다음에 귀신이 될 수 있는지, 물었다. 조경자의 질문의 뉘앙스는 이렇다. '귀신은 존재한다. 그러나 귀족인 백유가 죽은 다음에도 귀신이 된다는 것인가?' 그 질문에 대해 자산은 그것이 가능한 일이라고 말한다. 그 이후, 자산의 관점은 『예기』에서 발전적으로 다듬어지면서 경전적인 권위를 획득한다.

후한 시대의 사상가 왕충은 '사람이 죽으면 귀신이 된다'는 입장에 반대한다. 그러나 그는 '사람이 죽으면 귀신이 된다.'는 관점이 유교 특유의 입장이라는 사실을 인정하고 있다. 결국 전국시대戰國時代에서 한대漢代에 이르는 시기에 '사람이 죽으면 귀신이 된다'는 관점은 일종의 유교의 '도그마'적인 관점으로 확립되었다는 사실을 알 수 있다.(유교는 기독교처럼 강력한 도그마를 가진 종교는 아니지만, 하나의 '도그마'라고 부를 수 있을 정도로 유교 내부에서는 확립된 입장이라는 것을 강조하기 위해 약간 과장된 표현을 쓴 것이다.)

둘째와 셋째 사항은 연결된 것이기 때문에 함께 논의한다. 그 두 사항은 제사나 귀신에 대해 이야기할 때 중요한 문제이기 때문에 약간 긴 부연이 필요하다. 자산의 논의를 따르면, 죽은 사람의 후손이 조상의 귀신에게 제사를 드려야 하며, 후손의 제사가 끊어질 때 귀신은 세상에 대해서 재앙을 내릴 수 있다. 따라서 후손의 제사를 받지 못하는 귀신이 내리는 재앙을 막기 위해서는 다른 사람을 후손으로 세워야 한다. 즉 입사立嗣를 해서라도 귀신에게 제사를 드려야 한다. 그런 자산의 주장은 귀신에 관한 유교의 경전적 관점으로 승격된다. 그리고 그의 관점은 다른 사람이 아니라 바로 죽은 사람의 후손이 조상의 귀신에게 제사를 지내야 한다는 유교의 제사론으로 발전한다. 하지만 자산의 귀신론은 여전히 모호한 점을 가지고 있다. 어차피 귀신은 상상의 산물이기 때문에, 완전한 논리적 정합성이나 합리적 해명을 요구하는 것은 무리일 수 있다. 그러나 자산이 제시하는 귀신론은 민간신앙 차원에서 이해되는 귀신론과 약간의 차이가 있기 때문에 이 문제를 조금 설명할 필요가 있을 것이다.

자산의 해명에 따르면, 정상적으로 죽은 다음 후손의 제사를 받는 사람의 혼령을 귀신[鬼]이라 부를 수 있고, 후손의 제사를 받는 동안은 재앙을 일으키지 않는다. 비정상적으로 죽은 다음에 후손의 제사를 받지 못하는 귀신은 세상에 재앙[厲, 祟]을 내린다. 자산은 그런 귀신을 특별히 개념화하지는 않았지만, 나중에 유교 전통 안에서 그런 귀신은 여귀厲鬼라는 이름으로 불리게 된다. 일반적인 의미의 귀신[鬼]과 여귀는 후손의 제사를 받느냐 받지 않느냐로 구분될 수 있다. 그리고 후손의 제사를 받는 귀신이 다름 아닌 조상신이다.

자산이 논의 대상으로 삼는 귀신[鬼]은 민간신앙의 귀신[鬼]과 비슷하면서도 다르다. 민간신앙의 귀신은 죽은 사람의 혼령에 한정되지 않기 때문에 지칭하는 범위가 더욱 넓고 포괄적이다.

앞에서 본 것처럼, 민간신앙의 귀신[鬼]은 대개 세 가지 종류로 나눌 수 있다. 민간신앙에서는 다양한 종류의 잡귀雜鬼들이 더 중요하다. 그런 잡귀들은 당연히 숭배의 대상이라기보다는 배제의 대상이었다. 민중들의 삶을 힘들게 만드는 온갖 질병과 재난은 그런 잡귀들이 일으키는 것이라고 믿어졌다. 따라서 잡귀들의 한을 풀어주는 방법을 강구해야 했다. 잡귀들이 일으키는 재앙을 피하기 위해 동원된 다양한 신앙적 활동은 민중의 기층문화를 구성하는 중요한 구성부분이었다. 민간신앙에서 조상신은 그다지 중요한 의미를 가지고 있지 않았다. 조상신은 어차피 후손의 제사를 받기 때문에,

일반 민중이 그런 귀신에 관심을 가질 이유는 없었을 것이다. 민간신앙의 차원에서는 온갖 잡귀들, 특히 화장실 귀신, 진흙탕 귀신, 부뚜막 귀신 등, 세상 도처에 귀신이 존재한다고 생각했고, 그런 귀신들에 관한 이야기는 고대에서 오늘에 이르기까지 재생산되면서 이어져 내려온다. 제자백가 문헌을 비롯하여, 소위 지괴문학(『수신기』, 『태평광기』, 『요재지이』 등으로 대표되는)은 민중의 신앙적 세계를 엿볼 수 있는 중요한 자료로 남아있다.[10]

유교는 민간의 귀신 신앙과 제사를 모두 받아들이지 않았다. 유교는 효孝 이념의 확립과 관련하여 중요한 의미가 있는 조상신에 대한 신앙만을 선별적으로 받아들이고, 후손이 드리는 조상신에 대한 제사만을 정당한 제사활동으로 인정하는 종교 전략을 취했기 때문이다(2장에서 논의한 유교의 '음사론'과 관련된 문제다.).

선진 시대의 중요한 사상-종교 집단이었던 묵가는 유가가 귀신을 믿지 않는다고 비난을 퍼붓고 있다. 그 이유는 유교가 조상신 이외의 귀신에 대한 신앙과 제사를 '음사'라고 거부했기 때문이었을 것이다. 엄격하게 보자면, 조상신에 대한 제사를 인정하는 유교가 귀신을 믿지 않는다고 말하는 것은 옳지 않다. 그러나 민간의 종교적 관행을 수용하는 묵가의 입장에서 보면, 자연에 편만하면서 세상살이에 영향을 주는 무수한 종류의 귀신이 더 중요한 의미를 가진 초월 존재라는 것은 자명하다. 묵가가 조상신을 부정했던 것은 아니다. 하지만 유교가 확립하고자 했던 조상신에 대한 제사만을 인정하는 종교 전략은 민중적 신앙 관행과 일선을 긋는 것일 뿐 아니라 민중의 종교적 관행을 부정하는 것으로 이어질 수 있다. 따라서 민중의 종교적 관행을 중시하는 묵가가 유가를 무귀론無鬼論이라고 비판하는 것은 나름 이유가 있다는 것을 알 수 있다. 따라서 묵가의 유가 비판을 받아들여 유교는 귀신을 믿지 않는다는 식으로 단정하는 것은 문제가 있다. 나중에 후한 시대의 왕충이 '사람이 죽으면 귀신이 된다[人死爲鬼]'라는 유교의 귀신 명제를 부정하면서, '사람이 죽으면 귀신이 되지 않는다[人死不爲鬼]'를 주장한 것 역시 비슷한 맥락에서 이해할 수 있다. 당연히 왕충이 귀신이 없다고 주장한 것은 아니다. 오히려 모든 초월적 귀신들을 인정하는 왕충은 유교의 조상신을 민중 신앙에서 말하는 귀신의 범주에 넣어서 이해하는 것을 거부하고 있다고 말할 수 있다. 왜냐하면 유교가 주장하는 것처럼 귀신을 조상신과 동일시하게 되면, 민중의 신앙적 관행과 전통을 지나치게 축소할 위험이 있기 때문이다. 유교는 '사람이 죽어서 귀신이 된다'는 명제를 통해, 귀신에 대한 민중의 절제되지 않는 신앙을 효의 실천이라는 영역 안으로 끌어들이는 한편, 효의 종교를 수립하여 민중의 분출하는 종교적 욕망을 통제하려고 했던 것이라고 말할 수 있을 것이다.

자산의 혼백론

유교는 조상신에 대한 제사만을 인정하면서, 귀신의 범주와 제사의 대상을 한정한다. 조상신과 동일시되는 귀신은 후손의 제사를 받는 동안은 저세상에서 안식한다. 『좌전』은 예 규정을 벗어나는 '과도한' 제사를 비판하는데, 그것은 잡다한 귀신에게 제사하는 민중의 종교 관행에 제동을 걸기 위한 의도에서 나온 것이라고 해석할 수 있다. 그런 관점은 『예기』에서 발전적으로 다듬어져 "제사 지내야 할 대상이 아닌 신에게 제사를 바치는 것을 음사淫祀라고 부른다. 음사를 통해서는 복을 받지 못한다."[11]라는 명제로 완성된다. 그것이 바로 유교의 음사론이다. 다시 말해, 유교는 예에 입각하여

행해지는 조상신에 대한 제사와 조상신이 아닌 잡귀들에게 제사를 드리는 음사를 명확하게 구분하고, 그런 구분을 통해 민중의 신앙을 통제하려는 정책을 수립하려고 한 것이다. 역대 왕조는 민중 종교를 통제할 필요를 느낄 때마다 음사론에 근거하여 민중의 종교적 열정을 통제하는 조치를 취했다. 고대국가에서 민중의 종교적 열정을 통제하는 일은 왕조의 안정을 위해서 대단히 중요한 과제였기 때문이다. 종교 통제는 왕조의 존립 기반과 관련이 있는 것으로서 중요성을 가지고 있었다. 유교를 철학적인 전통으로만 이해하는 경우, 국가 제사를 통해서 왕조의 가치관을 유지하고 통제하는 정치원리로서의 유교를 이해할 수 없게 된다.

간단히 말해서, 유교의 귀신은 조상신의 다른 이름이다. 그리고 경우에 따라서는 여귀(厲鬼, 후손이 없어 제사를 받지 못하고 세상에 재앙을 내리는 귀신)를 유교적 귀신 개념 안에 포함시켜, 국가 차원에서 여귀에 대한 제사를 지내기도 했다. 여귀 역시 인귀(人鬼, 사람이 죽어서 된 귀신)로서 후손의 제사, 혹은 후손의 제사에 버금가는 제사가 바쳐지기만 하면 언제든 조상신에 편입될 수 있는 존재이기 때문이다. 자산이 귀신론에서 여귀를 거론하는 이유가 거기에 있다. 유교적 이념에 근거를 두는 유교 왕조는 효 이념과 결부시켜 조상신(=귀신)에 대한 제사를 확립하고, 가국일체家國一體 구조를 유지하려고 노력했다. 나아가 여귀에 대한 공공적 제사를 거행함으로써 그들을 조상신의 영역 안으로 끌어들여 국가의 안녕과 질서를 확보하려고 했다.

하지만 반복되는 전쟁이나 사회적 혼란으로 인해 국가의 체계적 질서를 완전하게 확립하기 어려웠던 고대국가에서, 죽은 사람의 혼령(귀신)을 정상적인 제사 질서 체계 안에 다 포섭한다는 것은 거의 불가능한 과제였다. 물론, 국가 역시 가능한 범위 내에서, 국가적 제사 활동을 정비함으로써 일정

부분 그런 역할을 하려고 노력했다. 그러나 국가가 모든 신령을 위무慰撫하는 과업을 독자적으로 완수할 수 없기 때문에, 유교 이외의 종교들을 어느 정도 인정하여 그들의 도움을 받지 않을 수 없었다.

유교 국가에서 제사는, 개인 제사든 국가 제사든, 단순한 개인 윤리 문제나 개인의 영혼의 안식이라는 문제에 그치는 일이 아니었다. 신령에 대한 제사는 통치 질서의 확립과 관련 있는 중요한 정치 활동이었다. 그러나 유교의 이념적 원칙은 철저하게 관철될 수 없는 한계에 봉착하지 않을 수 없다. 그런 한계 때문에 실제 생활에서 사람들은, 민중은 물론 유교 지식인들조차도, 조상신 이외의 다양한 귀신의 존재를 무시할 수 없었던 것이다. 그만큼 삶이 불안정했고, 예측하기 어려운 재난, 설명하기 어려운 기이한 일들이 자주 발생했다. 고대인들은 그런 모든 비정상적인 사태를 설명하기 위해 귀신 · 신령 · 요괴 등의 개념을 동원했다. 유교 국가가 민중의 종교적 수요를 완벽하게 충족시키지 못하는 상황에서, 도교나 민간신앙의 존재를 완전히 부정할 수도 없었다. 도교와 민간신앙은 후손을 남기지 않았거나 후손이 특정되지 않았기 때문에 제사를 받지 못하는 여귀는 물론, 세상 도처에 존재하는 신령을 위무하기 위해 발전한 종교라고 말할 수 있다.

'귀신[鬼]'론에 이어서 자산의 '혼백魂魄'론이 나온다. 위의 사건이 마무리된 후 자산은 진나라를 방문한다. 거기서 조경자는 백유의 일을 거론하면서 백유처럼 훌륭한 사람도 귀신이 되(어 재앙을 내리)는지 질문한다. 아마도 그 당시 일반적으로 귀신을 부정적 존재로 여겼기 때문에 백유가 귀신이 된다는 그런 일을 납득할 수 없다는 전제에서 제기한 질문이었다고 추측할 수 있다. 다시 말하자면, 사람이 죽어서 귀신이 된다는 관념이 아직 확립되어 있지 않았던 것이라고 볼 수 있다. 그 당시에 귀신이라고 하면 대개 천지자연의 기괴한 잡다한 신령적 존재를 의미했을 것이다. 그러자 자산은 백유 같은 인물도 귀신이 되어 나타날 수 있다고 하면서 다음과 같이 말한다. (자산에 의해 처음으로 '인사위귀'라는 관점이 제기된다고 해석할 수 있다.)

> "사람이 처음 신체가 자라날 때를 백이라고 부릅니다. (음의 성질을 가진) 백이 생기고 나면 이어서 양의 성질을 가진 혼이 생깁니다. 그리고 살아가면서, 좋은 물건의 정기를 흡수하면 할수록 혼백이 강성해지는 것입니다. 그리고 정기(정신)가 극히 순수해지면 신명의 경지에 도달할 수 있습니다. 필부필부 같은 보통 사람이라도 비정상적인 죽음을 당하게 되면, 그들의 혼백이 다른 사람에게 들러붙어서(빙의하여) 재앙을 내릴 수 있습니다. 하물며, 백유 같은 귀족이야 더 말할 나위가 없는 것이지요. 백유는 우리의 선군이신 목공穆公의 후예이고, 자량子良의 손자이며, 자이子耳의 아들로서, 우리나라에서 3대를 이어 공경公卿의 벼슬을 한 가문의 인물입니다. 정나라가 아무리 작은 나라라고 하더라도, 속담에서 말하듯, 나라는 나라입니다. 게다가 3대에 걸쳐 정권을 잡았던 집안이라고 한다면, 그가 사용하던 물건은 풍부했을 것이고, 그가 섭취한 음식도 고급이었을 것입니다. 그의 일족 또한 강성하고 피붙이도 적지 않았을 것입니다. 그런 그가 비정상적인 죽음을 맞이했는데, 귀신이 되어 재앙을 내리는 것은 당연한 일이 아닐까요?"[12]

이 대화에서 '혼백'에 대한 논의가 '귀신' 질문에 대한 대답으로 주어져 있다는 점을 눈여겨보아야 한다. 다시 말해, 고대 중국인들은 '혼백'을 '귀신'과 연관시켜 논의했고, 그런 연관을 자연스럽게 생각했다는 것이다. 자산의 '혼백'론을 다시 몇 가지 요소로 분해해서 각각의 요소에 대해 조금 더 깊이 생각해 보자.

첫째, 사람이 형체를 갖추기 시작하면 신체 기관과 더불어 백魄이 생성된다. 중국의 의학적 관념에 따르면, 사람의 생명은 태아 단계에서 시작된다고 한다. 그렇다면 백 역시 태아가 형성되기 시작하는 시점부터 생성된다고 추측할 수 있다. 백은 생명이 탄생하는 순간부터 신체 안에 자라기 시작하는 생명의 기본 요소인 것이다. 한의학에서는 백을 오장 중의 폐肺 기능과 결부시켜서 이해하는데, 백이 외기外氣를 받아들이면서 시작되는 생명 생성과 일정한 관련이 있다는 인식을 보여준다는 점에서, 한의학의 이해는 자산이 말하는 백의 생성론과 연관성이 있을 것이다.

둘째, 이어서 자산은 백이 만들어지고 난 뒤 혼魂이 생성되고, 그 혼은 양陽의 성질을 띤다고 말한다. 그렇다면, 백에 대해서는 구체적인 언급이 없지만, 백은 음陰의 성질을 띤다고 추측할 수 있을 것이다. 이런 자산의 논의는 기를 음과 양의 성질을 띠는 이원적인 것으로 이해하는 원기론元氣論을 전제하고 있다. 기氣 자체가 생명 활동을 뒷받침하는 근본 에너지라고 본다면, 기의 두 양상인 혼백 역시 신체의 성장과 더불어 성장하는 생명 에너지인 기의 변화 양상이라고 보는 것은 무리가 없을 것이다.

중국 고전 안에서 혼백이 인간의 사유 활동을 비롯한 정신 활동과 직접 관련되는 것으로 언급되는 경우는 거의 없다. 인간의 정신 활동이나 사유 활동을 가리킬 때에는 혼백보다는 심心 혹은 성정性情이 중요한 개념으로 등장한다. 심장의 기능과 결부되어 있다고 여겨지는 심心은 사려와 의지 및 인식과 감정 등을 관장하는 중심으로 이해된다. (心은 主宰라는 것이 가장 일반적인 정의였다.) 적어도 선진 시대에 혼백은 사람이 죽는 현상, 즉 생명력이 신체를 떠나는 죽음이라는 현상과 결부하여 논의되었던 것이다. 한의학에서 심이나 심성이 심장의 기능과 연결되어 논의되는 반면, 혼백은 인간의 생명력을 관장하는 간[肝, 魂]이나 폐[肺, 魄] 기능과 관련하여 말해진다는 사실은 반드시 기억할 필요가 있다. 그리고 그 혼백의 또 다른 변화 양상의 하나인 귀신[鬼]의 경우에도 그런 원리는 그대로 유지된다. 옛날 이야기들에 등장하는 귀신은 분명 의지가 있는 존재다. 그러나 귀신의 의지는 이성적 사유의 결과 만들어진 의지라기보다는 욕망의 충족이라는 맹목적인 의지다. 귀신은 사려 깊은 사유나 가치 판단 등 정신 활동의 주체라기보다는 살아있을 때의 욕망의 결핍과 상실을 보상받기를 원하는 존재이거나, 원한에 대해 복수를 원하는 존재로 등장한다. 다시 말해 귀신은 정신 활동과 관련이 있는 심적心的 존재가 아니라 생명의 욕망, 생명력 그 자체로서, 기의 또 다른 양태의 하나라는 것이다.

셋째, 자산은 혼백이 더 좋은 음식이나 더 좋은 물건들과 접촉할수록 더 강하고 왕성해진다고 설명한다. 인간은 생명을 유지하기 위해 끊임없이 외부로부터 기를 흡수해야 한다. 혼백이 신체에 부착되어 자라는 생명력 같은 것이라면, 음식물을 통해 흡수하는 기는 물론 사용하는 다양한 물건들이 내뿜는 기 역시 생명력을 유지하는 데 기여한다. 물건이 내뿜는 기가 바로 물정物精이다. 좋은 물건의 물정을 흡수하면 할수록, 좋은 음식물의 영양분을 섭취하면 할수록, 혼백이 점점 더 강성해진다는 것이 자산의 추론이다. 이런 논의를 종합해 볼 때, 혼백은 생각하고, 의도하고, 느끼고, 판단하는 정신 활동(mental activity)을 대표하는 것이 아니라 생명력 혹은 잠재적 생명력(potential life force)을 의미하는 것이라고 해석할 수 있다.

넷째, 보통 사람도 비정상적인 죽음[强死, 억울한 죽음]을 당하면 귀신이 되어 산 사람에게 재앙을 내리는 복수를 할 수 있다. 자산의 논의에서는, 여귀의 관념이 혼백과 결부되어 제시된다는 점에 주목할 수 있을 것이다. 그리고 그런 비정상적인 죽음이 발생하지 않도록 배려하는 것이 국가의 책무가 된다. 억울한 죽음이나 비정상적인 죽음이 빈발하는 것은 국가의 질서가 위태롭다는 증거이기 때문이다. 국가의 기강과 제도가 무너진 결과, 여귀가 출몰하여 재앙이 빈발한다. 기이한 일들, 요즘 식으로 말하자면 재난인데, 그런 기이한 일들은 자연적인 것이든 인간이 초래한 것이든 절대 우연이 아니다.

국가는 그런 재난을 관리하는 능력, 모든 불의의 죽음들이 발생하지 않도록 관리하는 능력을 갖추고 있어야 한다. 앞에서 언급한 것처럼, '여귀'에 대해서 국가가 그들의 원한을 풀어 주는 공공적인 제사를 바치는 것은, 말하자면, 공공적인 애도 시스템을 갖추는 것이다. 결국 사회적 불안과 원한을 풀어 주는 것이 국가의 중요한 역할 중의 하나라는 것을 알 수 있다. 여기서 우리는 유교의 귀신론과 혼백론이 유교적 정의론이나 유교의 민본정치론과 밀접한 관련이 있다는 것을 알 수 있다. 전근대의 유교 국가에서 종교는, 단순히 개인 신앙의 차원에 머물지 않는, 정치의 일부이자 공공적인 제도였던 것이다.

다섯째, 백유처럼 귀족 집안에서 자라고 성장한 사람의 혼백은 보통 사람의 혼백보다 훨씬 더 강한 힘을 가지고 있다. 그런 사람이 억울한 죽음을 당했다면, 그 귀신은 살아있는 사람들에게 더 강력한 재앙을 내릴 수 있다. 왜냐하면 그는 살아서 더 많은 물정과 더 좋은 음식을 섭취했을 것이기 때문이다. 자산의 그런 해석 관점은, 강성한 혼백, 즉 강한 생명력을 가진 사람의 귀신은 죽은 다음에도 보통 사람에 비해 더 오랫동안 세상 근처에 머물러 있고, 더 강력한 영향력을 행사할 수 있다는 상상력으로 발전할 여지가 있다. 강력한 생명력이 있는 사람, 즉 강력한 혼백을 가진 사람이 죽어서 후손의 제사를 받지 못할 경우에는 더 강력한 귀신(여귀)이 되어 재앙을 내릴 수 있고, 후손의 제사를 받는 귀신이 된다면 강한 생명력으로 인해 보통 사람보다 이 세상에 더 오랫동안 영향력을 발휘할 수 있을 것이다.

이런 식의 추론은 실제로 유교 혹은 민간신앙에서 '신'을 만들고 제사하는 원리로 발전한다. 보통 사람보다 더 위대한 삶을 살았거나 큰 공적을 남긴 자는 강한 생명력을 가지고 있기 때문에 그런 사람의 혼령은 더 영험靈驗하고 따라서 숭배의 대상이 될 수 있다고 생각되었다. 그런 경우, 귀신[鬼]에서 신령[神]으로 승격되는 것이다. 그렇게 신이 된 경우라도, 더 이상 영험을 발휘할 수 없게 되면 대중의 관심을 잃고 결국 숭배의 대상에서 탈락하여 민중의 기억에서 사라질 수 있다.

『예기』, 유교 귀신론의 종합

앞에서 우리는 『좌전』에 나오는 자산의 논의를 중심으로 초기 유교 문헌에 보이는 귀신 및 혼백 개념에 대해 살펴보았다. 그러나 귀신에 대한 본격적 논의는 『좌전』보다는 나중에 편찬된 『예기』에 집중적으로 등장한다. 『예기』의 귀신론은 '사람이 죽으면 귀신이 된다'는 일반론에서 더 나아가 귀신 논의를 정치 문제로 확대했다는 점에서 중요하다. 『예기』의 귀신론은 한漢 이후 유교의 귀신 논의에서 최고 권위를 가지는 전거로 승격된다. 송宋나라 이후에 활발하게 전개된 성리학적 귀신론은 『예기』의 논의에 기대면서 그것을 이기론적理氣論的 관점에서 재해석하는 시도였다고 말할 수 있다. 우선 『예기』에 초점을 맞추어 유교 귀신론을 죽음 이해의 맥락에서 해명해 보자.

『예기』 전체에서 '귀신鬼神' 개념은 100번 이상 등장한다. 『예기』에서 '귀신'은 때로는 하나의 개념으로, 때로는 '귀'와 '신'이라는 두 개의 개념으로 사용된다. 후자의 경우 '귀鬼'는 후손의 제사를 받는 '조상신[人鬼]'과 후손이 없는 '여귀厲鬼'를 포함하는 개념이다. 결국 『예기』의 초월적 존재는 '귀[조상신과 여귀]'와 '신'의 두 범주에 속한다고 말할 수 있다. 그러나 실제 생활에서 초월 존재를 가리키는 명칭은 대단히 복잡해서, '신'과 '귀'라는 두 범주만으로는 초월 존재를 포괄할 수 없다. 하지만 조상신 제사를 사회에 확산, 정착시키는 것을 목표로 삼는 유교에서는 '귀'는 '인귀'를 가리키는 것으로 한정하고, '인귀' 이외의 모든 초월 존재를 '신' 또는 '신령'의 범주에 포함시키려 한다고 말할 수 있다. 그리고 『예기』의 '신'은 다시 다양한 하위 범주로 분화된다.

『예기』는 단일한 저자가 기록한 책이 아니다. 『예기』를 구성하는 문서들은 심한 경우에는 2-3백년의 시간적 편차가 있다. 『예기』 각 편을 구성하는 문서의 성립 연대에 대해서는 심각한 의견 차이가 있다. 그런 사실을 통해서 추측할 수 있는 것처럼, 『예기』에 등장하는 '귀신[鬼]' 개념 역시 통일성이 있다고 말하기는 어렵다. 그러나 『예기』에 의존하지 않고 전국시대 중기 이후 유교 성립기에 유교의 귀신 개념과 의미를 이해하는 일은 불가능하다.

「제법」과 「중용」의 귀신론

먼저, 유교의 '귀신'론 하면 떠올리게 되는 문서는 『예기』 중의 「제법祭法」과 「중용中庸」 등이다. 「중용」은 『예기』의 한 편에 불과하지만, 송대 이후 『사서四書』의 하나로 독립되어 성리학 형성에 커다란 영향을 끼쳤다. 그래서 『예기』라는 경전에 익숙하지 않은 사람도 「중용」을 모르는 사람은 없을 정도다. 「중용」은 고전적인 유교의 귀신[鬼] 개념을 명확하게 제시한 문서로 널리 알려져 있으며, 송대 이후의 이기론적 귀신 해석에서 「중용」의 '귀신장'은 전거 문서로 활용되었다. 그러나 「중용」과 달리 「제법」을 비롯한 『예기』의 다른 여러 편장은 본격적으로 제사 문제를 논의하는 문서라는 외양 때문에 사상사나 철학에 관심을 가진 사람들의 시선을 끌지 못했던 것 역시 사실이다.

여기서는 '귀신'의 유래와 의미에 관해 기본적인 규정을 내리는 「제법」의 귀신론을 통해서 유교 귀신 개념의 기본 입장을 살펴볼 것이다. 간단하게 말해서 「제법」은 '사람이 죽어서 귀신이 된다'는 '인사왈귀人死曰鬼' 혹은 '인사위귀人死爲鬼'를 일종의 유교적 '도그마'로 제시한다. 나아가 「제법」은 '귀'와 '신'을 두 개의 독립된 범주로 구분하면서 그 둘의 의미 차이를 밝혀주고 있다. 우리는 일반적으로 '귀신'을 하나의 개념으로 사용하지만, 유교 경전에서는 '귀'와 '신'이 결합된 복합어로 '귀신' 개념을 사용하는 것이 일반적이었다. '귀'와 '신'은 둘 다 눈에 보이지 않는 초월 존재라는 점에서 비슷하다. 그러나 그 둘은 제사의 대상이 되는가 아닌가, 누가 제사를 드리는 주체가 되는가, 하는 문제에서 현격한 차이가 있다. 「제법」은 '귀'와 '신'을 구별한 다음, 사람이 죽어서 된 귀신, 즉 '인귀'만을 '귀'라고 규정한다. 한편 '신'은 자연현상에 편만한 초월적 존재를 가리키는 개념으로 사용된다. "산과 수풀, 하천과 계곡, 구릉은 구름을 만들고 비바람을 일으키고 괴이한 물건을 만들어 낼 수 있다. 자연에 존재하는 초월적인 모든 것을 신이라고 부른다."[13] 사람이 죽으면 몸이 먼저 죽는다. 그러나 죽은 몸에서 빠져나온 혼백은 일정 기간 동안 산 사람과의 연속성을 가지고 있다고 보았으며, 그 중에서 혼을 그 사람의 귀신[鬼]이라고 불렀다. 그것은 앞서 논의한 자산의 귀신

론의 연장선에 있다고 말할 수 있다.[14]

다음으로 「중용」에 나오는 '귀신'에 대해 살펴보자. 「중용」은 「제법」과 더불어 유교적 귀신론에서 최고의 권위를 가진 문서 중의 하나다. 『사서』의 하나로서 「중용」이 유교의 정신세계를 대표하는 문헌으로 인정을 받고 있기 때문에 그 중요성이 더 강조된다. 「중용」은 제사의 대상으로서의 귀신[귀와 신]에 대해, 그것의 유래보다는 성질에 초점을 둔다. 여기서 하나 기억할 점은 「중용」의 '귀신'은 '귀'와 '신'의 복합어로서, '귀'와 '신'을 나누어 보는 「제법」의 입장과 약간 차이가 있다는 사실이다. 「중용」은 '귀신'이 인간의 감각적 인식을 초월한 존재라고 규정한다. 「중용」에 따르면, '귀신'은 눈으로 보려고 해도 보이지 않고 귀로 들으려고 해도 들리지 않는 존재다. 감각으로 파악할 수 없기에 '귀신'의 존재를 부정하거나 '귀신'의 위력을 무시하기 쉽다. 그러나 그럼에도 불구하고 '귀신'은 분명히 존재한다. '귀신'은 보이지 않고 들리지도 않는 신비로운 무엇이기 때문에 사람들은 그 존재를 망각하기 쉽지만, '귀신'은 엄연히 존재한다는 사실을 역설하는 것이 「중용」 '귀신장'[15]의 주제라고 말할 수 있다. 그런 전제 위에서 「중용」은 '귀신' 존재를 제사의 당위성과 연결시킨다. 엄숙한 제사를 통해서 그 '귀신'이 마치 좌우에 존재하는 듯이 경건함을 표시해야 한다는 것이다. '귀신'의 유래를 설명하는 「제법」의 귀신론과 달리 「중용」은 감각을 초월한 귀신의 '성질'을 알려주는 데 초점을 둔다고 말할 수 있다. 따라서 그 두 문서는 둘 다 『예기』 속에 들어 있지만 주안점이 다르다. 하지만 그 두 문서의 귀신론이 서로 모순되는 것이라고 볼 필요는 없을 것이다.

「제법」이 귀와 신을 구분하고 귀의 유래를 해명하는 데 초점을 둔다면, 「중용」은 인간의 감각적 지각을 초월하는 귀신의 실재성과 그 실재와 연결을 확보하기 위한 인간 측의 경건함을 이야기하는 데 초점을 둔다. 그 두 문서의 차이는 근본적인 것이 아니라 초점의 차이로 인해 생기는 것이다. 주자는 『중용장구』에서 '음양陰陽[二氣]의 령靈'(음양 이기의 신비로운 작용)이라는 표현을 사용하여 '귀신'을 이기론적으로 재해석한다. 그런 주자의 해석은 「중용」 저자의 본래 입장과는 분명히 거리가 있지만, 유교의 사상사적 전개 과정에서 중요한 의미를 가지는 해석이므로, 다른 기회를 빌려 다시 살펴볼 것이다.

「악기」와 「제의」의 귀신론

그 다음으로 살펴볼 것은 『예기』 안의 한 편인 「악기」의 귀신론이다. 「악기」는 예禮와 악樂의 중요성을 논의하는 문서인데, 그 안에서 '귀신'의 존재가 예악禮樂과 관련되어 논의된다. 「악기」에 따르면, 예악의 창설은 '귀신'과 무관하지 않다. 유교적 예악 자체가 '귀신'의 존재를 전제한다는 말이다. 「악기」는 "음악[樂]은 조화로움으로 '신령[神]'을 따르며 그 성질상 하늘에 속하는 것이다. 그리고 예는 분별[別]을 주관하며 '귀신[鬼]'으로 하여금 땅의 원리를 따르게 한다. 성인은 음악을 만들어 하늘에 감응하는 방법을 강구했고, 예[分別]를 제정하여 땅에 감응하는 방법을 강구했다. 예와 악이 밝게 갖추어짐으로써 하늘과 땅의 질서가 수립되었다."[16]고 말한다. 「악기」는 유교의 예악이 인간의 자의적인 세속적 질서가 아니라 천지의 우주론적 조화를 현실에 구현하는 신성한 질서라는 사실을 강조한다. 그런 주장은 천인합일론적 사유를 표현하기 때문에 선뜻 이해하기 쉬운 것은 아니지만, 거기서 제시되는 '신神-천天-악樂/귀鬼-지地-예禮'의 상응 관계는 매우 흥미롭다. 위의 인용문에서 알 수 있는 것처럼, 「악기」는 '신神'을 하늘[天]에 속하는 초월 존재, '귀鬼'를 땅[地]에 속하는 초월 존재라고 해석하고 있다. 이처럼 신神과 귀鬼를 구별하고, 그 각각을 천天과 지地에 분속시키는 관점은 「제법」의 귀신론과 일맥상통한다. 천天을 양陽, 지地를 음陰이라고 해석할 수 있다면, 신神을 양陽, 귀鬼를 음陰과 연결시키는 음양론적 귀신 해석이 그런 관점과 연관이 있음은 쉽게 추측할 수 있다. 그리고 그것은 사람이 죽은 다음, 혼魂과 백魄이 분리되어 혼魂은 하늘(天=陽)로 올라가고, 백魄은 땅(地=陰)으로 돌아간다는 예기 「제의」의 제사 혼백론과 연속성을 가지고 있다고 생각된다.

「악기」에서는 귀와 신을 구분하고, 그 각각을 예와 악, 지와 천에 연결시킨다. 그리고 그 문제에 대한 공영달의 보충 해석은 주목할 가치가 있다. 공영달은 성인聖人의 혼은 신神이 되고, 현인賢人의 혼은 귀鬼가 되기 때문에, 「악기」가 예와 악을 구분하여 귀와 신에 서로 다르게 연결시킨다고 해석한다. 이런 공영달의 귀신 해석론은 이미 고전적 유교의 귀신론에서 멀리 벗어나 있다. 하지만, 그의 귀신 해석은 위대한 인간의 혼령을 신으로 숭배하는 민간신앙의 귀신론에 상당히 접근하고 있는 것이며, 현실의 종교 관념을 오히려 더 잘 반영한 것으로서, 공영달이 활동하던 당唐 나라 시대의 도교 및 민간신앙의 귀신 관념에 자극을 받은 결과라고 추측할 수 있다.

마지막으로, 「제의」에 나오는 귀신론을 검토하면서 혼백과 귀신의 연관에 대한 유교의 경전적 입장이 정립되는 과정을 살펴보자. 「제의」의 귀신론은 직접적으로 죽음 문제 및 '혼백魂魄'과 관련하여 '귀신鬼神'을 논의한다는 점에서 대단히 흥미롭다. 인간이 죽은 다음에 어떻게 되는지 그 행방을 이야기하는 과정에서, 본래 별개로 인식되었던 '혼백'과 '귀신'을 연결시키는 고리를 만드는 일은 그 당시 유교 사상가들에게 주어졌던 과제였을 것이다. 자산이 어느 정도 그 연결 고리를 찾기 위한 논의를 준비했지만, 그의 논의는 논증적 설명이라기보다는 직관적 신념을 피력하는 데 그치는 것이었다. 그 이후, 전국시대의 유교 사상가들과 한나라 이후의 주석가들은 귀신과 혼백 개념을 연결시키기 위한 논리를 개발하는 데 혼신의 노력을 기울였다. 그런 노력이 축적되어 마침내 송나라 이후에 와서 이기론 사상가들이 새로운 차원에서 그 두 개념을 연결시키는 정합적인 이론을 완성했다고 말할 수 있다.

「제의」의 귀신론은 '혼백'과 '귀신'을 연속적으로 파악하려는 유교의 초기 단계의 시도라고 할 수 있다. 「제의」는 공자의 제자 재아宰我가 공자에게 귀신의 의미에 대해 질문을 던지고 공자가 대답을 하는 형식을 취하고 있다. 거기서는 '귀신'과 '혼백'의 의미 및 그 둘의 연속성에 관한 논의가 보인다.

> "재아가 물었다. 저는 '귀신鬼神'이라는 말을 들어 본 적은 있으나, 그것이 무엇을 의미하는지 알지 못합니다. 공자가 대답한다. '기氣'라는 것은 '신神'의 왕성함을 뜻한다. '백魄'이라는 것은 '귀鬼'의 왕성함을 의미한다. 귀鬼와 신神을 종합하는 것이 교화의 최고 단계다. 모든 사람은 반드시 죽고, 죽으면 반드시 흙(땅)으로 돌아가는 것이니, 그것을 귀鬼라고 부른다. 죽은 사람의 뼈와 살이 땅 아래에 묻히면, '음[陰氣]'은 들판의 흙이 되고, '기[陽氣]'는 위로 솟아올라서 밝게 비치는 빛과 사람들이 냄새 맡을 수 있는 향기가 된다. 이것은 곧 모든 생명체의 정[氣]으로서 신神의 현저함이다."[17]

이 문답에서 공자(당연히 진짜 공자의 발언은 아닐 것이다.)는 대단히 흥미롭고 독특한 귀신론 및 혼백론을 제시한다. 그 혼백론이 어디까지 공자의 것이고 어디까지 『예기』가 편찬된 전국시대 이후의 영향을 받고 변용된 것인지 분간하기는 어렵지만, 적어도 전한 이전의 유가 학파의 중요한 귀신-혼백론을 압축하고 있는 언설임에는 틀림없다. 여기서 우리는 귀신 개념을 음양론적으로 해명하는 초보적인 형태를 만날 수 있는데, 그런 관념은 『예기』보다 조금 늦게 등장하는 다양한 음양론적 귀신 논설의 원형이라고 볼 수 있다. 예를 들면, 『회남자淮南子』는 '하늘의 기를 혼, 땅의 기를 백'[天氣爲魂, 地氣爲魄]이라고 하면서 혼백魂魄을 천지天地의 기, 음양陰陽의 기로 구분하여 해명한다. 그 『회남자』의 글에 대해 주석가 고유高誘는 '혼은 사람의 양신이고, 백은 사람의 음신이다[魂, 人陽神也. 魄, 人陰神也]'라고 주석한다. 고유의 주석은 '혼=양신, 백=음신'이라는 전형적인 음양론적 혼백 이론이 한나라 때에 확립되어 가는 사정을 잘 보여준다. 그리고 그런 음양론적 혼백 이론은 후대에 중국적 사유의 기본 틀로 확정된다. 귀신을 음양의 관점에서 해석하는 주자 및 성리학의 혼백 해석 역시 그런 관점을 계승한다고 말할 수 있다. 예를 들어, 정이천이 '하늘과 땅의 작용, 그 하늘과 땅의 창조적 활동의 흔적'이 귀신이라고 말한다든지, 장재가 '음양 이기二氣의 양능良能(본래 그 자체에 내재한 능력)'이 귀신이라고 말하는 것이 그것이다. 성리학적 귀신, 혼백론은 일단 논외로 하고, 「제의」의 귀신, 혼백론을 부연해 보자.

귀신의 의미에 대한 재아의 질문은, 고전적 유교 이론이 하나의 체계적 사상으로 확립되어 가는 과도기에, 귀신 문제가 유가 학파 안에서 심각한 주제로 등장했다는 것을 말해준다. 나는 당시 귀신 문제가 민중의 귀신 관념을 유가적으로 변화시키는 과정에서 반드시 필요한 것이었다고 생각한다. 그런 노력을 통해 유교는 민중의 종교적 에너지를 유교 체계 안으로 전환시키려고 했다는 것이다. 전국시대 이후의 유교 이론가들은 혼란스러운 민중의 귀신 관념을 음양론적으로 재해석하는 작업을 통해, 민중의 종교적 신앙을 포괄하는 거대한 국가 종교 체계, 통치 이데올로기를 확립할 수 있었을 것이다.

「제의」의 저자는 기氣와 백魄이라는 두 개념을 사용하여 귀신에 대해 설명한다. 여기에서 혼魂과 백魄이 아니라 기氣와 백魄이 등장하는데, 거기에 대해 약간의 설명이 필요할 것이다. 혼魂을 흔히 혼기魂氣라고 부르는 것에서 알 수 있듯이, 기氣와 혼魂이 동일한 개념이라고 해석하는 것에는 큰 어려움이 없을 것이다. 유교의 체계가 성립되어 가는 과도기적 상황이라서 아직 용어가 정립되지 않은 것이다. 하여튼 「제의」의 저자는 신神과 귀鬼가 일단 구분됨을 전제하면서, 귀鬼를 백魄과 연결시키고 신神을 기氣(魂)와 연결시켰다. 그런 관점은 앞에서 살펴본 「제법」의 입장과 연결되는 것임을 알 수 있다.

앞에서 살펴본 「제법」이나 「중용」의 귀신론과 「제의」의 귀신론은 전체적인 흐름에서는 비슷하지만, 구체적인 용어 사용이라는 점에서 약간의 차이가 있다. 우리는 「제의」의 저자가 귀鬼를 백魄과 연결시키는 것은 동시대의 사유로서 충분히 납득할 수 있다. 그리고 신神을 기氣의 왕성함과 연결시킬 때, 그 기氣가 결국 혼魂을 가리키는 것이라고 본다면, 「제의」는 혼과 신, 백과 귀, 나아가 혼과 하늘, 귀와 땅과 연결시키는 「악기」의 귀신론과 비슷한 맥락에서 귀신, 혼백 개념을 이해한다는 것을 알 수 있다.

이어서 「제의」의 저자는 귀신 문제가 결국은 교화(governance)의 문제임을 천명한다. 그런 입장은 「악기」·「제법」·「중용」이 귀신 문제를 정치 문제로 이해하는 것에서 볼 수 있는 것처럼 유교의 공통 인식이라고 말할 수 있다. 유교에서 영혼(혼백)의 행방 문제는 단순히 형이상학적인 담론의 차원에 속하는 주제가 아니라 교화와 정치의 문제라는 사실을 여기서 다시 확인할 수 있다. 귀신이나 혼백 등이 형이상학적 주제로서가 아니라 정치적 주제로서 다루어지고 있는 것이 유교의 특징이다.

「제의」의 저자는 모든 사람이 죽으면 반드시 흙[땅]으로 돌아가는 것이니, 그렇게 땅으로 돌아가는 것을 귀鬼라고 부른다고 강조한다. '사람이 죽은 것이 귀신'이라고 하는 유교의 기본 입장이 여기서도 반복되고 있는 것이다. 이어서 「제의」에서는 죽은 사람의 뼈와 살은 땅 아래에 묻히고 음은 들판의 흙이 된다고 말한다. 그 경우에 음陰은 음기陰[氣]를 말하는 것이라고 볼 수 있다. 음기는 백魄을 형성하는 기氣이기 때문에 그것이 귀속하는 장소가 하늘이 아니라 땅이 되는 것은 당연하다. 한편, 혼魂은 성질로 보면 양陽이며 마치 향기처럼 하늘로 솟아오르고 퍼진다고 말하는 것 역시 충분히 납득할 수 있다.

「제의」는 생명을 가진 존재가 죽은 다음에 생명을 구성하던 정기가 음양의 성질을 가진 혼魂과 백魄이라는 두 양상의 기로 분해되며, 양기陽氣의 성질을 가진 혼魂은 마치 향기가 퍼지듯이 하늘로 퍼지고 음기陰氣의 성질을 가진 백魄은 자기 성질에 따라서 땅으로 복귀한다는 유교의 귀신론 및 혼백론을 간결하게 요약해 준다. 그리고 그런 관점은 시간이 흐르면서 유교적 귀신 혼백론의 전형으로 자리를 잡는다. 나아가 귀신의 유래와 혼백의 행방에 관한 「제의」의 관점은 유가적인 상례와 제사의 이론을 수립하는 이념적 전제로서 확고한 지위를 얻게 된다.

제4장 | 기의 사상과 생사의 달관

동양철학은 수행의 전통

죽음 이해를 논의할 때 우리는 반드시 중요한 의문과 만나게 된다. 죽음 이후에 또 다른 세계가 존재하는가, 죽음 이후에는 어떤 방식으로 존재가 계속되는가 하는 의문이다. 모든 중요한 종교, 모든 중요한 문화는 어떤 방식으로든 죽음 이후의 세계에 대한 관점을 가지고 있다. 한문 문명권에서는 춘추시대(기원전 700년대 전반부터 기원전 400년대 초반까지) 이전부터 죽음 이후에 대한 상상이 존재했다. 선진시대先秦時代에 확립된 유교적 영혼(혼백)관은 일반 민중의 영혼관의 중요한 부분으로 자리 잡았다. 그러나 유교적 영혼관은 다양한 외래 사상과 종교의 도전을 받으면서 변이와 변용을 겪는다.

그 중에서도 특히 불교의 유입은 중국의 전통적인 영혼관에 대한 중대한 도전이 된다. 불교의 도전을 받은 중국 사상계는 신멸론神滅論과 신불멸론神不滅論으로 나뉘어 오랜 논쟁을 계속했다. 신멸론은 사후에는 독자적 신적 존재로서 인간의 정신이 존속되지 않는다는 관점으로, 유교와 도교 측의 입장이었다. 한편 신불멸론은 사람이 죽은 후에도 그의 인격과 연속성을 가지는 정신적 실체가 존속한다는 관점으로, 불교 측의 입장이었다. 불교에서는 사람이 죽은 다음에도 사라지지 않고 남아서 다음 생으로 이어지는 무엇인가를 말하기 위해, '신'이라는 중국의 전통적인 개념을 사용했다. 그러나 사람이 죽은 후에도 사라지지 않고 윤회를 거듭하는 실체 비슷한 것을 인정하지 않는 유교나 도교는 '신'의 소멸을 주장한 것이다. 물론 이 경우 불교가 사용했던 신 개념과 전통적인 유교의 신 개념은 의미가 상당히 달랐다. 불교도들이 윤회의 주체를 상정하면서 사용했던 신 개념은 전통적으로 사용하던 신 개념과 내용이 달랐기 때문에, 그 논쟁은 같은 개념을 사용하면서 서로 다른 이야기를 하는 모호한 토론이 되어 큰 성과를 얻지 못하고 종결되고 만다. 초기 중국 불교에서는 윤회를 강조한 나머지 중국의 전통적인 신 개념을 자의적으로 사용하였고, 결과적으로는 '아트만[불변의 자아]'의 존재를 부정하는 인도 불교의 무아설과 미묘한 모순을 일으킬 소지가 있는 불완전한 이론이라고 평가할 수 있다.

유교적 영혼(혼백)관은 기본적으로 불가지론적인 성격이 강하다. 초기 중국에서는 죽은 자의 혼백이 하늘에 위치한 신들의 세계에 합류한다거나 죽은 자의 혼백이 지하의 황천黃泉으로 내려간다고 하는, 막연한 사후 세계의 상상력이 존재하지 않았던 것은 아니다. 하지만 불교나 기독교 등 세계의 주요한 종교에서 보이는 지옥이나 천국에 대한 상상력 또는 그리스 신화의 하데스에 대한 신화적 상상력과 비교해 본다면, 사후 세계에 대한 유교적 상상력은 빈약하다고 말하지 않을 수 없다. 근대 중국의 중요한 사상가의 한 사람인 장태염은 유교의 기본적인 입장이 '앎은 살아 있는 동안에만 존재하는 것[知盡於有生]', '경험을 넘어서는 영역에 대해서 말하지 않는 것[語絶於無驗]'이라고 말한 바 있다.[1] 현세에서의 삶에 관심이 있는 유교가 경험을 초월하는 죽음 이후의 문제에 대해서는 왈가왈부 토론하지 않으려 했다는 평가다.

육체가 소멸한 이후에도 사라지지 않고 영원히 존재하는 것은 무엇인가? 그런 문제는 인류 사상사, 종교사의 중심 문제였다. 하지만 유교에서는 그런 형이상의 세계, 초월의 세계에 대한 탐구를 중요시하지 않았다는 장태염의 말은 분명히 옳다. 주어진 삶의 한계[命]를 받아들이고 충실하게 사는 것, 그런 충실한 삶의 결과로 다가오는 죽음을 겸허하게 받아들이는 것, 그것이 유교적 생사관의 핵심이었다.

죽음을 겸허하게 받아들이는 태도를 달관達觀이라고 부를 수 있다. 달관은 죽음에 대한 초초함과 지나친 염려에서 비롯되는 막연한 두려움을 벗어버림으로써 달성된다. 생사의 달관은 중국사상의 공유 재산으로서 그 바탕에는 삶의 충실을 촉구하는 생명 사상이 깔려 있다. 그것은 말은 쉽지만 그렇게 간단한 일은 아니다. 오랜 시간의 수양과 훈련이 필요한 일이다. 유교의 목표는 인생과 세상에 대한 이론적 지식을 획득하는 것이 아니었다. 이론적 지식은 '삶의 기술(art of living)'을 획득하는 과정으로서는 중요했지만, 그것이 목표는 아니었다. 지식은 바른 실천을 몸에 익히는 과정으로서 의미가 있었다. 실천으로 삶을 완성하는 데 도움이 되지 않는 '지식을 위한 지식'은 무의미한 정도가 아니라 오히려 유해하다. 삶의 기술을 몸에 익히는 것에 무관심한 지식인들이 세상을 어지럽히는 근원이라고 생각될 정도였다. 유교는 처음부터 끝까지 '삶의 기술'로서 수행론을 중심에 두고 있다. 근대의 서양철학과 과학이 지식론, 인식론 중심이었다는 것과 크게 대비된다. 그런 점에서 도가와 유교는 동일한 지향을 가지고 있다. 동양에서 사상이나 철학, 혹은 종교는 삶의 기술을 획득하는 수행의 전통이었다는 사실을 기억해야 한다. 동양에서 '지행합일'은 학파와 종교를 초월하는 보편적 신념이었다. 그것은 21세기에 들어와서 다시 높은 평가를 받고 있는 동양사상의 강점이다.

죽음이란 기가 흩어지는 일

수행을 이야기하면 반드시 기氣를 논의하게 된다. 삶의 기술을 획득하는 과정은 결국 기의 수행으로 귀결되기 때문이다. 달관의 생사관 역시 기의 수행을 통해서 도달할 수 있다. 유교적 생사관, 생명관은 기본적으로 기 사상에 뿌리내리고 있다. 유교는 기 수행에 대한 구체적인 방법을 발전시키지는 않았다. 하지만 유교 사상가들은 거의 예외 없이 도교에서 발전시킨 수행 방법을 수용하여 실행했다. 이 글에서는 수행의 구체적인 방법을 논의하는 것은 생략한다. 하지만 생사의 달관을 말하는 기의 철학이 기 수행의 결과물이라는 사실을 기억할 필요는 있다.

기氣의 철학은 흔히 생각하듯 리理의 철학과 반드시 다른 것은 아니다. 기 사상이 리 사상과 대립한다거나, 유교적 사유와 도교적 사유가 반드시 대립한다고 하는 선입견에서 해방될 필요가 있다. 리理를 강조하는 주자학은 기氣를 근본에 두는 도가道家, 도교道敎 혹은 유교 내부의 기氣 사상과 동일한 문화적 기반 위에서 세워진 것이다. 학파 혹은 각 사상가의 강조점이 달라지면서 관점의 차이가 만들어지는 것일 뿐이다.[2] 그런 기 사상의 생사관에 따르면, 사람의 생명과 죽음은 천지간에 편재한 기의 취산聚散, 즉 기의 취합과 소멸의 과정일 뿐이다. 우주 천지 사이에 편재하는 원질인 기가 취합된 결과 생명이 탄생한다.

기의 취합으로 존재가 생성되는 대강의 그림을 그려 보자. 기는 눈에 보이지 않는 무엇이다. 그러나 그 무엇이 결합하여 물질이 만들어진다. 그런 점에서 기를 물질과 사물을 형성하는 근원적인 소재素材, 즉 원질(prima materia)이라고 부를 수 있다. 눈에 보이지 않는 원질인 기가 모이고 뭉쳐서 우리가 감각기관으로 느낄 수 있는 형태를 가진 만물이 만들어진다. 우리 눈에 보이는 세계는 형태가 있는 만물의 집합체다. 하늘의 해와 달, 별 모두 물物이다. 들판에 뒹구는 바윗돌이나 동식물, 인간도 물物이다. 눈에 보이지 않는 기氣가 결합하여 눈에 보이는 형태가 될 때, 그것을 물질物質이라고 부른다. 그러나 기가 어떤 원리에 의해 어떤 방식으로 취합하여 물질을 만들어 내는지 우리는 알지 못한다. 기氣에서 물物이 생성되는 과정을 더 자세하게 말하는 기 사상가들도 있지만, 그런 이야기 자체가 하나의 추측일 뿐이다. 기에서 만물이 형성되는 과정과 원리를 알지 못하지만, 그러나 기가 응결, 취합되어 만물이 생성된다고 하는 생각은 학파를 막론하고 한문 문명권의 공통 신념이 되었다.

기의 응결과 취합 과정에서 생명을 가진 유기체가 출현하는 '비약'이 있다. 그 경우 물질에서 생명이 '창발한다創發(emerge)'고 말할 수 있을 것이다. 서양의 아리스토텔레스와 거의 동시대에 생존했던 순자는 기의 취합으로 만물이 형성되어 가는 과정을 제시한다. 기에서 시작하여 생명을 획득하고 지각 능력을 가지고 도의道義를 지향하는 인간이 탄생하는 장대한 생명 형성의 과정에 대한 소묘가 그것이다.[3] '단순한 물질→의식이 없는 물질 →식물→동물→인간'으로 전개되는 존재의 연쇄적 발생 과정의 마지막 단계에서 인간이 출현한다. 그리고 인간은 단순한 원질인 기를 바탕으로 생명, 지식, 도의를 가지는 존재로서 성장했다. 인간은 지식과 도의로 인해 만물 중에서 가장 고귀한[貴] 존재가 되었다.

그런 소묘에 따르면, 식물의 등장에서부터 소위 '생명'체라고 불릴 수 있는 물이 등장한다. 생명을 가진 유기체는 자신을 구성하는 기가 흩어질 때 죽음을 맞는다. 더 정확하게 말하자면, 생명을 가능하게 해주는 생명력이 소진될 때 죽음을 맞는다. 죽음[死]이란 말은 생명이 있는 존재로부터 생명력이 떨어져 나가는 현상이다. 그리고 마침내 신체를 구성하는 기마저 흩어져 버린다. 그런 점에서 생명이란 기가 모이는 것, 죽음이란 기가 흩어지는 것이라고 말할 수 있다. 따라서 '사[死]'는 전통적으로 '사라진다' 혹은 '소멸한다'는 의미를 가진 '시[澌]'라고 풀이되었던 것이다.[4] 그러나 단순한 돌덩이도 기의 취합물인 것은 틀림없지만 돌덩이가 '죽는다[死]'고 말하지는 않는다. 그리고 돌덩이가 '태어난다[生]'고도 말하지 않는다. 돌덩이 역시 기의 취합의 결과 만들어진 것이지만, 돌덩이와 생명이 있는 동식물, 혹은 사람 사이에는 분명한 차이가 있다. 그 차이는 생명을 가능하게 하는 '창발'의 유무, 더 나아가 지식과 도의의 유무 차이다. 위에서 본 글에서 순자는 그 차이를 설명하고 있다.

생명과 죽음에 대해서 말한다는 것은, 단순한 기의 취합이 아니라 기의 취합에 의해 발현된 '생명'을 가진 유기체에 관해서 말하는 것이다. 단순한 돌덩이를 이루는 기의 취합과 생명을 발현하게 하는 기의 취합 사이에는 반드시 어떤 차이가 있을 것이다. 우리는 그 차이를 분명하게 설명할 수 없다. 어떤 차이가 생명을 만드는지 알지 못한다. 기의 취합의 어느 단계에서 갑자기 생명이 깃들어 생명체가 되는지 모른다. 생명이란 물질을 구성하는 기의 취합 과정에서 비약적으로 혹은 '창발적'으로 발현하는 것이라고 하는 말 이외의 다른 말은 불가능하다. 이처럼 기의 모임과 흩어짐[聚散]이라는 관점에서 삶과 죽음을 논의하는 입장은, 중요한 여러 가지 의문에 대해 답을 할 수 없는 불완전한 입장이다. 하지만 그런 기 철학의 생사관은 생사의 달관, 삶과 죽음의 초탈이라는 점에서 볼 때, 대단히 강력한 무기를 제공하는 장점이 있다. 어느 단계에서 어떤 원리에 의해 단순한 물질 덩어리가 생명이 있는 유기체로 전환하는지, 현대 과학도 거기까지는 해명해 주지 않는다. 생명의 탄생은 현대 과학에서 가장 중요하고 가장 난해한 주제 중의 하나로 남아 있다.

음양과 오행 : 기의 운동을 설명하는 원리

생명은 기가 취합한 결과 창발한다. 기가 취합하면 생명을 얻고, 기가 흩어지면 죽는다.[5] 기가 모이면 일정한 단계에 이르러 생명이 나타나고, 생명을 구성하는 기가 자연 속으로 흩어지면 생명체는 단순한 물질로 변한다. 생명이 있는 유기체가 단순한 물질로 변할 때, 우리는 그것을 죽는다고 말한다. 시간이 지나면 물질을 구성하는 기마저도 최종적으로는 천지자연의 '기의 바다[기해氣海]' 안으로 흩어지고 만다. 그리고 또 다시 어떤 계기가 찾아왔을 때, 천지자연의 기는 취합하여 새로운 물질로 전환된다. 그리고 그 물질 덩어리에 생명력이 깃들어 생명이 탄생한다. 이런 기론적 생사관은 『장자』에서 처음 제시된 것이지만, 도가에만 한정되는 것이 아니라 중국 사상가가 공유하는 관점이었다.

기가 결합하여 만들어진 가장 거대한 물질이 하늘이고 땅이다. 하늘은 땅에서 바라보는 우주 전체를 가리키는 말이다. 천지라는 말은 인간이 사는 대지와 우주 전체를 가리킨다. 하늘과 땅 사이에는 기가 가득 차 있는데, 그 기는 다시 음양陰陽의 기로 나뉜다고 한다. 음과 양은 기에 내재한 두 가지 성질, 혹은 근본적인 두 가지 힘이다. 두 힘이 상호 작용하면서, 기는 운동한다. 운동한다는 것은 변한다는 말이다. 기가 운동하기 때문에 기에 의해 만들어진 만물도 변화한다. 자연과 세상의 기본 원리가 변화라고 하는 생각은 여기서 나온다. 음과 양은 존재하는 모든 것의 변화와 운동을 설명하기 위해 제시한 '설명의 모델(model for explanation)'이라고 말할 수 있다. 어쨌든 기에 음陰과 양陽의 두 가지 양상이 있다고 보는 것이 음양론陰陽論의 기본 전제다. 마치 현대 과학에서 물질을 구성하는 최소 입자의 하나인 전자와 원자핵[양성자]이 음전하와 양전하를 띠고 있다고 말하는 것과 유사하다. 음양론과 원자론은 당연히 전제가 다르다. 중국의 음양론은 과학적 원자론과 달리 궁극적 미세 입자를 탐구하는 요소 환원론적 전제를 가지고 있지 않다. 그러나 그 둘은 물질의 형성 원리를 밝히고자 하는 '설명 모델'로서 비슷한 점이 있다.

기氣는 너무나 미세하여 눈에 보이지 않는다. 따라서 그것을 단순히 '있다'라고 말하는 것은 조금 이상하다. 어쨌든 눈에 보이지 않지만 존재한다고 말할 수 있는 기는 확산하고 수축하는 운동성을 자신의 내부에 품고 있다. 확산하는 성질은 모든 능동성의 근거이며, 수축하는 성질은 모든 수동성의 근거다. 이처럼 운동성의 두 양상을 음과 양이라고 한다면, 확산과 상승은 양으로 설명되고, 수축과 하강은 음으로 설명될 수 있다. 그런 음양론은 우주와 인간사 전체를 설명하는 이원적 대립의 양상을 표현하는 개념으로 응용된다. 원자론이나 요소론적 관점에서 음양론을 이해하는 사람들은 기를 실체적인 어떤 것으로 보는 것이 가능하다고 생각하기도 한다. 나는 그런 이해 방식은 무의식적으로라도 과학적 원자론 사유의 영향을 받은 것이라고 생각한다.

음양의 기는 다시 다섯 가지 성질을 가진 오행五行의 기로 분화한다고 생각된다.[6] 그것이 오행론이다. 오행론은 음양론과 별개의 사유 체계로 발전한 것이지만, 전국시대 말기에 음양론과 결합되어 '음양-오행론'이 완성된다. 오행은 나무[木], 불[火], 흙[土], 금속[金], 물[水]이다. 음양과 마찬가지로 오행 역시 현대 과학에서 말하는 분자나 원자와 유사한 입자적 성질을 가진 요소라고 생각해서는 곤란하다. 오행은 실체가 있는 초미세 입자를 가리키는 것이 아니라 자연의 변화를 일정한 방식으로 설명하기 위해 제시된 유비類比 또는 은유적 모델이라고 보아야 할 것 같다. 물, 불, 나무, 흙은 인간의 삶, 우주 자연의 형성에 필수적인 사물이 아닌가? 고대인들은 인간의 삶에 필수 불가결한 그런 사물에 착안하여, 인간의 삶과 자연의 운행을 설명하는 법칙적 모델을 만들려고 했다. 그들은 세심한 관찰을 통해서, 물과 불, 나무와 쇠, 그리고 흙을 인간의 삶에서 불가결한 근본적인 물질로 특정했다. 그리고 그 다섯 물질을 기준으로 삼아, 그들 사이의 영향 관계, 상호 결합과 해체의 관계성을 상상하고 그것을 세계에 투영했다. 그 결과 오행론五行論이 만들어진 것이라고 생각된다.

음양 개념과 오행 개념을 결합하고, 확산과 축소라는 두 가지 대립하는 힘의 원리를 적용해 보면, 오행을 다음과 같이 분류할 수 있다. 먼저, 목木-금金, 화火-수水의 두 대립 쌍이 만들어진다. 단단하고 무거운 쇠[金]는 음陰의 원리를 대표하는 것으로, 부드럽고 생장하는 나무[木]는 양陽의 원리를 대표하는 것으로 채택될 수 있다. 그리고 양의 성질 그 자체를 체현한 불[火]과 음의 성질 그 자체를 체현하는 물[水]이 또 다른 대립 항으로 채택된다. 기는 운동하는 것이기 때문에 대립하는 것은 제자리에 머물지 않고 움직인다. 그 결과, 대립하는 것은 조화를 이루는 방향으로 나아간다. 불[火]과 물[水]은 상승[上]과 하강[下]의 운동을 반복하면서 점차 수렴하여 중화적 물질인 흙[土]으로 통합된다. 통합은 새로운 분화로 나아가기 위한 중간 과정이다. 이번에는 쇠[金]와 나무[木]라는 대립 항이 운동을 통해 수렴하여 흙[土]으로 통합된다. 이런 방식으로 '목-화-토-금-수'는 대립의 통합, 새로운 대립의 생성, 새로운 대립의 통합을 산출하면서 끊임없이 운동한다.[7] 그런 식으로 기의 모임과 흩어짐이 실현된다. 생명은 그런 운동 과정에서, 자연스럽게 즉 창발한다. 삶과 죽음은 크게 본다면 '음양오행'의 기가 자연스럽게 운동하는 과정을 가리키는 말에 불과하다.[8] "사람은 천지의 덕을 지니고 있으며, 음양의 기가 결합한 결과이며, 귀신이 화합한 결과이며, 오행의 빼어난 기를 획득한 결과다."라고 정리해 주고 있다.

기 · 정 · 신 : 기의 세 양상

이어서 정精과 신神 개념에 대해 간략하게 살펴보자. 기 철학적으로 보자면, 정과 신은 기의 여러 가지 수준을 지칭하는 개념이다. 기에는 기와 정과 신이라는 세 가지 수준 혹은 양상이 있다. 기 중에서 생명을 형성하는 기를 특별히 정기精氣라고 부른다.[9] "정은 기가 정미한 상태를 말한다[精也者, 氣之精者也]."는 『관자』 「내업」편의 규정은 '정精'의 의미를 단적으로 보여준다. 정精은 정밀하다, 높은 수준으로 순화되어 있다는 의미를 가지는 형용사로 사용되기도 하고, 고도로 순화된 상태에 도달한 기를 가리키는 명사로 사용되기도 한다. 그런 정밀한 기를 가진 인간의 생명은 다른 동식물의 생명보다 수준이 높다. 신神이나 귀신은 인간보다 더 수준 높은 기를 가지고 있다. 신이 신령이나 귀신을 의미하는 것처럼 정精 역시 요정妖精 혹은 정귀精鬼를 가리키는 개념으로 사용될 때도 있다. 신神이 신령神靈을 의미하는 것과 비슷한 원리다. 『예기』와 동시대의 문서인 『대대례기』는 신령大戴禮記이 고도로 수준이 높은 정밀한 기를 가진 존재라고 해석하고 있다.[10] 이처럼 기氣・정精・신神은 난해하지만, 서로 연관되는 개념이었다.

한편, 높은 수준의 인간 생명력을 '정신'精神이라고 부른다.[11] 우리는 인간의 의식을 '정신'이라고 부른다. 그러나 고전 유교의 '정신精神'은 현대어의 '정신'과 의미상 연관이 있는 것은 사실이지만 전혀 다른 개념이다. 고전어 '정신'精神의 정精은 정기精氣의 정精과 같다. 신神은 정精과 마찬가지로 형용사적으로 사용되기도 하고, 명사적으로 사용되기도 한다. 형용사로서 신神은 인간의 감각으로 관찰할 수 없을 정도에 이르렀다는 것을 뜻한다. "신은 관찰할 수 없고, 측정할 수 없다[神, 不測之謂也]."는 고전적 '신' 정의가 그런 형용사적 신神의 의미를 잘 보여준다. 초월적인 존재를 신神(gods, deities)이라고 부르는 것에서 알 수 있듯이 형용사로서 신은 금세 명사로 전환 가능하다. 초월 존재인 신神이 사물처럼 '실제로' 존재하는지는 알 수 없다. 감각으로 알 수 없는 것이기 때문에 모른다. 하지만 동양의 종교와 사상에서 신神이 실제로 존재한다고 믿었다는 증거는 적지 않다. 공자가 제사를 지낼 때 마치 저세상의 신이 제사를 지내는 사람의 세상에 강림한다고 생각했다는 『논어』의 구절이 그런 예 중의 하나다.

신神 역시 질료적 근원을 따지자면 기氣의 결합체다. 다만, 신을 이루는 기는 고도로 정밀하고 수준이 높기 때문에, 인간의 감각으로 인식할 수 없다. 신은 보통의 사물과 달리 형태가 없고 정밀하고 가벼워서 하늘에 위치한다고 생각된다. 그런 신들이 복수로 존재한다고 생각한다는 점에서 유교는, 굳이 말하자면, 다신교적인 종교라고 볼 수 있다. 또한 신들은 존재하는 영역 및 유래에 따라 천신, 지기, 인귀의 셋으로 구분된다고 한다.

천신天神은 하늘의 신이며, 지기地祇는 땅에 사는 신, 그리고 인귀人鬼는 인간이 죽어서 된 신(귀신)이다. 기祇는 땅의 신을 지칭할 때 사용하는 용어다. 한편, 유래로 말하면, 신은 자연계의 신과 사람이 죽어서 된 인귀로 구분된다. 나아가, 인귀도 아니고 신도 아닌, 기묘한 신적 존재들이 실재한다는 믿음도 널리 존재했다. 우리 문화에서 흔히 도깨비라고 불리는 귀매鬼魅, 그리고 동식물의 영혼에서 유래하는 요정妖精 등이 그런 신적 존재들이다. 그런 모든 신적 존재들도 기祇로 이루어져 있기 때문에 형태를 가지고 있다. 그러나 신, 귀신, 요괴를 만드는 기는 인간의 기보다 더욱 고도의 정밀성을 가지고 있기 때문에, 그들의 형상은 고정되어 있지 않고 자유자재로 '변신'이 가능하다.

기의 철학에서는, 거칠고 무거운 기가 물질을 구성한다고 말한다. 물질이 고정된 형태를 가지고 있는 이유다. 역시 비교적 거친 기로 이루어진 인간이나 동식물은 자유자재로 변신할 수 없다. 수련을 통해서 특별한 능력을 획득하거나, 예외적으로 비정상적인 기를 타고났을 때에만 변신이 가능하다. '변신(metamorphosis)' 능력 여부가 신과 인간을 나누는 기준이 되는 것은 그 때문이다.

인간은 비교적 거친 기로 만들어진 존재이긴 하지만 그렇다고 절대적으로 고정되어 있지는 않다. 인간은 무겁고 거친 기와 맑고 정밀한 기로 이루어진 이중적 존재이기 때문이다. 그렇기 때문에 인간은 수행, 수양을 통해 정밀한 기를 획득할 수 있다. 인간에게서 거친 기로 구성된 부분은 신체와 기질氣質이라고 불린다. 기질은 인격 중에서 신체를 구성하는 기에 의해 제약되는 측면을 지칭하는 말이다. 통제되지 않는 욕망이나 감정 등, 신체성과 결부된 인간의 측면이 기질이다. 반면 맑고 정밀하고 순수한 기로 구성된 부분은 정기精氣, 혹은 정신精神이라고 불린다.[12] 인간은 맑고 순수한 정기와 정신을 가진 존재이기 때문에, 다른 식물이나 동물에 비해 고도로 승화된 생명력을 가진다. 특히 정기는 생명의 산출에 관여한다. 부모에서 자손으로 전달되는 생명력은 주로 정기를 통해 전해진다. 그리고 정신은 고도로 순수한 기이기 때문에, 원하기만 한다면 수련을 통해서 신체성과 결부된 기질의 속박을 벗어날 수 있다. 그런 정신 덕분에 인간은 신적인 존재로 승화될 수 있는 가능성이 있다.

인간은 기질氣質과 정신精神의 이중적 존재지만, 수행과 수련을 통해서 순수한 정신적 존재로 승화될 수 있다. 인간은 신이 될 수 있는 가능성이 있다는 말이다. 마찬가지로 인간은 인간 이하의 존재, 오로지 신체성에 사로잡힌 동물로 전락할 수도 있다. 모든 사람이 수양을 통해서 성인이 될 수 있다는 '성인가학론聖人可學論'은 인간이 기질과 정신의 이중성이 있는 존재라는 전제에서 나온 것이다.

인간은 신과 동물의 중간 존재다. 동물의 기는 아무리 높아져도 정기 차원에 그치지만, 인간의 기는 더 순수한 정신의 차원으로 고양될 수 있다. 정기는 생명 활동에 관여하는 기다. 그러나 정신을 가진 인간에게는 생명력에 덧붙여 사유 능력, 즉 정신 능력이 있다. 인간의 사유 능력, 인간의 예측 능력, 인간의 도덕 능력 등, 인간을 인간이게 만드는 모든 뛰어난 자질은 그의 '정신'으로 인해 획득된 것이다. 더 나아가, 인간은 자신을 구성하는 기氣를 자각적으로 수련하고 고도화시킬 수 있다. 훈련을 통해 기를 더욱 수준 높은 차원으로 승화시킬 수 있다. 그것이 기 수련이다. 훈련을 통해 자신을 구성하는 기를 고도로 승화시킬 수만 있다면, 인간은 신의 차원으로 높아질 수 있다. 그런 상상에 뿌리를 둔 훈련 프로그램이 기 수련이다. 그런 상상을 극단으로 밀고 나가서, 인간의 '정기 · 정신'을 고도화하는 훈련 프로그램을 구상하고, 그런 훈련을 통해서 범속한 차원에 속하는 인간을 신과 같은 차원으로 드높이고 승화하는 체계적인 이론과 방법을 완성한 것은 도교였지만, 기 수련은 동양의 모든 종교와 사상으로 확산된다. 기 수련의 프로그램 자체가 기의 취산에 의해 생명과 죽음을 논하는 한문 문명권 안에서 성장한 것이기 때문이다.

기 철학의 생성론

기에서 사물과 인간이 생성되는 과정을 조금 더 도식적으로 정리해 보자. 먼저 천지가 존재한다. 천지는 요즘 우리가 말하는 우주와 동의어라고 볼 수 있다. 빅뱅 이론에 입각한 우주의 생성 과정에서 보면, 지구는 우주 진화 과정에서 거의 90억 년이 지나서야 형성된다. 46억 년 전이다. 따라서 천지라는 말은 지구와 나머지 우주 공간 전체라는 의미로 이해할 수 있다. 생명체는 지구가 만들어지고 약 6억 년이 지나서 등장한다. 즉 40억 년 전에 최초의 생명체인 바이러스 등이 나타난 후에 식물, 동물, 인간이 등장한다. 인간의 등장은 진화론적으로 가장 늦다. 인간은 진화론적으로 상당히 늦게 출현했지만, 다른 생명체에 비해 의식의 능력이 훨씬 더 뛰어난 존재다. 유교 고전에는 우주-생명 진화론의 프로세스와 거의 일치하는 진화론적 생각이 보인다. 먼저 천지를 가득 채우는 기가 모이고 엉겨서 만물이 태어난다. 그리고 그 기로 인해서 천지는 형태를 가질 수 있다. 천지의 기는 단순히 기, 혹은 일기一氣라고 불린다. 기는 다시 상승과 하강, 확산과 축소의 운동을 통해 자연의 운동을 만들어낸다. 자연의 기에는 상승하고 하강하는 대립적인 두 방향의 운동성이 내재한다. 그런 운동성 때문에 기는 음기와 양기로 구분될 수 있고 끊임없이 움직이고 변화한다. 음기와 양기의 끊임없는 대립과 확산, 통합과 분열을 거치면서 다양한 형태의 물질과 생명체가 탄생한다.

만물이 탄생하기 전에는 무형의 기만 존재하고 있었다. 원초적인 무형의 기를 태허太虛라고 부른다. 무형의 기는 근원적인 기라는 의미에서 '원기'라고 불린다. 그리고 원기가 응결되면서 인간의 형태가 만들어진다. 그 과정에서 하늘의 성질을 띤 양기를 주성분으로 삼아서 정밀한 기가 서서히 정신, 의식을 형성한다. 땅의 성질에서 유래하는 음기는 인간의 육체적 특징을 드러내는 신체와 뼈를 형성한다. 유교적 관점에서 볼 때, 인간은 자연에서 유래하는 음양 이기의 끊임없는 운동의 결과물이다. 그렇게 결합되어 있던 음양 이기가 해체되고 흩어져 다시 대자연 안으로 되돌아가는 것이 죽음이다. 죽음은 기의 흩어짐에 다름 아니다. 이런 유교적 사고방식 안에서는 사후의 천국이나 피안 세계, 영원불멸하는 영혼의 세계에 대한 적극적인 사유를 찾아보기 어렵다. 모든 인간은 죽으면 다시 원기의 바다로 흩어져[澌] 사라질 뿐이다.

기의 사상과 상례, 제사

유교의 상례는 이런 기 철학적 생사관을 전제한다. 의례는 철학적 사유와 상상력을 실천하는 몸짓이다. 의례는 그 의례를 실천하는 사람들의 이론과 의식을 추정할 수 있는 실마리가 된다. 여기서는 상례喪禮의 과정을 간단히 스케치하면서 삶과 죽음에 관한 유교적 사유의 일단을 정리해 보자. 유교에서는 구체적인 사후 세계가 존재하지 않는다. 유교는 죽음 이후의 세계에 대한 구체적인 상상력을 발전시키지 않았다. 사람은 죽은 다음에 형체가 없는 '기의 바다'로 다시 복귀할 뿐이다. 임종이 임박해지면 가족은 죽음을 맞이할 준비를 한다. 일정한 나이에 이르면 죽음을 준비하면서 삶을 정리하는 것이 유교적인 삶의 방식이었다. 불의의 죽음은 죽음을 맞는 사람 개인은 물론 그의 가족에게도 불행 중의 불행으로 여겨졌다. 삶을 잘 살아 낸 사람은 죽음을 맞기 전에 사려 깊게 삶을 정리해야 한다고 생각했다. 장지를 마련한다든지, 관을 미리 마련한다든지, 수의를 준비한다든지 하는 일 등을 통해서 인간은 자신의 삶의 유한성을 실감하고 삶을 정리한다. 죽은 자를 잘 보내고 조상을 추모한다는 의미의 '신종추원愼終追遠'에서 '신종愼終'은 특별히 이런 죽음의 준비 과정 전체에 대한 개인과 가족의 배려를 의미하는 말이다. 그리고 임종을 맞이하여 사람의 호흡이 끊어지면, 천지자연의 기로부터 생명의 에너지를 더 이상 보충받을 수 없게 된 혼백은 신체를 빠져나간다고 생각되었다.

혼백은 보고 듣고 느끼는 능력이 없다. 혼백이 인식한다거나 혼백이 느낀다거나 혼백이 무엇을 의도한다거나 하는 경우는 없다. 혼백은 삶을 유지하는 생명력이기 때문이다. 하지만 혼백이 귀신이 될 때, 그 귀신은 의도와 의지를 가진다. 유교가 발전함에 따라 도교 및 민중 종교의 영향을 받으면서, 혼백이 체내에 거주하는 복수複數의 신격이라고 하는 아이디어도 만들어졌다. 그 결과 삼혼칠백三魂七魄이라는 개념도 생겼고, 일곱 구멍이 뚫어진 칠성판 위에 죽은 사람을 뉘어 관에 넣는 상례 관습도 생겼다. 칠백七魄은 살아 있을 때에는 뼛속에 깃들어 있으나, 죽으면 몸을 벗어나 땅으로 돌아가는 것이라고 생각되었다. 칠성판에 뚫린 일곱구멍은 백이 빠져나갈 수 있는 구멍인 것이다.

백과 달리 혼은 하늘로 올라간다고 생각되었다. 가족들은 임종을 지켜보면서, 혼이 완전히 몸을 벗어났다고 판단되는 시점부터 사체를 땅에 묻기 위해 처리하는 절차를 시작한다. 상례를 치르는 기간은 죽은 사람의 사회적 계급에 따라 다르게 정해졌다. 일반인의 경우에는 3일에서 7일, 대부는 그보다 더 긴 기간, 그리고 제후諸侯나 제왕帝王의 경우에는 5개월에서 7개월이 적절한 상례 기간으로 생각되었다. 상례, 장례 기간은 사회적 계급이 높을수록 더 길어진다. 왜냐하면 사회적 계급이 높을수록 정리해야 하는 사회적 관계가 더 넓고 복잡하기 때문에, 관계를 정리할 수 있는 기간도 그만큼 더 길어져야 한다고 생각되었던 것이다. 중국 같이 방대한 토지를 가진 나라에서 천자(제왕)가 죽으면, 그 소식이 멀리 떨어진 지방까지 전달되는 시간도 많이 필요했을 뿐 아니라 조문을 가는 사람에게도 그만큼 긴 시간이 필요했을 것이다.

상례의 절차가 끝난 다음에는 사체를 땅에 묻는다. 그 과정을 특별히 장례葬禮라고 부르는데, 장례를 치른 다음, 자손은 돌아가신 부모 혹은 조상의 신주神主를 집에 모셔 놓고 돌아가신 분을 추모하는 제사를 드린다. 제사는 보통 일 년에 네 번 드리는 사시제四時祭와 기일제忌日祭로 나뉜다.

제사를 드리는 이유는 무엇인가? 제사의 의미를 생사관의 관점에서 이야기하자면 이렇다. 제사는 죽은 자의 혼백이 완전히 사라지지 않고 이 세상 가까운 어딘가에 계속 머무른다는 기본적 믿음을 전제한 행동이다. 사체는 이미 땅속에 묻혀 있지만, 사체를 벗어난 혼백은 어딘가에 머물러 있다. 고대에는 죽은 자의 혼백, 특히 제왕의 혼백은 하늘에 사는 최고신[天帝]의 궁정에 머물러 있으면서 자손을 보호하고 감시한다는 종교적 관념이 있었다. 후대 유교에서 그런 관념은 희박해졌지만, 죽은 조상의 혼백(음기와 양기, 특히 혼=양기)이 어딘가에 존재한다는 믿음은 하나의 전통으로서 여전히 살아남았다. 그리고 자손들이 제사를 지낼 때, 어딘가에 머물고 있던 조상의 혼백은 자손이 진설한 제사의 장(제물과 신주)에 돌아와 자손의 성의를 받아들인다. 그것을 흠향歆饗이라고 말한다. 그리고 귀신은 "정당한 자손이 제사 드리지 않는 제사를 받지 않는다[神不歆非類, 民不祀非族]."는 관념도 함께 만들어졌다.[13]

여기서, 조상이 돌아가신 다음에, 몇 대의 후손까지 제사를 드려야 하는가 하는 문제가 발생한다. 몇 대의 자손까지 조상의 제사를 드려야 하는가? 다시 말해, 어딘가에 머물고 있는 조상의 귀신(혼백)은 얼마나 오랫동안 세상 주변에 머물러 있고, 또 자손의 제사를 흠향하는가?

그 문제에 대해 유일하고 정확한 답이 있을 리가 없다. 전통적으로 유교에서는 4대의 조상에 대한 제사, 즉 사대봉사四代奉祀를 원칙이라고 생각했다. 사대봉사의 연원은 정확히 알 수 없다. 그러나 적어도 4대, 대개 120년 정도가 되면 죽은 사람의 혼백이 완전히 흩어져서 천지자연의 기의 바다 속으로 되돌아간다고 하는 생각이 배경에 있을 것이라고 추측할 수 있다. 4대는 혈연적으로 매우 친밀한 관계라고 볼 수 있기 때문에 그런 제도가 마련된 것이라고 생각할 수 있다. 전통 시대에 4대가 한집안에 사는 '사대동당四代同堂'은 그리 드물지 않은 현상이었다. 일반적으로 고조부모와 동거한 경험을 갖기는 쉽지 않지만, 할아버지나 아버지가 그들의 아버지, 할아버지를 제사 지내는 장에 참여하는 경우는 얼마든지 있을 수 있다. 인간적으로 친밀감을 느끼는 조상에게 제사를 드린다는 의미가 있다.

예(효)는 낡은 사고인가?

그렇다면 효심이 깊은 사람은 4대 이상의 먼 조상에게 제사를 드려도 무방한가 하는 의문이 생길 수도 있다 유교에서는 의례 규정을 통해서 제사를 지낼 수 있는 한도를 어느 정도 규제하려고 한다. 예는 기본적으로 사회적 삶을 원활하게 만들고 촉진시키는 기능을 하도록 만들어진 것이다. 그러나 지나친 예는 오히려 사회적 삶과 사회적 자원의 낭비를 초래하는 역기능을 초래할 수 있다. 따라서 일정한 제한과 절도가 필요해진다. 일정한 절도와 한도를 벗어나는 예는 오히려 예가 아닐 수 있다. 중용을 벗어난 형식은 사회적 자원을 낭비하고 사회적 관계를 해칠 수 있다. 그래서 유교에서는 지나친 예禮는 오히려 비례非禮라고 하는 관점이 생겼다. 『논어』나 『좌전』 등의 경전에는 적정성을 벗어나는 예는 오히려 비례가 된다고 평가하는 논의가 자주 등장한다. 그런 식으로 예 실천의 한도를 규정하지 않는다면, 예를 둘러싼 불필요한 경쟁이 발생할 수 있다. 조상에게 제사를 드리는 것이 좋은 일이라고 하는 가치관을 가진 사회 안에서, 사람들은 자신의 효심을 자랑하기 위해 서로 앞을 다투어 더 멀고 먼 조상에게 제사를 드리는 경쟁을 벌일 수도 있다. 그런 경쟁이 지나치면 사회적 자원이 낭비된다.

유교 사회에서 효孝는 대단히 중요한 가치다. 그것이 중요한 가치로 여겨지게 된 배경에는 경제적 배려가 깔려 있을 것이다. 무조건 좋은 것이기 때문에 예가 되는 것이 아니다. 효를 실천하는 것이 높은 가치를 획득하게 된 배경에는, 농업에 기반을 두는 전통적 종법 사회의 연속성과 사회적 질서의 유지라는 목적이 있었을 것이다. 그런 목적을 벗어나서 예의 실천이 독자적인 가치로서 독주할 때, 예를 둘러싼 무한 경쟁이 발생할 수 있다. 예(효) 실천의 무한 경쟁을 방치할 경우, 사회적 낭비로 인해 예 제정의 본래 목적이 훼손될 수 있다. 지나친 예(효) 실천이 가져올 사회적 낭비와 무절제를 방지하는 것 역시, 예 제정자가 고려해야 할 사항이다.

유교의 예는 단순한 전통 묵수墨守가 아니다. 예가 제정되는 역사적 맥락과 의도를 잘 살펴보면, 거기에 나름대로 맥락적인 의미와 가치가 있음을 발견할 수 있다. 그러나 한번 전통으로 굳어진 예를 수정하는 것은 쉽지 않다. 유교는 낡은 관행과 전통을 중시하는, 보수성이 강한 사상이라고 여겨진다. 시대의 변화를 따라잡을 수 없는 가치관, 시대와 어울리지 않는 예는 보수적인 것으로 생각될 수도 있다. 그러나 유교 자체가 보수적이라고 생각하는 것은 오해다.

하나의 사상이 시대와 조화를 이루면서 새로운 사회에 수용되기 위해서는 창조적인 해석이 필요하다. 유교는 단순히 판에 박힌 도덕적 가르침이 아니라 2,500년 이상에 걸친 긴 시간 동안 시대의 변화에 적응하면서 변해왔다. 각 시대마다 그 시대의 유교가 존재했고, 각각의 시대에 적응하는 유교적 가르침과 유교적 실천 방식이 있어 왔다. 유교는 변화하며 살아 움직이는 유기체였으며, 처음부터 맥락적 사유의 산물로서 현실의 요청에 답하는 과정에서 출현한 것이다. 시대의 요구에 호응하지 못하는 이론과 사상, 종교는 소멸한다. 유교 역시 긴 역사적 경험 속에서 부침浮沈을 거듭해 왔다. 시대의 변화를 선취하고 새로운 비전을 제시하는 데 성공했을 때에는 번창하면서 시대를 선도하는 역할을 했다. 그렇지 못했을 때는 낡은 몸짓으로 비웃음의 대상이 되기도 했다. 유교는 19세기 중엽부터 근대적 변화를 따라잡는 데 실패했다. 결국 유교는 시대를 이끌어가는 역동성을 상실하고 웃음거리로 전락하기 시작했다. 서구 문명의 습격을 받으면서 유교는 현실의 변화를 따라잡는 데 실패했던 것이다. 그리고 유교는 낡은 보수의 대명사로 추락하고 말았다.

유교에서 생사는 가치문제

유교의 상례와 제사는 사람이 기로 구성되어 있으며 기의 모임과 흩어짐에 따라 살고 죽는다는 기 철학적 생사관의 전제 위에서 실행되는 것이다. 기는 우주론과 생명론을 이야기할 때 자연스럽게 부각된다. 천지에 존재하는 온갖 사물[萬物]의 생성과 소멸, 만물의 생장과 죽음 등 자연계에서 관찰되는 모든 생멸 변화는 천지를 가득 채우는 기의 운동 때문에 발생한다. 인간의 생명 역시 그런 천지자연의 기가 뭉치고 흩어져 태어나고 죽는 것이다. 인간은 의식 능력과 도덕 능력을 비롯한 정신 능력에서 다른 생명체를 능가하지만, 기의 모임과 흩어짐에 의해 살고 죽는 존재라는 점에서 다른 생명체와 근본적인 차이가 없다. 인간과 동물은 기의 취산의 결과물이라는 점에서 모두 천지의 자녀라거나, 인류 전체가 기를 나누어 받은 형제이며 동포라는 관념이 자연스럽게 생겨날 수 있다. 기의 생성론과 존재론은 이런 방식으로 의례와 제사로 표현되는 생명 문화론, 인생의 달관으로 이어지는 생명 도덕론으로 연결될 수 있다.

삶과 죽음이란 일기一氣의 모임과 흩어짐일 뿐인데, 무엇에 얽매이는가? 삶에 아등바등하지도 않고, 죽음의 두려움과 초초함으로 애태우지 않는다. 삶과 죽음은 천지자연의 자연스런 과정일 뿐이다! 그런 거대한 스케일의 사유를 통해서, 우리는 인간이 그냥 우연한 태어난 존재가 아니라 우주적 생명 순환의 과정 속에서 우주적 법칙을 체현한 존재라는 자부심을 가질 수 있다. 겉으로만 보면, 인간의 신체는 천지에 가득한 기로 인해 일시적으로 우연히 생긴 것이다. 인간 생명의 길이는 천지자연의 운행이라는 거의 무한대에 가까운 시간 속에서 눈 깜짝할 순간에 불과하다.

장자와 열자 등, 도가 계통에 속하는 고대의 철인들은 생명에 대한 집착과 초초함에서 벗어나서, 생명을 자연에 내맡기는 유유자적한 태도를 견지했다. 인간이 그렇게 소중하게 여기는 생명이 일시적인 기의 취합에 불과하다면, 현명한 사람이나 어리석은 사람[賢不肖], 잘난 사람과 못난 사람, 부유한 사람과 가난한 사람, 왕후장상과 일반 민초 사이에 무슨 큰 차이가 있겠는가? 길어 봐야 70-80년, 천지자연 속에서 살다가 다시 천지자연 속으로 돌아가고 마는 것이 인생 아닌가! 도대체 이렇게 짧고 순식간에 스쳐가는 인생의 의미는 무엇이란 말인가?

인간은 왜 사는가, 어떤 삶의 태도를 가지는 것이 옳은가? 여기서 우리는 "기가 모이면 생명이고, 기가 흩어지면 죽음이다[氣聚則生, 氣散則死]."(『주자어류』 「귀신」)라고 하는 생사의 달관 안에서 풍부한 문화적 함의와 윤리적 함의를 찾아낼 수 있을 것 같다. 유교의 근본에 전제되어 있는 이런 기론적 세계관은 사후의 삶이나 피안의 세계를 탐색하는 형이상학적 사유의 가능성을 닫아 버릴 수 있다. 사후의 삶이나 피안의 가능성을 포기한 상태에서, 우리는 어떤 생명 가치를 발견할 수 있는가? 죽음의 문제가 결국은 생명의 문제로, 죽음의 사유가 결국은 '삶'의 의미 문제로 전환하는 계기가 바로 여기에 있다.

공자가 죽음이란 무엇인지를 질문하는 자로에게 "삶을 알지 못하는데 죽음을 어찌 알겠는가[未知生, 焉知死]?"라고 대답한 이유는 바로 이런 사유의 전환을 촉발하기 위해서가 아니었을까? 성리학의 완성자인 주자는 생명은 기본적으로 기의 취산의 결과인 것은 틀림없지만 단순히 그렇게만 말해 버리면 인생의 가치라는 문제를 소홀히 하게 될 위험이 생길 수 있다는 사실을 지적한다. 주자는 유교에서 생사 문제는 생물-물리적인 문제가 아니라 가치문제라는 사실을 강조한 것이다.[14] 기의 취산이라는 자연적 사실을 초월하여, 삶의 가치에 관심을 가져야 한다. 그것이 유교적 죽음 사유의 요체다. 주자는 유교가 도가나 불가와 다른 점이 바로 그것이라고 주장한다. 생명은 기의 취산이라는 자연적 사실만으로는 충분히 설명되지 않는다.[15] 생명의 의미를 배제하고 자연적 사실만을 사유해서는 충분하지 않다. 죽음 사유의 과제는 생명의 가치를 사색하는 데에 존재한다. 주자는 도교와 불교가 생명의 가치 탐구에 소홀했던 것이 최대의 난점이라고 강조한다. 생사의 자연적 사실에만 초점을 맞추면, 죽음 사유가 결국은 삶을 위한 사유이며, 죽음 문제가 생명 가치의 문제라는 사실을 놓쳐버릴 수 있다.

자로의 질문에 대한 공자의 대답에 대해 자로는 더 이상 질문하거나 대화를 이어가지 않는다. 아마도 안회처럼 사유의 힘이 뛰어난 사람이라면, 공자와 심오한 대화를 계속해 나갈 수도 있었을 것이다. 아마도 안회였다면, 죽음 문제가 결국은 삶의 문제로 전환된다는 생각에 도달했을 것이다. 그러나 아쉽게도 『논어』에는 안회가 그런 질문을 했다는 기록은 보이지 않는다. 그런데 『논어』에는 공자와 안회가 '죽음[死]'을 거론하면서 나눈 의미심장한 대화가 하나 실려 있다. 그 대화를 통해서 우리는 공자의 수제자 안회의 정신 수준의 일단을 엿볼 수 있다.

공자는 여행 중에 광匡 땅에서 위난에 빠졌고, 공자 그룹과 안회 그룹이 중도에 헤어졌다. 공자는 목적 지점에 도착했지만 안회가 아직 도착하지 않았다. 그때 공자는 안회의 안부를 염려한다. 그리고 안회가 뒤늦게 공자와 합류했다. 공자는 안회에게 마치 아버지 같은 태도로 묻는다. 나는 네가 죽은 줄 알았다. 그러자 안회는 아들 같은 태도로, 아니 아들이라도 깊이 아버지를 존경하는 아들이 아니라면 보일 수 없는 애정을 담아 공자에게 답한다. "선생님께서 건재하신데 제가 어찌 감히 죽을 수 있겠습니까."[16] 여기서 알 수 있는 것처럼, 안회에게 살고 죽고는 큰 문제가 아니다. 그렇다고 그가 생명을 함부로 여기는 것은 아니다. 그가 죽을 수 없는 이유는 선생님이 아직 살아 있기 때문이다. 선생님이 살아 계신데[子在], 아직 선생님의 가르침을 충분히 받지 못한 상태에서, 감히 죽을 수도 없다[何敢死]. 죽음이 두려워 죽지 못하는 것이 아니다. 진리의 길에 다가가지도 못했는데, 진리를 배우지 못했는데, 그런 상태에서 죽는다는 것이 두려운 것이다. 안회에게 살아야 하는 이유는 진리[道]를 듣고 배우기 위해서다. 안회에게 공자는 진리道 그 자체다. 그렇다면, 역으로 말해서, 도를 배울 수 없는 삶, 도와 멀어진 삶은 무의미한 삶이 될 수 있다. 도와 멀어진 삶은 살아도 산 것이 아닌 삶이다. 생명이 소중하지 않은 것은 아니지만, 생명보다 더 고귀하고 더 중요한 것을 얻을 수 있다면 죽음을 두려워하지 않는다는 정신을 안회는 체득하고 있었던 것이다. 안회의 태도는 "아침에 도를 들을 수 있다면 저녁에 죽어도 좋다!"는 공자의 입장과 일맥상통한다. 더 큰 가치를 이루기 위해 목숨을 버려야 한다면, 작은 나의 생명을 버리는 일을 두려워하지 않는다는 '살신성인'의 가르침과도 통한다. 생명이 소중하지 않은 것은 아니다. 대의를 이루기 위해 그 소중한 생명까지도 희생할 수 있는 용기가 인간이 사는 세상을 살 만한 가치가 있는 세상으로 만들어 주기 때문이다.

그러나 자로는 안회와 달랐다. 정치에 깊은 관심을 가진 자로였지만, 그는 죽음이 삶의 자연스런 결과라는 사실을 마음으로 이해하지는 못했던 것 같다. 죽음에 대한 관심이 도를 지향하는 삶에의 관심을 추월해서는 곤란하다. 자로는 용감한 사람이었다. 그는 공자의 제자 중에서 보기 드문 무장이었다. 자로는 지나치게 용감하여 죽음조차도 두려워하지 않는 인물이었다.[17] 공자는 항상 그런 자로의 지나친 용기를 경계하고 지나친 용맹성을 억누르려고 했다. 자로에게 공자는 자네의 용기를 따를 사람은 없지만, 나는 자네와 함께하지 않겠다고 말하기도 했다.[18] 공자는 자로가 언젠가 비참한 죽음을 맞이하게 될 것이라고 염려하기도 했다.[19] 자로의 용맹은 결국 자로를 불의의 죽음으로 이끈다. 그러나 자로는 죽는 순간에도 공자에게 배운 예를 잊지 않았다. 죽음의 순간에도 갓끈을 바로 맸다고 하는 에피소드가 전한다.

죽음을 통해 삶을 반성한다

공자는 죽음을 삶에 대한 관심과 분리하여 죽음을 죽음 문제 그 자체로 파고드는 것은 오히려 위험하다고 생각했다. '귀신'에 대해서도 공자는 비슷한 태도를 보인다. "귀신을 공경하지만 그를 멀리한다."[20] 귀신이 존재하지 않는다는 말도 아니고, 귀신을 믿지 말라는 말도 아니다. 귀신이 실제로 존재하는지 아닌지에 대해서 알지 못하지만, 귀신에 대한 관심이 삶의 중심을 차지해서는 안 된다는 말이다. 종교는 삶을 잘 살아 내기 위해 필요한 지침일 수 있지만, 종교가 삶에 대한 관심을 추월해서는 안 된다. 삶의 현장을 벗어난 종교는 미신으로 전락한다. 동일한 맥락에서 우리는 "삶을 알지 못하는데 어찌 죽음에 대해 알 수 있는가?"라고 말하는 공자의 의도를 읽을 수도 있다. 죽음이 인생에서 중요하지 않은 주제는 아니다. 그러나 삶의 충실과 무관한 죽음에 대한 관심은 길을 잘못 든 관심일 수 있다. 삶의 가치를 실현하고 완성하는 일에 기여하지 못하는 죽음 사유는 지식 놀음에 그치는 무의미한 사유가 될 위험이 있다.

죽음의 사유는 삶의 충실을 전제할 때에만 의미가 있다. 죽음에 대한 지나친 관심은 미지의 운명에 대한 불안과 초조함 때문에 삶을 살아 내는 건강함과 용기를 갉아먹을 수 있다. 그렇다고, 죽음이라는 한계상황에 대한 진지한 사유가 없는 무모한 용맹함이 반드시 삶을 건강하게 만드는 것은 아니다. 불가능을 가능하게 만든다는 식의 돌진이나, 안 되면 되게 하라 식의 폭력적 억지는 한계를 돌아보지 않는 난폭함이나 거친 행동을 만들어 낸다. 성장 제일주의의 시대, 가난해서 당장 먹고사는 것이 어려웠던 고난의 시절에, 뒤를 돌아보지 않는 용맹함이 덕목이었을 수 있다. 그러나 성장이 멈추어 버린 탈성장의 시대에 고도성장 시절의 향수를 버리지 못하고 여전히 앞으로만 달려가는 것이 최선이라고 여기며, 막무가내의 폭주를 멈추지 못하는 것은 현명한 선택이 아닐 수 있다. 앞으로 향하는 무조건적 전진보다는 세심하게 주변을 돌아보며 지금까지의 성장주의에 밀려 소외된 가치가 있는 것은 아닌가, 앞만 보고 달려오기에 바빠 무시해 버린 진정한 가치가 있는 것은 아닌가를 돌아보아야 할 때가 된 것이 아닐까? 삶으로의 돌진이 치기 어린 젊은이의 삶의 태도라면, 죽음이라는 한계를 예상하며 삶의 충실을 꾀하는 균형 잡힌 태도가 이 시대에 추구해야 할 성숙한 삶의 모습이 되어야 하는 것은 아닌가?

죽음의 사유는 인간이 어쩔 수 없는 인간 생명 한계에 대한 사유이고, 그 한계의 사유는 우리는 겸허하게 만든다. 한계를 사유하는 인간은 성숙의 길로 한발 더 나아갈 수 있다. 우리가 어쩔 수 없는 한계를 '운명' 또는 '천명'이라고 말한다. 하늘이 인간에게 내려 준 것이라는 의미다. 공자는 "운명을 알지 못하는 사람을 군자라고 부를 수 없다."[21]고 말했다. 의미심장하게도 『논어』의 마지막 구절이다.

명命이란 말에는 다양한 의미가 있지만, 본래 의미는 '천명天命', 즉 '하늘의 명령[天之命]'이다. 그 말이 확대되어 군명君命을 의미하는 말로 전용되기도 하고, 명령命令을 의미하는 일반적인 명사로 사용되기도 한다. 천명이란 인간이 나면서부터 부여받은 것, 그래서 바꿀 수 없는 것이다. 요수夭壽가 그렇고, 부귀가 그렇다. 명이 길다거나 명이 짧다거나 할 때의 명도 그런 의미다. 장자에는 "살고 죽는 것이 명이며, 마치 낮과 밤이 바뀌는 것이 자연의 이치인 것처럼 그렇게 주어진 것이다."[22]라는 말이 나온다. 그렇다. 명命이란 '살고 죽는 운명[死生, 命也]'인 것이다. 성명性命의 명命, 생명生命의 명命이 다 그런 의미의 명이다. 그런 운명을 알지 못하는 사람은 군자라고 말할 수 없다. 어떻게 살아야 하는지를 이해하는 사람이라고 해서 곧바로 군자라고 부를 수 없다. 죽을 때를 알고 제대로 죽을 수 있는 사람이라야 진정한 군자로서의 자격이 있다.

군자는 도덕적으로 완성된 인격을 가리키는 말이다. 그리고 그가 완성해야 하는 도덕성의 목록에 '살고 죽는 운명'을 이해하고 받아들이는 것이 포함되어 있다. 운명을 안다는 것은 운명을 인식의 대상으로 탐구해서 그것에 대한 객관적인 지식을 얻는다는 말이 아닐 것이다. 운명을 안다는 것은 인간의 한계를 이해하고, 그 이해에 입각하여 주어진 삶을 살아 낸다는 말일 것이다. 운명을 받아들이고, 인간의 한계에 겸허하게 복종하는 것이 군자가 취할 삶의 태도라는 말이다. 우리가 놓쳐 버린 가치를 되돌아보고, 삶의 길을 반성하도록 촉구하는 것이 다름 아닌 '한계'의 사유다. 『주역』의 '함괘'에서는 '자기를 비워 다른 사람을 받아들임[以虛受人]'[23]이 '함께 더불어 가기[咸]' 위한 기본 전제라고 말한다. 더불어 가기 위해서는 먼저 자기를 비워야 한다. 자기를 비우기 위해서는 자기의 한계를 자각해야 한다. 내가 한계를 가진 존재이기에, 다른 사람과 더불어 서로 도우며 가야 한다. 그런 절실한 자각 없이 다른 사람과 더불어 갈 수 없다.

공자가 자로에게 "삶을 알지 못하는데 죽음을 어찌 알겠는가?"라고 말한 것은 죽음의 사유가 필요 없다는 말이 아니다. 죽음의 사유가 인간의 근본 한계를 자각하는 첫걸음이라고 한다면, 죽음의 사유 없이 인생을 성공적으로 살아 낸다는 것 자체가 기적일 수 있다. 공자 사상을 재해석하면서 유교를 고도의 철학적 사유로 승화시켜, 성리학을 완성한 주희는 이렇게 말한 바 있다. "삶은 그 안에 죽음의 도리를 내포한다."[24] 앞에서 우리는 주자가 기의 취산만으로 생명과 죽음의 의미를 설명할 수 없다고 생각했다는 것을 보았는데, 그런 입장과 동일한 맥락의 말이라는 것을 알 수 있다. 삶이 죽음을 내포하기 때문에, 죽음, 곧 인간 한계의 사유가 좋은 삶을 이루는 과정에서 반드시 필요하다는 말이라고 해석할 수 있다. 그리고 그 말은 삶과 죽음은 하나라는 달관을 표현한 말이기도 하다. 기의 사상에 입각하여 삶과 죽음을 달관한다면 당연히 할 수 있는 생각이지만, 유교는 거기서 한 걸음 더 나아가 삶과 죽음을 윤리적 가치의 문제로 승화시키고 있다.

유교는 삶의 충실을 목표로 삼지만, 죽음이라는 인간의 한계를 사색하고 수용하는 것을 전제한 삶의 충실함을 강조한다. 더 큰 가치를 위해 생명을 바치는 것도 아깝지 않다('아침에 도를 들으면 저녁에 죽어도 좋다', '살신성인')라고 생각한 공자가, 죽음의 사유, 한계의 사유를 무가치한 것으로 생각했을 리가 없다. 죽음의 사유가 삶에 대한 관심을 희미하게 만들고, 죽음에의 초조와 염려가 삶을 포기하게 만들고, 나아가 그런 불안이 삶에 대한 주도한 배려를 불가능하게 만들면서 독자적으로 내달릴 때의 위험성은 경계해야 한다. 하지만 공자의 발언을 단편적으로 해석하여, 유교는 죽음을 사유하지 않는다거나, 유교에서는 삶의 문제만이 중요하다거나, 더 비약하여 유교는 인생에 대해서만 진지하게 사유하는 현세적 철학이라고 말하는 것은 커다란 오해다.

한계와 삶의 태도의 전환

인간의 한계를 망각하고 앞으로만 달려가는 성장을 지상의 가치로 바라보는 근대화의 이념 앞에서 유교가 뒷전으로 밀려난 것은 어찌 보면 당연하다. 일부 논자들은 유교가 자본주의와 근대화를 가능하게 만든 사상이라고 주장하기도 한다. 그래서 유교 자본주의니, 유교 민주주의니, 유교적 근대니 하는 논의가 무성했고, 아직 그런 주장을 하는 사람들이 적지 않다. 유교가 근대를 가능하게 했기 때문에 유교를 중시해야 한다면, 이미 실현된 근대 앞에서 유교는 이미 제 역할을 다한 것이 아닌가? 유교 근대화론은 유교의 창조적 재해석이 아니라 견강부회牽强附會일 뿐이며, 유교의 창조적 재해석의 가능성을 오히려 질식시키는 오해가 될 위험이 있다.

솔직하게 말하자면, 나는 유교의 입장은 근대적 성장주의 이데올로기와 근본적으로 어울리지 않는 점이 많다고 생각한다. 당연히 유교의 가르침은 오늘을 사는 현대인에게 여전히 귀감이 될 만한 내용을 풍부하게 담고 있는 것도 사실이다. 『논어』에서 현대인의 심금을 울리는 사상을 발견할 수 있다고 해서, 그것이 근대적인 내용을 담고 있기 때문은 아니지 않겠는가? 그런 감동은 시대와 장소를 초월한 인간성의 깊은 통찰이 근대의 가치에 가려져 있었던 것을 발견하고 새삼스럽게 느껴지는 쾌감과 희열이 아니겠는가? 유교에는 근대의 기계론적 사유와 성장 제일의 발전주의적 가치관과는 어울리지 않는 점이 다분히 있다. 그렇다고 유교의 사상이 반드시 봉건적이고 시대착오적이고 낡은 것이라고 말할 수는 없다.

유교가 반드시 인간의 경제 활동을 금기시하는 것도 아니며, 민중이 주인이 되는 진정한 민주주의의 정치 체제를 거부하는 것도 아니다. 유교가 개인의 자유로운 사유의 성장과 개성의 존중을 부정하는 것도 아니며, 인간의 인격적 성장을 도외시하고, 체제와 제도에의 복종만을 요구하는 것은 결코 아니다. 유교가 개성 있는 삶의 가치를 부정하는 것도 아니고, 유교의 삼강오륜이 반드시 낡고 고리타분한 봉건적 사유인 것은 아니다. 그렇다고 유교의 모든 것이 모든 시대에 상황과 관계없이 다 옳다는 말은 아니다. 어떤 사상이든 그것이 만들어진 맥락 안에서 나름의 타당성과 가치가 있다. 우리의 과제는 사상의 맥락 안에서의 타당성과 가치를 이해하고, 그것을 그것이 만들어진 맥락에서 분리하여, 즉 탈맥락화시켜 새로운 맥락 안에서 본래의 의미를 확장하고 변용하고 응용할 수 있는 길을 찾아내는 것이다. 그것이 바로 사상의 발전 방식이고, 사상을 재해석하는 방식이다. 하늘 아래 완전히 새로운 것은 없다. 모든 가치 있는 사상은, 낡고 낡아서 더 이상 가치가 없는 것처럼 보이는 과거의 사상을 재해석하여 변용시키고 새로운 의미를 부여하면서 새로운 맥락 안에서 의미를 찾아가는 노력의 결과 만들어지는 것이다.

민주주의가 모든 시대에 동일한 의미가 있는 것이 아니고, 소위 서양적 인권이나 개인주의가 모든 상황에서 동일한 가치와 의미가 있는 것이 아닌 것과 같다. 성장은 무조건 옳다거나, 과학은 무조건 좋다거나, 민주는 반드시 옳다거나, 자본주의는 틀림없이 유리하다는 것은 틀린 말이다. 아무리 좋은 것도 맥락을 바꾸어 놓으면 오류가 될 수 있다. 민주주의는 언제든 우중주의愚衆主義로 타락할 수 있다. 누구든 조금만 생각해 보면 알 수 있는 문제다. 민주 이념은 독재자의 정치적 목적을 달성하기 위해 무지한 대중을 동원하는 억압과 폭력의 도구가 될 수 있다. 과학은 맹목적 과학 신앙으로, 과학 미신으로 이용될 수 있다. 근대의 계몽주의와 진보적 성장주의는 타국에 대한 폭력과 식민주의를 낳았고, 개인의 자유와 존엄성을 강조하는 자유주의는 타국의 국민에 대해서는 무자비한 지배를 용인하는 무책임한 사상으로 귀결되었다. 맹목적 성장 제일주의는 가난하던 시절보다 더 큰 고통을 당하는 소외된 사람들을 양산한다. 성장 일변도의 정책은 나쁜 정부가 국민을 속이는 눈가림의 도구로 이용되기도 한다. 모든 것이 그렇다. 근대가 방향을 전환하는 이 시점에서 우리는 우리의 전통에 대해 맹목적으로 거부하거나 간과한 것이 없는지 세심한 주의를 기울여야 한다. 근대에 대한 반성은 인간의 삶과 죽음을 진지하게 사유하기를 요청한다.

제5장 | 성리학의 죽음 이해

예의 세 뿌리 : 천지, 선조, 군사

유교의 예는 사회생활의 가치와 질서를 수립하기 위한 제도적 장치였다. 선진 시대의 대표적 사상가로, 유교의 이론적 기초를 확립하는 데 크게 기여한 순자는 그의 주요 저술에서 예를 형성하는 세 가지 근본에 대해 다음과 같이 쓰고 있다.

> "예에는 세 가지 바탕(근본)이 있다. 천지天地는 생명의 바탕이며, 선조先祖는 인류의 바탕이며, 군사君師는 다스림의 바탕이다. 천지가 없다면 어디서 생명을 얻으며, 선조가 없다면 어디서 인류가 나오며, 군사가 없다면 어떻게 다스림을 얻을 수 있겠는가? 세 가지가 한꺼번에 사라지면 편안함을 기대할 수 없다. 따라서 예는 위로는 하늘을 섬기고 아래로는 땅을 섬기며, 선조를 존숭하고 군사를 융숭하게 대접하는 것이다. 이것을 예의 세 가지 바탕이라고 말하는 이유다."[1]

예를 형성하는 세 가지 근본 중에 첫 번째가 천지天地다. 천지는 이 세상에 존재하는 모든 생명의 근거이기 때문이다. 하늘과 땅, 즉 천지자연 안에서 인간은 생명을 얻는다. 하늘과 땅이 없다면 인간의 삶이 영위될 근거가 사라진다. 하늘과 땅으로부터 받는 그 생명을 한자어로는 성性 혹은 명命이라고 했고, 복합어로서 성명性命이라는 개념도 사용했다. 인간에게 생명을 부여한 천지의 은혜를 잊지 않기 위해 인간은 예를 제정하고 천지에 감사하는 제사를 바친다. 그 제사에서 인간 사회를 유지하는 원리인 예가 발전해 나온 것이다(생명이라는 단어는 고전 어휘가 아니다. 한자어라고 해서 옛날부터 사용되던 말이라고 생각해서는 안 된다. 현대적 한자어와 옛날부터 사용하던 한자어 사이에는 미묘한 차이가 있다). 순자는 성性을 인간이 어찌해 볼 수 없는 타고난 것,[2] 혹은 인간이 타고나면서부터 받은 자연 그대로의 재료,[3] 사람이 손을 대지 않은 상태의 본래부터 그렇게 존재하는 것,[4] 하늘이 부여한 것[5]이라고 다양하게 규정한다. 순자에 따르면 성性이란 결국 하늘에 의해 좌우되는 것으로 인간이 어찌해 볼 수 있는 것이 아니다. 더 나아가 순자는 인간의 운명이 하늘에 달려 있는 것처럼, 국가의 운명[命]은 예禮의 수립과 준수 여부에 의해 좌우된다고 말하기도 한다.[6] 간단하게 말해서 명命이란 삶과 죽음이다.[7] 이런 논의를 종합해 볼 때, 성性이란 인간을 인간이게 만드는 근본이 되는 것, 인간을 인간으로 규정하는 모든 것을 가리키는 개념인 것을 알 수 있다. 그러나 성性은 인위적으로 만들 수 있는 것이 아니라 주어지는 것이다. 따라서 성性 그 자체는 수정할 수 없다. 명命은 하늘이 인간에게 부여한 생명의 모든 것을 총체적으로 지칭하는 명칭이다. 성性을 포함하여 하늘이 인간에게 부여한[稟賦] 모든 것이 명命인 것이다.

예를 형성하는 두 번째 근본은 조상[先祖]이다. 조상이 예를 만들었다는 의미가 아니라 조상에 대한 감사와 기억을 잊지 않기 위해 예가 만들어졌다는 말이다. 조상은 인간이라는 종족의 근본이다. 현대의 진화론적 이해에 따르면 인간은 약 600만 년쯤 전에 침팬지와의 공통 조상인 원인류로부터 진화되어 나왔다고 한다. 정확하게 그 시점을 확정하는 것은 불가능하지만, 생물 진화 과정에서 포유류가 등장하고 그 포유류 중에서 원인류가 나오고 그 원인류에서 '인간'이라고 부를 수 있는 원시인류의 조상이 분화되어 나왔을 것이다. 그 최초의 인간의 조상이 존재하지 않았다면, 다른 포유류나 다른 침팬지류와 구분되는 '인간'이 존재하지 않았을 것이다. 그 최초의 인간 종족의 조상이 단 한 사람인지 아니면 집단적 존재인지 알 수 없다. 그러나 어쨌든 최초의 조상에서 인간이 계속 발전하여 현재의 인간에 이르렀다는 것은 사실이다. 따라서 인간의 문화를 이야기할 때, 생명 자체를 탄생시킨 천지자연이라는 뿌리에 대한 감사와 더불어 인간 종족을 처음으로 가능하게 만든 인간의 원초적 조상에 대한 감사도 빠뜨릴 수 없는 것이다.

예의 세 번째 뿌리는 군사君師, 즉 임금과 스승이다. 정치적 지도자와 정신적 지도자가 군사다. 최초의 인간 집단이 등장한 다음 그 집단은 분화에 분화를 거듭하면서 집단을 이루고 결국은 거대한 인간 사회를 만들기에 이른다. 그리고 거대한 인간 사회가 등장하고 나서, 소위 5대 문명으로 대표되는 거대한 문명사회가 출현하고, 그 안에서 작은 집단의 분화 · 결합 · 분리를 거쳐서 현재 우리가 알고 있는 인간 사회가 형성된다. 한 인간은 반드시 그런 사회 안에서 태어난다. 인간 사회가 존재하지 않는다면 아마도 인간은 인간성을 발전시키지 못했을 것이다. 인간의 인간성은 사회와 문화 안에서 형성되는 것이다. 그리고 질서와 가치가 수립되어야 비로소 인간 사회로 발전한다. 순자가 "인간의 운명이 하늘에 달린 것처럼 국가의 운명은 예에 달려 있다."[8]고 말한 것은 그런 사정을 언급한 것이다.

인간의 사회를 이끌어 가는 지도자는 무력과 정신적 감화에 의존하여 지도력을 발휘해야 한다. 현대사회에서는 전자를 정치, 후자를 교육이라고 구분한다. 그러나 그 둘은 원래 구별되지 않는 일체였다. 어느 정도 발달한 거대 사회에서, 무력적 지도력과 정신적 지도력은 일정하게 관련되어 직능적으로 분화되는 과정을 거친다. 인류의 문화사를 살펴보면, 최초기의 국가는 권력의 수장인 동시에 종교와 교육의 수장을 겸했었던 것을 알 수 있다. 그것을 사제왕(priest-king)이라고 부른다. 그러나 사회가 점차 거대해지고 분화되면서, 왕(king, 君)과 사제(priest, 師)의 역할이 분화되는 과정을 거친다. 두 역할 사이에 때로는 갈등과 협력과 동화가 발생하지만, 둘의 관계가 완전히 단절되는 일은 있을 수 없다. 현대의 발달한 사회에서는 정치 지도자가 정신적, 교육적 지도자 상위에 존재하는 것이 일반적이다. 그것을 정교분리政敎分離라고 부른다.

유교가 처음 등장한 시점인 대략 기원전 10세기 무렵에는 무력적 지도력과 정신적 지도력이 어느 정도 분화되어 가고는 있었지만 그 두 역할이 완전히 독립적인 것으로 인식되지 않았다. 공자는 개인적으로는 정치적 지도자를 지향했을 것이다. 그러나 현실적으로는 정신적 지도자의 위치에 만족하면서 만년을 보낸다. 어쨌든 유교 문화와 거의 동의어라고 말할 수 있는 '예禮'는 생명의 근거로서 천지天地자연에 대한 존경과 감사, 인간 종족의 뿌리인 인류의 조상 및 집단과 개인의 선조에 대한 존경과 감사, 그리고 우리가 사는 인간 사회에 가치와 질서를 부여하고 그 사회를 인간의 사회로 만들어 주는 정치-정신적 지도자인 군사君師에 대한 존경과 감사라는 세 가지 바탕 위에 수립된 이념과 실천의 체계라고 말할 수 있다. 따라서 유교를 이야기할 때는 반드시, 천지에 대한 경외심, 조상에 대한 효도와 제사, 군주와 스승에 대한 충성이라는 주제를 건드리지 않을 수 없는 것이다. 왜냐하면 유교의 모든 주제, 즉 생명, 죽음, 정신, 정감, 정치, 교육, 사회관계, 수신, 제가, 치국, 평천하, 궁리진성窮理盡性으로 대표되는 지식과 실천의 문제 중에서 이 세 가지 뿌리와 연결되지 않는 것이 없기 때문이다.

영속하는 천지자연과 생명

죽음은 생명의 탄생을 전제할 때 비로소 사유의 주제가 될 수 있다. 생명을 갖지 않는 무기물에 대해서 죽음이라는 말을 사용하지 않기 때문이다. '죽는다[死]'는 것은 그것이 이미 '생명[生命, 性命]'을 얻고 '살았다[生]'는 것을 의미한다. 생명이라는 것이 너무나 숭고한 가치이기 때문에, 그 숭고한 가치를 담지한 생명이 사라지는 죽음이 생명을 자각적으로 살아온 인간에게 고통스런 사건이 될 수 있는 것이다. 인간이 아닌 동물들도 생명의 환희를 느낀다면 죽음의 고통을 느낄 것이 틀림없다. 도살장으로 끌려가는 가축이 자신의 죽음을 예기하고 슬퍼한다는 말을 들은 적이 있다. 동물 역시, 우리 인간처럼 철학적으로 분명하게 자각하지는 못하겠지만, 생명에 대한 환희를 가지고 있음이 분명하다. 따라서 동물들도, 인간처럼 명확한 언어적 철학적 사고를 동원하여 생명을 자각하지는 않지만, 죽음에 대해 애통하게 여길 것이다.

인간은 죽음의 불안과 고통을 극복하지 않고 건강한 삶을 살아 내기 힘들다. 어떤 방식으로든 죽음의 불안을 극복해야 한다. 그래서 죽음의 사색이 시작된다. 그냥 한 번 왔다가 사라지고 마는 인생이 아니라, 죽어도 어떤 식으로든 그 죽음이 의미 있는 것이라는 확신이 있어야 한다. 죽음의 의미를 탐구하는 것이 인간의 본성이 되어 버렸기 때문에, 죽음의 의미를 발견하지 못하는 삶은 너무나 고통스러운 것이 되어 버린다. 죽음의 의미와 가치를 발견해야만, 인간은 자신의 죽음은 물론 주변의 친지, 가족, 친구의 죽음을 받아들일 수 있다. 그럴 때에 비로소 삶의 환희와 죽음의 고통이 균형을 얻고 일상의 삶이 가능해진다.

삶에서 발생하는 수많은 우연과 수많은 사건이 죽음을 야기한다. 날카로운 이빨이나 발톱도 없고, 몸을 감싸 주는 털도 없고, 뛰어난 청각이나 후각이나 시각이 없는 인간은 도처에서 죽음의 위협을 느끼지 않을 수 없다. 인간이 만든 사회 자체가 죽음의 위협이 된다. 그런 죽음의 위협에서 느끼는 두려움 앞에서, 죽음이 나름 의미와 가치가 있는 것이라는 확신 없이 좋은 삶을 살아내기는 쉽지 않을 것이다. 이 책의 다른 곳에서 이야기한 것처럼, 유교적인 의미에서 생명은 음양의 두 기, 음양과 오행의 기의 자연스런 운동과 확산, 수축이라는 순환에 의해 발생한다. 그 기의 순환에 인간이 느끼는 것과 동일한 방식의 감정이나 목표, 목적이 작동하는지 아닌지는 알지 못하지만, 옛날 사람들은 기의 순환이 거대한 하나의 유기적인 천지자연이라는 시스템 안에서 일어나는 일이라고 생각했다. 그런 천지자연의 거대한 유기 시스템을 때로는 인격화시켜, 천지자연이 인격과 감정을 가진 존재라고 이해하기도 했다. 그러나 유교는, 기독교적 일신교와 달리, 천지자연에 구체적인 인격성을 부여하지 않은 채로, 천지자연이 생명이 있는 혹은 생명을 주는 거대한 덕을 지닌 존재라고 이해하는 것으로 만족했다. 그리고 인류가 자손을 낳고 또 죽어 가는 사실을 범례로 삼아, 천지자연의 생명력을 묘사하기 위해 노력하기도 했다. 그리고 유교 지식인들은 철학적, 종교적 교리의 형식보다는 오묘한 자연의 생명력의 신비를 감동적인 시적 언어로 표현하는 것을 더 좋아했다.

하늘과 땅이 존재한 이후에 만물이 생긴다. 하늘은 아버지를 닮은 존재이고 땅은 어머니를 닮은 존재라고 부를 수 있지 않은가.[9] 아버지인 하늘과 어머니인 땅이 교호 작용(결합)하여 만물이 생긴다. 그런 만물이 존재한 이후에 인간이 생긴다. 인간은 하늘과 땅의 자손일 것이다. 인간의 조상은 적어도 그 하늘과 땅의 위대한 신적인 힘에 종속되는 그런 존재일 것이다. 하늘과 땅을 신이라고 말한다면, 인간의 조상은 신 그 자체는 아니지만 적어도 보통 인간과는 구별되는 특별한 존재일 것이다. 인간이 존재하고 나면, 하늘과 땅이라는 위대한 신을 닮은 인간도 남녀의 구별을 가진다. 최초의 남녀는 마치 하늘과 땅이 결합하듯 결합하여 자손을 만들어 낸다. 그 자손이 불어나서 다시 자손을 낳고 또 낳는다. 그렇다면 그 자손을 낳은 선조들은 어떻게 되는가. 그 선조들은 하늘과 땅을 닮은 존재이지만 하늘이나 땅처럼 영원한 존재가 아니다. 그래서 그들은 자손을 낳고 조만간 죽는다. 그들은 자신들의 죽음이 무의미한 죽음이라고 생각하지 않는다.

인간은 자손을 낳고 죽고, 또 끊임없이 이어지는 혈연의 연속성에 힘입어 삶을 이어간다. 마치, 봄 여름에 피어난 생명력 가득한 나뭇잎이 가을 겨울이 되면 시들어 떨어져서 다시 흙으로 돌아가고 이듬해 봄에 다시 피어나는 것처럼. 그리고 하늘에 떠 있는 태양이 밤이 되면 저물지만 다음 날 아침 찬란한 빛을 머금고 다시 돌아오는 것처럼. 인간의 생명도 그렇게 이어지는 것이 아닐까? 지금 이렇게 죽지만 자손을 통해서 인간의 생명이 이 땅 위에서 이어진다. 그리고 무궁한 시간이 흐른 다음, 다시 이 땅에 싱싱한 젊음을 가지고 태어날 것이 아닌가? 그런 생명을 낳고 소멸하고 다시 생명을 낳는 천지자연의 생명력은 위대하고 무궁하다.

유교의 대표 경전 『주역』은 천지자연의 위대한 생명력을 '하늘과 땅의 커다란 덕[天地之大德]'이라고 표현한다.[10] 천지자연은 생명을 낳는 위대한 힘을 가지고 있다는 말이다. 그리고 생명력은 끊임없이 계속된다. 일직선적인 지속이 아니라 죽고 살고 죽고 살고를 되풀이하는 반복적이고 리드미컬한 순환적 지속이다. 그런 생명의 순환적 지속을 가능케 하는 자연의 덕德이 곧 역易이다. "역이란 생명을 낳고 또 낳는 것[生生之謂易]"(『주역』「계사전상」)이다. 변화를 의미하는 역易은 반복이고 순환이며, 반복과 순환에 의해 지속되는 영원이다. 일직선적 영원이 아니라 죽고 살고 죽고 살고를 반복하는 순환적인 변화의 리듬으로서 영원이다. 변화야말로 영원이다. 리드미컬한 영원이 역易이고, 그 역易이 곧 도道의 존재 양상이다. 천지자연의 위대한 생명력을 본받고 모방하고 체득한 성인은 그 자연의 리드미컬한 생명력의 순환 원리를 본떠서 인간사를 이해하는 원리를 발견한다. 그런 원리에 입각하여 인간사를 설명한 것이 『주역』이다. "하늘의 신도를 살피니 사시의 변화가 어그러짐이 없음을 안다. 성인은 그 '신도에 근거하여 가르침을 펼치니[神道設敎]' 천하 사람들이 다 복종하였다."[11] 성인은 천지의 변화하는 불변의 리듬을 살피고 그 리듬에 입각하여 인간사를 규율하는 가르침과 원리, 즉 예를 제정했다는 말이다.

동중서로 대표되는 한漢 나라 때의 유학자들은 고대 유학이 제시한 '신도설교神道設敎'의 원리에 입각하여 하늘과 인간의 상호 관계를 설명하는 천인합일의 이론을 완성한다. 그 이후, 천인상관 혹은 천인합일의 이론은 시적인 감동을 상실하고, 딱딱한 하나의 교조적 이론으로 정식화되었다. 하늘과 인간의 기계적인 일대일 대응 관계를 상정하는 교조적 천인상관의 관점을 인정하기는 쉽지 않다. 교조적 이론으로서 천인합일 사상을 문자 그대로 수용하기는 어렵다. 그러나 조금만 상상력을 동원해 본다면 천인합일 사상은 낡고 터무니없는 전근대적인 사상이라고 말할 수 없다는 것을 알게 된다. 인간의 독단적 판단에 입각하여 무차별적으로 자연을 파괴하고 그 결과 인간의 삶이 절대적인 위기에 처하게 된 21세기에 인간은 자연 속의 존재이고 자연의 리듬과 자연의 속성을 완전히 무시한 인간적 삶은 가능하지 않을 뿐 아니라 자연과 인간을 함께 위험에 빠트린다는 사실을 일깨우는 자각으로서 그런 천인합일의 사유는 더욱 절실한 것이라고 평가할 수 있을 것이다.

신유학 이기론의 요점

기원 후 10세기를 전후한 당송唐宋 교체기에, 오랫동안 계속된 유교의 사상적 침체를 극복한다는 목표를 내걸고 일군의 사상가들이 등장했다. 보통 성리학 혹은 신유학이라고 부르는 사상 체계를 만든 이론가들이 그들이다. 당송 교체기에 등장한 성리학은 청나라의 멸망에 이르기까지 1000년 동안 중국 왕조들의 지배 이념으로 군림했다. 북송의 정이천程伊川, 남송의 주희朱熹, 그리고 명의 왕양명王陽明(守仁), 명청明淸 교체기(17세기)의 왕부지王夫之 등이 성리학의 대가들이다. 때로 그들은 세부적인 차이 때문에 서로 다른 학파에 속한 사상가로 분류되기도 하지만, 넓은 의미의 성리학자로서 묶을 수 있다.

먼저 북송 중기에 등장한 정이천의 경우를 살펴보자. 정이천은 흔히 리理의 철학자로 분류되지만, 생명론과 생사론에 관해서는 전형적인 기론적 천인합일의 관점을 견지했다. 기론에 입각한 천인합일적 생명관을 전개했다는 점에서, 리 철학자인 정이천은 대립적 사상적 입장에 있다고 알려진 심

心의 철학자 왕양명과 크게 다르지 않고, 성리학이 비판해 마지않는 선진 시대의 도가 사상가 장자와도 다르지 않다. 앞에서 주자를 언급하면서 말한 것처럼, 생사를 기의 취산으로 이해한다는 점에서 성리학은 기 철학과 비슷하지만, 생명의 의미를 윤리적 가치의 실현에서 찾는다는 점에서 나름의 특징을 가지고 있다.

정이천 역시 자연의 생물, 만물은 기가 모이고 흩어진[聚散] 결과물이라고 하는 기 철학의 기본 입장에서 출발한다. "사람은 처음 태어날 때 천지 안에서 오행의 기 중에서 가장 빼어난 것을 부여받는다. 그리고 그것을 받아서 인간으로서 생명을 받을 때, 인仁이 그 가운데 처음부터 자리 잡는다."[12] 기가 모이면 생명을 얻고 기가 흩어지면 죽는다. 그것이 이기론자들의 기본 입장이었다. 인간과 동물의 차이는 하늘로부터 부여[稟受]받은 기氣의 수준의 차이일 뿐이다. 그 점에서 인간과 동물은 근본적으로 차이가 나지 않는다. 인간과 동물의 차이는 인간이 순수하고 빼어난 기를 부여받기 때문에 동물과 달리 '인의仁義'라는 인간 특유의 '도덕성'을 가지고 있다는 점에서 찾을 수 있다. 천지자연의 위대한 생생生生의 힘, 생명을 낳는 위대한 자연의 생명력은 질료적인 기氣의 매개를 통해서 펼쳐진다. 그런 자연의 생생生生 과정을 정이천은 '기화氣化'라고 부른다. 그 점에서 정이천의 생각은 장자의 생각과 크게 다르지 않다. 기화니 물화니 하는 말은 사실 장자가 처음 사용한 말이다. 생명과 죽음은 천지자연 안에서 기의 자연스런 변화에 의해 일어나는 것일 뿐이다. 사는 것이나 죽는 것이 그런 점에서 근본적으로 다른 것은 아니다. 이런 기론적 입장은 거의 모든 중국 철학자들이 공유하는 생각이었다.

많은 측면에서 정이천의 사상을 계승하여 소위 성리학을 완성한 주자朱子

(朱熹) 역시 기의 움직임, 기의 취산聚散에 의해 생명이 순환한다는 전통적인 천인합일의 사상, 나아가 기론적 생명론을 전적으로 받아들인다. 따라서 사물의 생멸, 인간의 생사에 관한 주자의 생각은 천지, 음양, 이기理氣의 범위를 크게 벗어나지 않는다. 하지만 성리학의 완성자 정이천이나 주자의 사상과 도가의 기 철학, 나아가 고전 유교의 천인합일적 기 철학 사이에 분명한 차이점이 있다. 성리학은 기氣와 병행하면서 천지자연의 생명력을 규율하는 리理를 제시하는 점에서, 기 철학의 사유를 넘어선다. 그들이 말하는 리理는 단순한 질료인 기의 취산을 초월하는 형이상학적 근거이며, 동시에 인간 특유의 도덕성의 근거다. 리 또는 천리는 형이상학적 실체로서 기로 이루어진 인간에게 기 자체에서는 나올 수 없는 특별한 능력인 '도덕성[性=理]'을 부여한다고 그들은 설명한다.

인간을 인간이게 만들어 주는 도덕성은 기氣 자체에서 나오는 것이 아니라 리理로 인해 주어지는 것이다. 주자학에서 천리는 도덕성의 근거로서 대단히 중요한 의미를 가진다. 이처럼 강한 도덕성의 요구가 주자학의 특징이다. 주자학의 이해에 따르면, 생명을 낳는 천지자연의 생생 작용은 단순한 기의 취산만으로 충분하게 설명될 수 없다. 표면적으로만 보면 천지자연의 생생의 작용은 기의 취합에 불과한 것으로 보일 수 있다. 그러나 사실은 눈에 드러나는 기의 활동 배후에서 눈에 보이지 않는 형이상학적 실체인 천리天理가 작용하고, 그 천리가 천지의 생생을 조정하고 결정한다. 고전 유학자들이라면, 기를 배후에서 움직이는 무엇을 도道라든가 덕德, 아니면 천지자연에 내재한 변화의 힘을 의미하는 역易이라고 불렀을 것이다.

대체로 말하자면, 성리학자들은 그 자연의 생생 작용 배후에서 기氣를 조절 통제하여 구체적인 생명, 물질, 만물, 사물로 만들어 주는 숨은 천리天理

를 상정하면서, 중국 사상사에서 일반적으로 인정되지 않는 리理의 형이상학을 전개한다. 성리학의 관점에 따르면 이 세계는 눈에 보이지 않는 리理와 질료적인 성질이 있는 기氣가 함께 만들어 내는 세계다.

이런 이기론의 논리를 염두에 두면서, 이기론적 생명론을 간단히 설명해 보자. 성리학의 관점에 따르면 우리가 보는 세계는 눈에 보이지 않는 리理와 질료인 기氣가 함께 만들어 내는 세계다. 리理는 분명히 존재하는 것이지만 인간의 감각적 경험을 넘어서는 것이기 때문에 경험적으로는 알 수 없다. 그 점에서 리理와 기氣는 근본적으로 다르다. 기氣 역시 너무나 미세하여 감각으로는 알 수 없는 것이지만, 기氣가 결합되어 만들어진 사물은 어떤 식으로든 구체적인 감각 경험의 대상이 된다. 그에 반해 리理는 눈에 보이지 않을 뿐 아니라 느낄 수도 감각할 수도 없는 형이상학적 실체다. 주자학자들은 리理를 형이상의 도道, 기氣를 형이하의 기器라고 구별한다. 도道는 눈에 보이지 않지만 분명히 존재하는 실체적 원리이고, 기器는 눈에 보이면서 구체적인 형태가 있는 사물이라는 뜻이다.

성리학에서는 모든 사물, 심지어 모든 개념조차도 리理와 기氣의 결합이라는 관점에서 설명한다. 컵이 있으면 컵을 구성하는 질료인 기氣가 있고, 그 기氣의 덩어리인 질료를 다른 무엇이 아니라 바로 컵이라고 규정하게 해 주는 형성의 원리인 리理가 있다. 예를 들어, 사랑이 있다고 한다면, 사랑함의 원리가 있고, 사랑함을 형상화하는 행동이나 형식이 존재한다. 모든 것이 그런 식으로, 이원론적으로 설명된다. 이처럼 기는 비교적 이해하기 쉽지만, 리는 이해하기 쉽지 않다. 현대인의 사고방식과 다르기 때문이다.

주자학의 도덕적 생명론

인간의 생명 역시 마찬가지다. 생명은 생명의 원리[理]와 생명의 형질(氣, 器)로 이루어져 있다. 생명의 형질은 우리의 육체다. 기氣는 비교적 이해하기 쉽다. 그러나 생명의 원리, 즉 생명의 리理는 느낌은 오지만 명확하게 이해되지 않는다. 인간은 육체라는 형태만으로는 아직 인간이 아니다. 인간이 되기 위해서는 인간을 인간이게 하는 원리, 즉 '천리天理'를 부여받아야 한다. 천리는 인간을 인간이게 규정하는 인간됨의 원리이며 도덕성의 근거다. 인간은 도덕성으로 인해 인간이 된다고 보기 때문이다. 그러나 천리가 어디서 오는지는 알 수 없다.

형이상학적인 실체인 천리를 인정하지 않고 기氣만으로 사물을 설명하는 기 철학적 관점을 가진 사람이라면, 기氣가 취합되는 어느 순간 생명이 창발한다(emerge)고 말할 것이다. 그리고 순수한 기 철학 사상가는 리理가 기氣와 독립되어 형이상학적으로 존재하는 '무엇'이라고 말하지 않을 것이다. 그들은 리理가 기氣의 리理로서만 존재한다고 주장할 것이다. 기가 결합되어 무엇인가가 만들어질 때, 리理는 기와 독립하여 초월론적으로 존재하다가 기氣 안으로 던져지듯 주어지는 것이 아니라 기의 조리條理로서, 즉 기가 결합하여 만들어진 결합체의 내부에서 '창발적으로' 등장하는 것이라고 말할 것이다. 순수한 기 철학적 입장에서 볼 때, 기氣와 리理의 관계는 일원론적一元論的이다.

예를 들어, 흙을 빚어서 항아리를 만든다고 하자. 그러면 항아리를 구성하는 흙이라는 질료가 항아리의 형태로 빚어져야 한다. 그리고 항아리의 형태가 완성될 때, 그것을 항아리로 만들어 주는 리理라는 원리가 외부에서 항아리의 형태 안으로 초월론적으로 주어지는 것일까? 아니면 항아리의 형상이 완성되는 그 순간, 그 흙덩어리를 항아리라고 부를 수 있게 하고 또 항아리로서 기능할 수 있도록 해 주는 항아리의 '리理'가 흙덩어리 내부에서 솟아나는(창발하는) 것일까? 만일 전자라고 한다면, 그런 입장은 주자학의 이기理氣 이원론적二元論的인 관점이다. 하지만 후자라고 한다면, 그것은 리를 기의 조리條理에 불과하다고 보는 이기理氣 일원론적一元論的 관점이 될 것이다(철저한 이기 일원론은 기의 철학이라고 부를 수 있다.).

이기 이원론적 관점을 가진 주자는 리理가 기 외부에서 주어져 기와 결합해야 한다고 말한다. 그 리理를 기氣에게 부여하는 것이 하늘[天]이다. 그래서 그 리理는 천리天理라고 불린다. 이렇게 설명하면, 하늘은 대단히 인격적인, 혹은 의지와 목적이 있는 행위의 주체가 되어 버린다. 인간은 생명을 얻기 위해서 신체를 구성하는 기와 인간성의 근거(도덕성)가 되는 리理를 외부로부터 받고, 그 둘이 결합함으로써 비로소 인간으로서의 생명을 얻게 된다. 그러나 이런 사고방식에 따르면, 인간의 인간성은 기의 취합물인 신체[氣] 자체보다는 도덕성[性=理]에 의해 규정된다. 리理가 기氣보다 우위에 있는 것이다.

그렇지만 리와 기는 분리되지 않기 때문에, 기로 구성된 신체가 무가치하다거나 가볍게 여겨진다는 말은 아니다. '신체발부身體髮膚'는 부모에게서 받은 것이기 때문에 가볍게 여길 수 없다는 유교의 기본 입장을 주자학이 무시하지는 않는다. 그럼에도 불구하고, 기로 구성된 신체 그 자체보다 더 근본적이고 더 중요한 것은 리理라는 관점은 유지된다. 리理는 도덕성의 근거이기 때문이다. 도덕이 없다면 인간을 동물과 구별할 근거가 사라진다. 인간은 도덕성에 의해 인간이 된다는 것이 공자, 맹자, 순자 이후 유교의 확고한 전통이다. 그런 전통을 계승하는 주자는 형이상의 실체인 리理를 상정하면서, 도덕성의 보편성과 절대성을 강조하고, 그런 리理의 형이상학에 입각하여 유교의 전통을 이어가려고 한다. 기氣로 구성된 신체는 도덕성[성=리]의 규제를 받아야 한다. 도덕성의 규제를 받지 않는 신체는 개망나니의 신체이므로 인간의 형상을 가졌으되 더 이상 인간이 아니게 될 것이다. 주자학에서 리理를 강조하는 이유는, 자연적으로 주어진 신체를 그 자체로 신뢰하지 않는 도덕적 엄숙주의 때문이라고 볼 수 있다.

주자학에서는 도덕성의 자각과 도덕의 실천이 없는 사람은 덜 된 사람이다. 그런 점에서 리와 기가 분리되지 않는다는 주자학의 '사실적' 명제는, 곧바로 리와 기는 분리되어서는 안 된다는 '당위적' 명제로 전환된다. 주자학에서 사실과 당위는 분리되지 않는다. 서구의 근대 사상과 과학이 사실과 당위의 분리를 당연시하는 것과는 사뭇 다른 관점이다. 주자학을 비판하는 사람들은 유학이 사실과 당위를 혼동한다는 사실에 주목했다. 그렇기 때문에 유학은 철학적이지 않고 종교적이며, 근대적이지 않고 전근대적이라고 비난했던 것이다. 그러나 그런 비난, 비판은 주자학의 특성을 정확하게 지적한 것이지 주자학의 단점을 지적하는 것이라고 말할 수 없을 것이다. 그리고 나는 그런 주자학의 특성이 비난받을 만한 것이라고는 생각하지 않는다. 사실 모든 사실적 명제는 잠재적으로 당위성을 전제하고 있지 않은가? 현대 과학에서도, 사실과 당위를 분리하는 것이 당연하다는 생각은 재고되어야 한다는 반성이 일어나고 있다.

생사 이해가 성리학의 목적

생사론의 관점에서 이기론의 의미를 잠시 논의해 보자. 이기론에 따르면,

리理와 기氣가 결합하여 인간의 생명을 만든다. 하지만 생명의 형성에서는 기氣보다 리理가 더 근본적이다. 도덕성이 인간의 생명 존재에서 더 근본적이라는 말이다. 따라서 인간의 생명, 인간의 삶은 도덕의 실천에 의해 진정한 가치를 인정받을 수 있다. 성리학적 의미에서 인간은 신체적 존재에 머무르지 않고 도덕성의 도야와 도덕의 실천에 의해 규정되어야 하는 윤리적 존재가 된다. 조금 더 생각해 보면, 주자학에서 말하는 도덕은 생명의 규제 원리이면서 동시에 생명에 진정한 가치와 의미를 부여하는 생명 자체의 근거가 된다는 것을 알 수 있다. 앞에서 언급한 『주역』의 "하늘과 땅의 커다란 덕을 생이라 한다"라는 명제를 상기해 보자. 도덕의 덕德 역시 본래적으로는 인간의 내면적 덕성, 즉 하늘의 덕과 연속되는 생명력으로서의 덕이다. 현대의 도덕 개념은 그런 뉘앙스를 거의 잃었다.

이기론理氣論적 관점에서 볼 때, 리理가 결여된 생명, 즉 도덕성을 결여한 신체만으로의 생명은 더 이상 진실한 의미의 생명이 아니다. 인간의 모습만 가진다고 인간이 되는 것은 아니라는 말이다. 도덕 없이 신체만으로 존재하는 인간은 살아 있기는 하지만 진정한 인간으로서는 이미 죽은 것이다. 그것은 도덕성을 실현하고 완성한다면 신체는 죽어도 그의 삶은 반드시 무의미하게 죽는 것은 아니라는 말이 될 수 있다. 주자학의 이기론은 이런 역설을 가능하게 만드는 특별한 사상이다.

성리학의 정초자 중의 한 사람인 정명도程明道는 「묘지명」에서 "죽어도 올바름을 잊지 않는다. 그것을 지극한 완성이라고 말할 수 있을 것이다."[13] 라는 말을 남겼다. 정명도의 그 말은 유교적 생사관의 요점을 잘 전달한다고 생각된다. 그들은 무조건적 죽음 회피를 바른 삶의 태도라고 보지 않는다. 생명은 천지자연의 덕이 드러난 현상이기 때문에 대단히 소중하다. 생명을 지키고 보호한다는 것은 천지의 덕을 간직하고 지키는 일이기 때문이다. 그러나 생명보다 더 중요한 것이 있을 수 있다. 바르게 사는 것이 중요하지만, 좋은 삶을 완수하기 위해 죽어야 한다면 기꺼이 죽을 수 있다. 그들에게 중요한 일은 죽어도 인간으로서의 도리[正]를 망각하지 않고 바르게 죽는 것이다.

주자와 주자의 제자들은 다음과 같은 문답을 통해 성리학적 생사관을 명확하게 제시한다.

> "주자의 제자 미도가 묻는다. 삶과 죽음은 대단히 중요한 전환적 사건입니다. 따라서 일상의 생활 속에서 아무리 작은 일이라도 함부로 흘려보내는 일이 없도록 해야 할 것입니다. 하나하나에 대해서 이렇게 공부를 해 나간다면, 죽음의 때를 당해서도 투철한 인식을 얻을 수 있을 것입니다. 그런 말에 대해 주자는 '그렇다.'라고 답했다."[15]

> "주자의 제자 하손이 말했다. '살기 위해서 인을 해치는 일을 하지 말고, 몸을 희생하여 인을 이루어야 한다.'는 말씀에 대해 생각해 보았습니다. 삶과 죽음은 중요한 사건입니다. 따라서 요컨대 공부는 오히려 그 하나의 사건에 집중하지 않으면 안 되는 것이라고 생각합니다. 학문하는 사람은 일상의 매 순간마다, 일의 크고 작고를 불문하고, 반드시 의리의 올바름을 추구해야 할 것입니다. 그런 다음에야 죽음의 순간을 맞이해서 크게 잘못되는 일은 없을 것이기 때문입니다. 그러나 만일 평상시에 일을 처리할 때에 의리와 합치하는 것을 함부로 소홀히 한다면 죽음의 순간에도 빼앗지 못할 것이 없을 것입니다. 그 말에 대해 주자는 '그렇다.'라고 답했다."[16]

주자의 제자들이 죽음을 맞이하는 태도에 대해 자신들의 소감을 피력한 것이다. 그 제자들의 말의 요점은 '아무리 작은 일'이라도 소홀하게 여기지 않고, '의리의 올바름'을 추구해야 한다는 것이다. 주자는 그들의 말에 단순히 '그렇다'라고 긍정할 뿐, 특별히 자신의 생각을 덧붙이지는 않았다. 따라서 그런 말들이 반드시 주자 본인의 말이라고는 볼 수 없다. 하지만 주자의 언행을 기록한 『주자어류』에 그런 말이 기재되어 있다는 것은 그것이 주자의 사상을 표현한다는 사실을 간접적으로 밝히는 것이다.

이런 이기론적 성리학의 관점에서 공자의 '조문도, 석사가의朝聞道, 夕死可矣'를 해석하면 어떨까? '조문도朝聞道'의 '문도聞道'는 천리天理의 도덕적 명령을 완수하는 삶을 산다는 말이 될 것이다. 그리고 '석사夕死'는 신체의 죽음이다. 따라서 삶과 죽음, 즉 도를 듣는 것[聞道]과 저녁에 죽는 일[夕死]은 모순되는 상황이지만, 도덕적 명령을 완수하기 위해서 신체의 죽음이 필요하다면 그럴 수 있다는 결론이 나올 것이다. 더 말할 필요도 없겠지만, 가능하기만 하다면 신체의 생명과 정신 도덕의 생명, 둘 다를 얻는 것이 가장 바람직하다. 그러나 어쩔 수 없이 둘 중의 하나를 포기해야 한다면, 사람다움을 유지할 수 있도록 해 주는 더욱 높은 가치를 선택해야 한다. 인간이 아니게 되고서는 살아남아도 인간으로서는 이미 죽은 것이기 때문이다. 그렇다면 죽어도 인간으로서 가치를 실현하고 인간으로서 죽어야 한다는 결론이 나올 수 있다. 그것이 성리학자들이 즐겨 입에 올리는, 목숨을 걸고 도를 완수한다는 '수사선도守死善道'라는 말을 다른 관점에서 풀이한 것이기도 하다.

주자는 『논어』에 나오는 그 문장에 이런 주석을 붙인다. "목숨을 걸고 지키지 않으면 그 도를 완수할 수 없다. 그러나 목숨을 걸고서도 도를 완성할 수 없다면 그 죽음은 헛된 것이 되고 말 것이다. 목숨을 걸 수 있는 것은 진실한 배움의 결실이고, 도를 완성하는 것은 학문을 좋아함의 결실이다."[17] 도를 완성하는 일은 목숨을 걸어야 할 만큼 중요하다. 그러나 이 일은 반드시 학문 공부의 바탕 위에서만 가능하다. 일상에서 진리를 수행하는 평소의 학문의 공력 없이 갑자기 도를 완수하는 위업을 이룰 수는 없다. 학문과 공부의 결실로서 주어지는 것이 도의 완성이다. 여기서 선도善道는 득도得道 혹은 문도聞道와 같은 말이라고 볼 수 있다.

예를 들어, 노벨상을 받는 것이 목숨을 걸 만한 일이라고 해 보자(단순한 가정이다!). 노벨상을 받는다는 각오만으로 그 일을 완수할 수는 없다. 평소에 탁월한 사유와 연습과 공력을 쌓아야만 그 결실로서 노벨상을 받을 수 있다. 그러나 그런 노력만 가지고 반드시 노벨상을 받을 수 있는 것은 아니다. 노력에도 불구하고 노벨상을 받지 못한다면, 그것은 운명이다. 노력이 반드시 그에 상응하는 결실을 맺는 것은 아니기 때문이다. 노력과 성과에도 불구하고 노벨상이 주어지지 않았을 때, 노벨상 위원회를 비난하고 원망하는 것은 도의 완성을 사적인 욕망으로 비소화卑小化시키는 태도가 된다. 공자가 '다른 사람이 나를 알아주지 않아도 화내지 않는다[人不知而不慍]'(『논어』「학이」)라고 말한 이유가 바로 그것이다. 그런 경우 노벨상의 획득이라는 목표는 도의 완성에서 멀어진다.

그런 태도를 가진 공부는 자기를 완성하는 공부가 아니라 욕망을 채우는 일이 될 뿐이다. 그 경우는 목표를 달성했다고 해도, 그것은 득도에서 멀어지는 사욕의 실현이 될 뿐이다. 도의 획득이라는 목표를 사적 욕망의 실현으로 오해하는 오류를 우리는 자주 범하고 있는 것은 아닌가? 교양의 획득을 자기완성이라는 목표를 달성하기 위한 과정으로 생각하지 않고, 남에게 자랑하기 위한 훈장으로 여기는 실수를 범하고 있는 것은 아닐까? 인간의 비속함을 꿰뚫어 본 공자는 남에게 자랑하기 위한 '위인지학爲人之學'을 하지 말고 자기완성을 위한 공부, 즉 '위기지학爲己之學'을 하라고 경계했다. 실제로 많은 성리학자들은 이런 역설적 생명관을 가지고 곧고 올바르게 살고자 했다. 대단히 엄격한 도덕철학이 아닐 수 없다.

정이천과 동시대에 또 다른 성리학의 대선배로 알려진 장횡거張橫渠(張載)라는 인물이 있었다. 그는 성리학의 선구자로 인정되기는 하지만, 기본적으로는 기 철학의 관점을 견지하던 사상가였다. 우리나라 조선 시대 기론 사상가로 유명한 서경덕徐敬德의 사상은 장횡거의 사상과 일맥상통하는 바가 있다. 장횡거는 기의 취산으로 생사를 설명하는 전형적인 기 철학자였다. 장횡거의 기론을 결집한 『정몽正蒙』이라는 책은 기 철학을 집대성한 저작으로 대단히 유명하다. 그리고 명말청초 위기의 시대에 장횡거의 사상을 발휘하여 더 높은 차원의 기 철학으로 승화시킨 사상가로 왕부지라는 철학자가 있다.

왕부지의 생사관 역시 전형적인 기 철학적 생명관을 벗어나지 않는다. 인간의 생명은 기의 바다[기해氣海] 안에서 일어나는 거대한 우주론적 순환의 일부다. 생명의 탄생과 생명의 소멸은 일기一氣의 취산에 불과하다. 어떤 성인이 다시 나타난다고 해도 그 삶과 죽음의 원리를 바꾸어 놓지는 못한다. 이런 원리를 깨닫지 못하는 사람은 생사의 의미를 깨달을 수 없다. 생명은 천지 사이에서 일어나는 일기一氣의 운화運化 과정 안에 있다. 왕부지는 그런 기의 운화 과정을 기氣의 인온絪縕이라고 부른다. 『주역』에서 말하는 '생생生生'이라는 말과 비슷한 의미가 있는 말이다. 생명의 탄생이 그렇듯 죽음 역시 기의 순환적 움직임의 일부다. 궁극적으로 인간은 태화太和(=태허太虛)의 신비 안으로 들어가 버린다. 태화太和는 대화大和라고도 말하는데, 기의 거대한 소용돌이, 대자연의 원초적인 근원 그 자체를 가리키는 말이다. 그런 태화의 원리를 깨달은 사람은 죽음의 상황에서도 마음의 평화를 잃지 않는다. 그리고 그런 사람은 죽음을 통해서 도리어 자연의 천리를 체득할 수 있다. 천리의 작용을 이해하는 사람은 죽음의 불안에 쫓기지 않는다. 그렇다고 삶을 함부로 내팽개치지도 않는다. 삶이든 죽음이든 그들에게는 둘 다 자연의 이치를 실현하는 과정이기 때문이다. 왕부지는 그런 깨달음을 자신의 주저 『장자정몽주』에서 이렇게 표현한다. "삶을 잘 완성한 사람은 죽음까지도 잘 완수한다. 죽음과 삶은 그 바탕을 바꾸지 않는다. 즉 삶과 죽음은 하나다. 삶과 죽음은 커다란 덕으로 서로를 관통한다."[17]

왕양명, 심즉리의 생사관

왕양명은 주자의 이학理學에 대항하여 심학心學을 발전 완성시킨 인물로 유명하다. 그러나 죽음 이해라는 관점에서 보면 양명의 심학 역시 기론의 범주를 크게 벗어나지 않는다. 양명학의 심학의 핵심은 주자학의 '성즉리性則理' 대신 '심즉리心則理'라는 말로 압축된다. 그러나 양명학의 심心과 리理는 글자는 동일하지만 주자학의 용법과 상당히 다르다는 사실을 기억해야 한다.

양명의 기본 입장은 생사生死를 낮과 밤이 교대하는 것과 같은 천지자연의 자연스런 현상의 하나로 보는 것이라고 말할 수 있다. 도대체 삶과 죽음이 무엇이란 말인가? 삶과 죽음은 천도天道의 일부다. 말은 쉽지만 누구나 쉽게 받아들이고 깨달을 수 있는 말은 아니다. 누구나 반드시 태어나고 죽지만, 그 태어남과 죽음의 도리를 누구나 깨닫는 것은 아니다. 이학이나 심학을 불문하고, 성리학적으로 보자면, 유학은 결국은 '성명性命'의 학문이다. '성명'이라는 말은 궁극적으로는 '생명(삶과 죽음)'을 의미하는 말이다. 단순히 육체적 생명이 아니라 정신적 생명을 포괄하는 생명이 '성명'이다.

'성명'에서 '성'은 주자학적으로 보자면 인간에게 부여된 도덕의 근거로서의 '천리'다. 앞에서 본 것처럼, 주자학에서 리理는 인간을 인간이게 하는 근거이며, 그것이 인간에게 품부(부여)되어 있을 때 성性이라고 한다. 그리고 리理와 성性은 결국은 같은 것이라는 의미에서 '성즉리性卽理'라는 개념이 성립한다. 리理가 도덕성의 근거라면, 성性 역시 도덕성의 근거다. 리理가 초월적인 형이상의 실체를 가리키는 개념이라면, 성性은 그 형이상의 실체를 인간적인 측면에서 본 개념이다. 성리학에서 성은 인간에게 주어진 초월성으로서, 인간의 도덕적 자질과 가능성을 의미하는 말로 사용된다.

성性으로 인해 인간은 동물이 아니라 인간이 되고, 인간에 고유한 도덕성을 도야하여 실현하는 것이 인간의 존재 이유가 된다. 그리고 '명命'은 운명이다. 하늘로부터 받은 운명, 즉 성공과 실패, 장수와 요절, 호운과 불운, 죽음과 삶, 전부가 '명'이다. 명은 하늘의 소관이라 인간이 어쩔 수 없는 것이다. 성리학에서는 『중용』의 "천명을 성이라고 한다[天命之謂性]"라는 명제를 근거로 명命은 하늘에서 준 것, 성性은 인간을 인간이게 하는 근거라는 의미로 '성명' 개념을 이해한다. 그렇다면 결국 '성명'이란 '인간이 하늘에서 받은 생명'을 가장 '인간적인 방식으로 발현하여 완성'해야 하는 것을 가리키는 말이라고 정의할 수 있다.

'성명'은 현대어의 '생명'과 대단히 가까운 의미의 개념이다. 실제로 근세 중국어에서 사람의 목숨을 '성명'이라고 말했다. 그러나 '성명'과 현대어 '생명' 사이에는 확연한 뉘앙스의 차이가 있다. 현대어 생명이 단순히 생물학적 생명을 지시하는 말이라고 한다면, '성명'은 '성'과 '명'이 결합된 복합어로서 육체적인 생명과 윤리적 가치의 실현을 포함하는 말이다.

'성'은 성리학이 출현하기 이전에는 '생'과 동의어로 이해되었다. 일반적으로 선진과 한당 시대의 주석가들은 성性을 생生이라고 풀이[訓]했다. 맹자의 논적 고자告子가 '생지위성生之謂性'이라고 하면서 성性을 생生이라고 풀이하는 것이 단적인 예다. 그러나 맹자는 성性이 단순한 자연적 욕구나 생물학적 생명이 아니라 도덕성을 포함한다고 주장하면서, 성性을 도덕성의 관점에서 이해하는 주자학적 사유의 단초를 열어 주었다. 주자학에 오면서 성은 '천지리(天之理, 하늘에서 부여받은 리)'라고 풀이하게 되고 그렇게 굳어진다.

인간의 삶이 완성되기 위해서는 하늘로부터 받은 인간의 근거인 도덕성을 고려하지 않을 수 없다. 리理와 동일시되는 '성性'은 인간다움의 근거이며, 그것 때문에 인간은 도덕적 존재가 될 수 있다. 나아가 도덕성의 발휘를 통해 자기실현을 이루는 것이 인간의 목표다. 그런 목표에서 멀어진 인간은, 모양은 사람이되 제대로 된 사람이 아니다. 인간은 자신에게 부여된 도덕적인 가치를 실현해야 하는 운명이 있고, 그런 운명에 순종해야 한다. 그런 의미가 '성명'이라는 말에 포함되어 있다. '성명'은 도덕성의 실현에 관심을 가질 때 비로소 제대로 된 인간일 수 있다는 윤리적 함의를 가진 말이다.

양명학은 주자학의 '성즉리'에 반대하여 '심즉리'를 내세운다. 주자학에서는 인간의 마음[心]을 천리가 품부되어 있는 '성性'의 부분과 육체적 욕구 및 감정과 연결된 '정情'이라는 두 부분으로 나뉘어 있다고 이해한다. 그런 주자학의 마음[心]에서 핵심적인 부분은 '정'이 아니라 '성'이다. 정情이 기氣와 연결되어 있다면, 성性은 리理와 연결되어 있기 때문이다. 따라서 주자학의 심心 이해에서 정말 중요한 것은 성性이고, 형이상의 실체로서 부여된 성性

이 완전하게 발현할 수 있도록 조건을 만들어 성의 본래성을 회복하는 것이 마음[心] 논의의 핵심이 된다. 이런 관점에서 심心은 성性을 담는 그릇으로서만 중요성을 가진다.

왕양명의 '심학心學'에서는 사정이 다르다. 인간의 마음인 심心은 단순한 그릇이 아니다. 심心은 인격의 전체이며, 인간의 총체적인 중심이다. 심은 성과 정으로 분리되지 않는 것이다. 양명학에서 '심'은 인간의 사려와 정서, 감정과 의지 전부를 포괄하는 개념이다. 양명은 심心의 역할을 주재主宰라고 말한다. 양명은 심心을 형이상의 성性과 형이하의 정情의 결합이 아니라 하나의 불가분적 전체라고 본다. 그리고 그 전체적인 심의 발용을 조정하는 것이 양명의 관심사가 된다. 주자학의 리理 우위적 관점을 왕양명은 받아들이려고 하지 않았다. 따라서 '성즉리'에서의 리理와 '심즉리'에서의 리理는 같은 말을 사용하지만 의미가 달라질 수밖에 없다.

주자학의 리는 인간에게는 성性이라는 형식으로 깃든다. 인간의 성性은 인간의 마음[心]에 깃든 형이상학적 실체인 천리로서 규정된다. 성性은 마음에 깃들어 있기 때문에 인간의 것이지만, 동시에 완전히 인간의 것이 아니라 하늘에 속한 것이기도 하다. 그것은 육체와 전혀 다른 원리에 따르는 초월적 실체다. 이런 주자학적 '성즉리' 이론은 사실 중국의 전통적인 사유 안에서는 수용되기 어려운 것이었을 수도 있다. 그래서인지 주자학은 원명元明 시대에 들어와 많은 비판자를 만나게 되고, 명말 이후에는 주자학적인 형이상학을 견지하는 사상가가 힘을 발휘하지 못하게 된다. 왕양명 역시 주자학의 '천리가 곧 성'이라는 형이상학적 '성즉리' 이론을 받아들이기 어렵다고 생각했다. 왕양명은 그 대안으로 '심즉리'를 제안한 것이다.

구조적으로 볼 때, 성즉리와 심즉리는 심과 성, 두 글자만 달라졌기 때문에 그 글자만 다르게 해석하는 것으로 충분하다고 생각할 수도 있다. 하지만, 그렇게 단순하지 않다. 그렇게 하면 양명학과 주자학의 근본적인 차이가 드러나지 않는다. 심 개념이나 성 개념의 차이도 중요하지만, 심과 성을 규정하는 리理 자에 전혀 다른 의미가 담겨 있다는 사실을 간과하기 때문이다.

양명의 '심즉리' 설에서 말하는 리理는 주자학적인 의미의 천리天理가 아니다. 만일 그 리를 주자학의 형이상학적인 리와 동일한 것이라고 본다면 양명의 '심즉리'는 완전히 이해할 수 없는 신비적이고 초월론적 입장이 되어버릴 위험이 있다. 양명이 말하는 '심즉리'는 인간의 마음[心], 성性과 정情으로 나눌 수 없는 인간 마음의 총체성을 그 자체로서 표현한다. 올바른 가치와 도덕성이 외부적인 리의 품부를 기다릴 필요가 없이 인간의 본래적인 마음 안에 다 갖추어져 있다는 의미다. '심즉리'는 마음[心]의 작용이 그 자체로 나름의 이치와 조리를 갖추고 있다는 의미이다. 간단하게 말하자면, 왕양명이 말하는 리理는 형이상학적인 천리天理가 아니라 기의 취합 과정에서 창발하는 조리條理다. 양명의 리理는 '심지리心之理', 즉 마음이 본래 갖춘 올바른 작동 방식으로서의 '마음의 조리'라는 말이다(앞에서 기 철학을 논의하는 과정에서 말한, 기의 결합 과정에서 '창발'하는 리 개념을 참조 바람). 양명학에서는 마음[心]과 대립되는 초월적인 리理를 따로 상정하지 않는다. 그런 리理는 처음부터 존재하지 않는다. 마음에는 외적이고 초월적인 리의 품부 여부를 기다릴 필요가 없이 내재적으로 도덕성 가치를 갖추고 있다. 처음부터 마음은 이치와 하늘의 덕성을 갖추고 있다. 왕양명은 인간에게 깃든 외적이고 초월적인 리理가 인간의 도덕성의 근거가 된다고 보지 않는다. 리理는 사물이 지닌 그 사물의 바른 존재 방식일 뿐이다. 마음의 리理 역시 초월적인 리理가 아니라 마음의 바른 존재 방식일 뿐이다. 그것이 조리條理라는 말의 의미다. 그것이 양명이 말하는 '심즉리'의 리理다. 마음 밖에 천리天理가 따로 존재하고 그 천리가 우리 마음에 깃들어 인간의 마음의 진실한 주인, 즉 성性으로 자리 잡는 것이 아니라는 말이다.

양명은 마음에 본래적으로 갖추어진 마음의 조리, 마음의 덕성을 '양지良知'라고 부른다. 물론 마음의 '양지'가 항상 있는 그대로 발휘, 발현되는 것은 아니다. 사념과 헛된 욕심이 끼어들고, 어리석음과 나약함 때문에 '양지'는 어둠에 휩싸여 버릴 수 있다. 그래서 '공부'가 필요하다. 마음의 '양지'가 제대로 발휘, 발현되는 것을 가로막는 다양한 사념을 제거하는 것이 '공부'의 목적이 되는 것이다.

그런 사념 중에서 가장 큰 것이 죽음에 대한 공포, 죽음에 대한 근거 없는 불안감이다. 양명은 그런 욕망과 사념의 때를 제거하는 것이 가장 중요한 공부의 과제라고 말한다. '양지'가 있는 그대로 발현하도록 하는 공부, 즉 '치량지致良知'의 공부다. '생사'의 도리에 대한 '투철한' 인식을 얻고 그 인식을 삶에서 실천하는 것이 공부의 관건이다. 앎과 실천이 합일되는 것이 깨달음[悟]이다.

그러나 이런 '치량지'의 공부는 무언가가 부족하다. 공부의 결과 '양지'는 본래의 모습 그대로 마음에서 발현하는가? 인간의 의지와 노력만으로 양지의 발현을 이룰 수 있는가? 거기서 공부를 하나의 강박으로 여기는 사념, 생사의 비밀에 대한 깨달음을 얻어야 한다는 불안감과 초조함이 오히려 더 자라는 것은 아닐까? 그런 불안감이 오히려 깨달음을 가로막는 것은 아닐까? 어쩌면 '공부' 자체가 필요 없을 수도 있지 않을까? 공부를 통한 '획득'보다는 버림을 통한 '비움', 무엇인가를 외부에서 얻으려고 하기보다는 내 마음을 가로막는 장애를 놓아 버리는 것이 더 긴요한 과제일 수도 있다. 내가 억지로 그렇게 하려고 한다고 양지의 발현이 일어나는 것은 아니다. 양지가 스스로 드러나도록 하는 것이 오히려 공부의 본질일 것이다. 그때 '양지'는 그 자리에서 문득 드러난다. 그것이 왕양명이 강조한 '양지良知의 현성現成'이다. 그런 깨달음과 함께 생사의 비밀이 스스로 봄눈 녹듯 녹아버린다. 생사의 비밀은 앎의 문제가 아니라 앎을 초월하는 경계에서 열리는 초탈의 경지다.

심성, 천리, 나아가 공부 방법의 차이가 주자학과 양명학의 차이를 초래한다. 그러나 그런 차이에도 불구하고, 주자학과 양명학의 공부가 지향하는 종점은 생사의 도리를 깨닫는 것이라는 점에서 사실 비슷하다. 양명의 심학 역시 성리학의 한 갈래로서, '성명'의 문제를 유교적 사유의 중심 문제라고 보았다. 왕양명은 '성명' 문제의 관점에서 '생사'를 바라보면서 다음과 같은 유명한 말을 남기고 있다.

> "학문과 공부는 일체의 외적 대상에 대한 욕구와 기호를 한꺼번에 다 떨쳐버리고 제거하는 것에 주안을 두어야 한다. 나아가 삶과 죽음에 대한 모든 사념까지도 털끝만큼도 남아 있지 않도록 버릴 때, 비로소 마음의 전체가 하나로 녹아서 일체가 된다. 사람은 삶과 죽음에 대한 사념을 태어나면서부터 가지고 태어난다. 따라서 그것을 없애기는 쉽지 않다. 그러나 이 시점에 도달하여 그런 사념을 바로 보아서 깨 버리고 투철하게 이해하게 되면, 이 마음의 전체가 비로소 아무런 장애도 없이 물 흐르는 듯 작용하게 된다. 이때에 비로소 '성性을 완수하고 명命을 지극하게'[盡性至命] 하는 학문이 완성되었다고 말할 수 있다." [18]

양명학이 강조하는 '진성지명盡性至命' 공부는 결국 '생사'의 비밀을 깨닫는 것을 목표로 삼는다. 그런 깨달음과 함께, 생사의 비밀이 저절로 녹아서 사라지도록 해야 한다. 양명에게 공부란 '성명'의 공부이고, '생사의 이치'를 깨닫는 공부이고, 생사의 비밀이 저절로 녹아서 사라지게 하는 공부였던 것이다. 그런 생사의 이치를 깨달은 사람은 "살아야 할 때에 살고 죽어야 할 때에 죽는다. 삶과 죽음을 적절히 조정할 수 있는 것, 그것이 다름 아닌 '양지'가 발휘되도록 한다는 것의 의미다. 그로써 스스로 만족을 구한다."[19] 양명은 살아야 할 때 진실하게 살고 죽어야 할 때 비겁하게 죽음을 피하려 하지 않는 의연한 태도를 갖는 일이 바른 삶이라고 말한다. '치량지' 공부를 통해서 생사 초월의 경지에 도달한 사람만이 할 수 있는 일이다.

실학자 당견의 생사관

15세기 중엽 이후에 명나라는 정치적 위기를 맞이한다. 국내 정치의 퇴폐와 외적의 침입으로 명 제국은 국가 존망의 위기를 맞이한다. 그런 위기 앞에서 유교 문명을 구원하고자 하는 다양한 반성과 대책이 제시된다. 그런 반성과 대책을 제시하는 사상적 입장을 포괄적으로 '실학'이라고 부른다. 실학의 계보에 속하는 사상가들로는 명말청초의 왕부지, 황종희, 고염무, 방이지, 당견, 진확 등을 꼽을 수 있다. 여기서 그들 실학자들의 생사관을 전부 다 살펴보는 것은 무리지만, 그중에서 당견唐甄의 생사관은 유교적 죽음 이해를 논의할 때 꼭 기억할 가치가 있다고 생각되어, 성리학의 죽음관에 대한 마무리로 언급해 두려고 한다.

“군자가 죽을 수 없는 상황이 넷 있다. 첫째, 간신이 권력을 농단하고 천자의 명령을 제멋대로 장악하고 있을 때 이를 구원하여 제자리로 되돌려 놓아야 하는 의무가 있는 군자는 죽을 수 없다. 둘째, 붕당이 서로 다투면서 싸움을 일삼으며 자신은 현명하고 다른 사람은 나쁘다고 비난하고 자신은 깨끗하고 다른 사람은 더럽다고 비난을 일삼는 상황에서 군자는 죽을 수 없다. 셋째, 쓰임을 받거나 버림을 받아도 그것이 국가의 안위와 관련되지 않았을 때에는 다투지 않는다. 그러나 맞서 싸우고 분노해야 할 만큼 안위가 걸린 때에는 죽을 수 없다. 넷째, 국가의 운명이 이미 기울어 사람이 그것을 어찌할 수 없고 군주가 이미 죽고 나라가 이미 망했고 군주를 보좌하는 신하나 나라를 지키는 신하가 아니라면 그것은 이미 지나간 일이니 군자는 죽을 수 없다. 이 네 가지 불사를 말하는 이유는, 죽음으로써 천하에 이익이 없기 때문이다. 따라서 군자는 죽지 않는다.”[20]

“그러나 죽어야 할 경우가 셋 있다. 몸이 죽음으로써 대란을 평정할 수 있다면 죽을 수 있다. 몸이 죽음으로써 국가를 보존할 수 있다면 죽을 수 있다. 몸이 죽음으로써 군주가 안전하게 된다면 죽을 수 있다.”[21]

부모로부터 받은 생명을 간직하고 지키는 것은 효孝의 기본이다. 하늘의 덕은 생명을 살리는 것이고, 그 하늘로부터 생명을 부여받은 인간의 의무는 생명의 가치를 완전하게 실현하는 것이다. 하지만 군자는 국가 · 군주 · 천하의 안위가 위기에 처해 있을 때, 목숨을 바쳐 그것을 보호할 의무가 있다. 일신의 생명보다 더 중요한 것을 위해 생명이라도 바치는 것이 정당한 때가 있을 수 있기 때문이다. 공자가 말하는 ‘자기 몸을 희생하여 인을 이루는 것

[殺身成仁]'이나, '아침에 도를 들으면 저녁에 죽어도 좋다[朝聞道夕死可矣]'라는 생사관은, 이처럼 모순되는 가치가 충돌하는 상황에서 대의를 위해 생명을 바치는 것이 정당하다고 말해 준다. 그러나 사회가 요구하는 대의가 위정자들의 자신의 안일을 지키기 위해 날조한 대의일 위험성은 언제나 존재한다. 국가 사회의 이름으로 위정자 집단이나 기득권자 집단의 이익을 지키기 위해 힘없는 백성의 희생을 요구하는 거짓 대의가 횡횡하는 시대에, 진정한 대의와 가짜 대의를 구별하는 것은 쉽지 않다. 당견은 그런 위기의 시대를 살았다. 그는 '사불사四不死'와 '삼사三死'를 구분하여 논의한다. 죽어서는 안 되는 때와 더 큰 대의를 위해 죽을 수도 있는 결단을 해야 할 때를 구분하는 능력과 안목, 그것이 진정한 '지혜'라고 말할 수 있을 것이다.

공자의 '살신성인殺身成仁'은 '인을 이룬다'[成仁]라는 조건을 완수하기 위한 것이 아니라면 '몸의 죽음'[殺身]은 불가하다는 것을 강조한 말이라고도 볼 수 있다. 공자의 말은 결코 죽음을 가벼이 보아도 좋다는 뜻이 아니다. 마찬가지로 당견 역시 생명을 가벼이 여길 수 있다고 말한 것은 아니다. 죽어서 대의를 이룰 수 있을 때, 그의 몸은 죽지만 그의 이름은 영원히 산다. 그런 생각을 통해서 유교는 몸의 불사가 아니라 인격의 불멸과 명예의 불멸을 추구한다. 그것이 다음 장에서 논의할 '삼불후'의 사상이다.

제6장 | 삼불후, 유교적 불멸의 탐구

오륜, 유교의 근본 도덕

죽음은 삶과 뗄 수 없는 관계에 있다. 따라서 죽음을 이야기하기 위해서는 먼저 삶이 무엇인지 생각해 보아야 한다. 삶을 모르기 때문에 죽음에 대해 이야기하는 것이 정말 무의미한가, 아니면 죽음에 대한 진지한 사색 없이 의미 있는 삶을 살아 낼 수 없는가, 어느 쪽이 옳다고 단정하기는 어렵다. 죽음에 대해 알 수 없는 것은 분명하지만, 삶 또한 알기 어려운 것이기는 마찬가지다. 삶과 죽음의 정체를 분명하게 알 수 없지만, 적어도 인간은 삶과 죽음의 의미에 대해 사색하지 않고는 견디지 못하는 존재다. 삶과 죽음의 의미 탐색은 그 자체가 인간의 본능이라고 할 수 있을 정도로 절실하다.

죽음에 대한 사색은 언제나 삶에 대한 사색과 뗄 수 없는 관계를 가진다. 죽음에 대한 생각은 필연적으로 삶을 묻게 만들기 때문이다. 바른 삶에 대해 알 때에만 죽을 때를 선택하는 지혜를 터득하게 된다. 죽음은 삶과 연속되어 있다. 삶이 다하는 지점에서 죽음이 시작되는 것이다. 삶에 대한 집착과 욕망이 아무리 강해도 언젠가는 죽어야 한다. 자로 역시 그런 한계 상황을 절감하면서 죽음의 의미에 대해 물었을 것이다. 삶에 대한 관심과 욕망 때문에 우리는 죽음 문제에 관심을 가지게 되는 것이다. 사람이 죽은 다음에도 소멸하지 않는 영혼이 존재하는가? 영혼이 존재한다면 그 영혼은 어디로 가는가? 영혼이 없다면 죽은 다음에 어떤 일이 벌어지는가? 인간의 영혼은 영원히 존재하는가? 아니면 영혼 역시 시간이 지나면 소멸되어 흩어져 버리고 마는가? 꼬리에 꼬리를 무는 수많은 의문을 안고 우리는 살아간다.

유교의 출발점은 사회적 존재로서 사람들 사이의 관계에 대한 사색이다. 유교적 죽음 사유는 사회적 존재로서 사람의 삶의 끝에서 맞닥뜨리는 미지의 사건에 대한 사유다. 인간의 사회적 관계를 유교에서는 '인륜人倫'이라고 부른다. 인륜이란 사회적 존재로서 사람들 사이의 관계에 대한 의무와 책임이다. 사회생활에서 만들어지는 사람들 사이의 관계는 다섯 가지로 집약된다. 그래서 '오륜五倫'이라는 말이 나온 것이다. 유교의 오륜은 고리타분하고 보수적인 도덕이라고 오해받고 있지만, 반드시 그렇게 볼 이유는 없다. 사람이 사는 세상 어디서든 사람은 사회적 존재로서 살아간다. 유교의 오륜은 지극히 보편적인 인간적 삶의 방식을 정식화한 것이라고 말할 수 있다.

인간이 사회생활을 하면서 맺는 인간관계는 다섯 가지로 압축 가능하다. 그리고 그것을 더 압축적으로 표현한 것이 '삼강'이다. 유교하면 떠올리는 '삼강오륜'은 인간으로서 맺는 사회적 관계를 의미한다. 오륜은 '부자父子' '군신君臣' '부부夫婦' '장유長幼' '붕우朋友'의 관계며, 삼강은 '군신' '부자' '부부'의 관계다. 그 삼강오륜은 유교 윤리의 핵심에 그치지 않고 보편적 인간 관계론이라고 평가해도 손색이 없는 풍부한 의미를 가지고 있다.

먼저 오륜에 대해 생각해 보자. 사람은 반드시 부모와 자식으로 사회 안에 존재한다(부자). 동시에 사람은 지배자(상사)이거나 피지배자(부하)로서 살아간다(군신). 사람은 동년배들과의 관계 안에서 살아간다(붕우). 사람은 남편이거나 아내로서 다른 사람과 관계를 맺는다(부부). 그리고 마지막으로 사람은 연장자이거나 연소자로 세상을 살아간다(장유). 이런 관계망을 벗어나서 사람은 사회적 삶을 영위할 수 없다. 그리고 이런 관계망 없이 존재하는 사람은 없다. 물론, 과거보다 훨씬 더 복잡한 세상이 되어 버린 현대에는 이런 관계들 이외에도 새로운 형태의 관계들이 만들어지고 있다고 생각될 수도 있다. 사제 관계라든가, 회사의 동료 관계, 그리고 물건을 파는 사람과 물건을 사는 사람들 사이에 맺어지는 관계 등, 사회가 복잡해지면서 확장된 새로운 유형의 관계를 생각할 수 있기 때문이다. 그러나 그런 새로운 관계들도, 조금만 더 생각해보면, 위에서 말한 오륜 안에 포함된다고 볼 수 있다. 예를 들어, 사제 관계는 연장자와 연소자의 관계 혹은 아버지와 자식, 혹은 군신 관계 안에 포함시킬 수 있다. 동료 관계는 당연히 붕우 관계나 장유 관계, 혹은 상하 관계에 포함시킬 수 있고, 고객은 상하 관계나 붕우, 혹은 장유 관계 안에 포함시킬 수 있다. 이런 여러 유형의 인간관계의 가능성을 최소한의 틀로 압축적으로 망라하여 정리한 것이 '오륜'이다.(오륜은 세상 만사를 다섯 가지 유형으로 분류하는 방식인 오행 관념과도 무관하지 않다.)

혈연의 연속성, 사회의 연속성

오륜 중에서 가장 근본이 되는 것이 '부모-자식[父子]' 관계다. 그런 부모와 자식 관계를 규율하는 원리가 효孝이고 자慈(자애)다. 부자父慈, 자효子孝인 것이다. 인간의 사회라면 반드시 자식의 부모에 대한 효孝와 부모의 자식에 대한 자慈가 인간 삶의 기초가 된다. 인간적 유대 감정의 출발점이 효자孝慈이기 때문이다. 문화마다, 시대마다 효자의 구체적 실천 방식에 차이가 있을 수는 있다. 효자의 구체적인 내용은 시간과 더불어 변화할 수도 있다. 하지만, 효자의 가치를 부정하는 사회는 없다. 그런 근본적인 인간 관계[倫]의 도리[理]를 윤리倫理라고 부른다.

모든 인간은 '부모와 자식'으로서 세상을 살아간다. 하지만 사람은 누군가의 자식으로 세상에 태어나지만 누구나가 부모가 될 수 있는 것은 아니다. 적어도 유교에서는 짝을 찾지 못하고 홀로 사는 사람은 불완전한 사람이거나 불행한 사람이라고 생각되었다. 물론 자식을 갖지 못하는 경우도 불행한 사람이라고 생각되었다. 유교에서는 홀로 된 사람은 다 불완전하고 불쌍하다고 생각한다[환과고독鰥寡孤獨]. 한 사회의 윤리는 그 사회의 성질을 반영한다. 전통적인 농업경제를 전제로 삼았던 유교가 그런 윤리를 발전시킨 것은 당연히 납득할 수 있다. 오늘날 결혼하지 않은 사람을 불완전하거나 불행한 사람이라고 보지는 않는다. 그러나 최근 인구 감소가 현실화되면서 자녀를 생산하는 것이 중요한 가치로 부각되는 것은 흥미롭다.

가치는 시대에 따라 사회적 요구에 따라 변할 수 있다. 그런 변화를 무시하고, 갖가지 현대적 '~이즘'의 관점에서 무엇은 반드시 옳고 무엇은 절대 안 된다는 사고는 오히려 사회 발전에 장애가 될 수 있다. 도덕도 변하고 가치도 변한다. 유교도 변했고 앞으로도 변할 것이다. 모든 종교가 그렇다. 변화에 적응하는 종교는 살아남지만, 그렇지 않은 종교는 사라진다. 유교는 약 1~2세기 전에 세계의 변화를 따라잡지 못했기 때문에 실패했다. 물론 변화를 수용하려는 시도가 없었던 것은 아니지만, 성공적이지 못했다. 그러나 유교가 완전히 죽은 것은 아니다. 완전히 죽어 버리는 사상은 없다. 죽은 듯 보이는 불씨가 살아나서 초가삼간을 태우고 마을을 통째로 불살라버리는 법이다.

전통적 유교사회에서 부(모)자 관계는 인륜의 중요한 축이라고 생각되었다. 부자 관계가 없이는 인간의 존속 자체가 불가능해지기 때문이다. 부모는 자식을 사랑하고 자식은 효를 다한다. 부자지륜父子之倫의 핵심은 '부자父慈, 자효子孝'다. 아버지가 인자하고[父慈], 자식은 효성을 다하는[子孝] 것의 가치를 부정하고서 인간 사회는 절대로 유지되지 않는다.

부자 관계 다음으로 중요한 것은 군신(지배-피지배) 관계다. 사람은 이미 확립된 사회 안에서 태어난다. 사회는 반드시 지도자(군주)와 신하(백성)로 이루어져 있다. 따라서 사람은 백성 혹은 백성을 대표하는 군주 둘 중의 하나로 살아간다. 말의 형식에 집착하여, 군신 관계를 단순히 봉건적인 개념으로 생각해서는 안 된다. 민주 사회와 군주 사회는 구조적으로 분명히 다르다. 그러나 사회를 대표하는 지도자는 반드시 존재한다. 물론 대표자를 선출하는 방식은 다르다. 지도자가 선발되고 유지되고 교체되는 방식 차이가 그 두 사회의 차이를 결정한다. 그러나 어떤 방식이든 지도자가 없는 사회는 없다. 사회의 지도자는 그의 개인적 인격이나 자질 때문이 아니라, 대표자이기 때문에 존중을 받는다. 높은 인간적 자질의 지도자를 가진 경험이 많지 않은 우리로서는 아쉬운 일이지만, 지도자는 지도자로 선출되었기 때문에 특권을 누린다. 높은 인격을 가진 인물이 지도자가 되는 것이 가장 바람직하지만, 지도자는 '일단은' 사회를 대표하는 사람으로서 존중을 받는 것이다. 물론 유교는 부적절한 지도자를 방출하는 혁명의 권리까지도 인정한다. 대단히 진보적이지 않은가?

이처럼 오륜 중에서 부자, 군신 관계가 가장 중요하다는 것은 분명하다. 부자, 군신 관계 다음에 부부, 형제(연장자와 연소자), 붕우 등의 나머지 관계들이 따라나온다. 오륜은 인간 사회를 작동시키고 유지하는 '바퀴' 같은 것이다. 인륜人倫, 오륜五倫의 륜倫은 '사람의 바퀴'다. 륜倫이라는 글자는, 사람[人]과 둥근 것[侖]을 의미하는 요소가 합쳐서 만들어진 글자다. 차車와 륜侖이 결합하면 바퀴 륜[輪]이 된다. 마차에 바퀴[輪]가 없으면 마차가 굴러가지 않는다. 마찬가지로 사람 사는 세상에서 '사람의 바퀴', 즉 인륜[倫]이 사라지면 세상은 움직이지 않는다. 사람의 관계로 형성되는 바퀴(인륜) 때문에 사회는 굴러간다. 오륜은 인륜을 구성하는 다섯 개의 바퀴살에 비유할 수 있다. 사회라는 마차를 움직이고 조종하는 것은 마부다. 마부가 마차를 조종해야 하지만, 모든 사람이 마부가 될 수 없다. 사회 역시 마찬가지여서, 모든 사람이 지도자의 역할을 맡을 수는 없다. 이 경우 군주는 마부에 비유할 수 있다. 마부의 역량이 뛰어나면 마차는 바른 방향을 잡아서 나갈 수 있다. 때로 예기치 않은 곤란이 발생해도 능숙한 마부는 난관을 쉽게 극복한다. 미숙한 마부는 간단한 장애물을 만나도 당황하고, 결국 마차가 뒤집어지는 상황을 초래하고 만다. 마찬가지로 군주의 역량이 뛰어나면 사회는 잘 작동한다. 군주를 선출하고 지지하는 것은 결국 백성이기 때문에, 백성의 자질 또한 무시할 수 없다.

인륜이라는 바퀴의 바퀴살 중에서 하나라도 고장이 나면 마차는 삐걱거리고 비틀거릴 것이다. 다섯 바퀴살 중에서 하나라도 고장이 나면 사회 전체가 멈추어 설 수 있다. 현대사회에서는 인륜이 사회를 지탱하는 방식이 달라졌지만, 인륜 없이는 사회가 작동하지 않는다는 점에서는 변함이 없다. 유교는 '인륜'의 복원을 통해 사회를 제대로 움직이게 만드는 것을 목표로 삼는 사회 운영의 철학이다. 사회 운영을 정치라고 말할 수 있다면, 유교는 결국 정치 철학이다. 바퀴가 고장 나면 아무리 힘 좋은 말이 끌어도 마차는 움직이지 않는다. 법과 힘에 의한 강제만으로 사회는 굴러가지 않는다. 인륜의 가치를 내면화하고 실천하지 않은 사회는 절대 제대로 작동하지 않는다. 정치 철학인 유교의 관심은 사회가 순조롭게 작동하도록 만드는 것이다. 유교가 인륜 문제에 절대적인 관심을 가지는 이유가 그것이다. 그것 없이 사회는 작동하지 않고, 존속할 수 없기 때문이다.

최근 우리 사회에서는 '인성' 교육 이야기가 자주 나온다. 그러나 그런 말을 들먹이는 사람들이 '인성'을 무엇이라고 생각하는지 분명하지 않다. '인성교육진흥법 시행령'이 시행될 것이라는 소식이 들리기도 한다. 2015년 2학기부터 전국 648만 명 초·중등학교 학생들의 인성을 측정한다는 것이 내용이다. 웃음이 나오지 않는가? 인성이 결국 사지선다형 시험으로 측정된다니 기가 막히다. 무엇을 어떻게 해야 하는지 몰라서 비도덕적인 사람이 되고 있는가? 모든 국민을 이중인격자로 양성하는 교육이 시작되었다는 생각이 든다. 시험 답안지에서의 정답과 실제 삶에서의 답이 다르니, 어쩌자는 말인가? 도대체 교육의 수장이나 국가 지도자라는 사람들이 자기가 하는 말의 의미에 대해 최소한의 이해나마 하고 있는지 의심스럽다.

인성은 추상적인 인간성이나 인간 본성이 아니다. 사지선다형으로 측정할 수 있는 것은 더더욱 아니다. 막연하게 좋은 사람, 공손하고 순종적인 인간을 기르는 것이 인성 교육의 목표가 아니다. 구체적인 목표가 없으니, 말만 무성하고 결과가 없다. 과녁이 정해져야 화살을 쏠 것이 아닌가. 유교적인 의미의 '인성'은 인간들 사이의 관계가 가진 의미를 이해하고 실천하는 것이다. 민주주의적 인성 교육이 유교적 인성 교육과 반드시 모순된다고 생각지는 않지만, 어떤 식의 인성 교육도 과녁으로서 설정 가능하다. 어쨌든 중요한 것은, 정확한 비전을 가지고 과녁을 정하는 것이다. 어떤 이념에 근거하더라도, 사람이 사는 사회인 이상 사람들 사이의 관계 윤리에서 출발하는 사람 사는 방식이 확립되어야 할 것이다. 여기서 오륜을 이야기한다고 해서, 기원전 5세기적인 의미, 혹은 17세기적인 의미의 인간관계의 윤리를 회복해야 한다는 말은 아니다. 21세기, 오늘의 대한민국에서 필요한 인륜, 21세기의 요구에 맞게 재구성된 인륜을 아동 교육, 학교 교육, 시민 교육의 대강으로 삼아야 한다는 것이다. 어떤 내용을 가지고 있든, 어떤 방식의 인간관계를 복원하는 것이 바람직한지 충분히 논의되어야 한다. 최근 우리 사회에서 이야기되는 인성 교육이 아무런 밑그림도 없이 막연한 구호로 제시되는 것은 아닌가 하는 의구심을 갖게 된다.

친친, 존존과 삼년상

앞에서도 말했듯이, 전통 유교에서 가장 중요한 인간관계가 부자 관계와 군신 관계다.[1] 유교의 전문적인 개념을 동원해서 말하면, 전자가 친친親親이고 후자가 존존尊尊이다. 친친親親과 존존尊尊은 유교가 관심을 가지는 인륜 사유의 두 축이다. 전통적 국가론에서 가국일체家國一體는 사회 구성의 이상이었다. 국가를 가족의 확대 형태라고 생각하는 것이 가국일체 구조론이다. 그런 가국일체론이 이상적으로 실현되는 상태에서는 친친과 존존은 동일한 의미가 있다고 말할 수 있다. 그러나 실제 현실에서 가국일체는 실현되지 않는다. 시대가 흐르고 가족으로 분화가 거듭되는 과정에서 가국일체는 껍데기만 남은 이념이 된다. 그 결과, 친친과 존존의 갈등이 발생한다. 공적인 국가의 질서와 사적인 가족의 질서가 충돌하는 경우가 발생하는 것이다. 상위 혈연자에 대한 '효성[孝]'과 정치적 지도자에 대한 '충성[忠]'이 충돌하는 것이다. 유교 현실 정치에서 친친과 존존의 충돌 문제가 끊임없이 발생했던 이유는 이상적인 가국일체의 이념이 실현되지 않았기 때문이다. 친친과 존존이라는 인륜 사유의 두 축은 상례 및 장례, 그리고 제사 등 유교 의례의 장에서 가장 극적으로 구체화된다. 삶에서 중요한 관계는 죽음의 상황에서도 중요하기 때문이다.

사람이 죽으면 그 사람을 사회에서 제대로 분리시켜야 한다. 그런 분리의 의식이 상례와 제사다. 상례에서는 생전의 인간관계의 중요성, 즉 관계의 가깝고 멂, 즉 친소親疎에 따라 상복을 입는 기간을 달리 정한다. 부모 자식 관계가 중요하고, 그중에서도 부자 관계가 더욱 더 근본적이라고 보기 때문에, 부모의 상에서는 삼년상을 요구한다. 부친과 모친은 삼년상인 점에서는 같지만 상복에서 차이가 난다(親親의 의례). 군주와 신하의 관계에 대해서도, 부모 자식의 관계와 동일한 정도의 중요성을 부여했기 때문에 군주의 죽음에 대해서도 삼년상을 요구했다(尊尊의 의례). 삼년상은 현대 경제의 입장에서는 보면 낭비이고 비효율일 수 있다. 그러나 현대처럼 변화가 빠르지 않았던 전통 사회에서는 사회를 작동시키는 가장 중요한 인간관계가 그런 의례에 의해 구체화되었기 때문에, 일시적인 효율성보다는 장기적인 안정성을 선택했고, 그 결과 삼년상이 채택되었다고 이해할 수 있다.

물론 과거에도 사회적 효율과 경제성을 중시하는 입장에서 삼년상을 반대하는 사람들이 없었던 것은 아니다. 그러나 전통 시대에 유교는, 효율성보다 사회의 안정적 지속에 더 큰 중요성을 부여하면서, 삼년상을 원칙으로 규정하기에 이르렀다. 그러나 공자가 현대에 다시 살아 나온다면, 삼년상이 너무 길다고 말하지 않으리라는 보장은 없다. 의례는 이념을 구체화한 것이기 때문에, 의례를 통해서 이념이라는 배경을 엿볼 수 있다. 시대가 바뀌면 종교의 이념도 달라진다. 시대의 흐름에 적응하기 위해 종교는 이념을 조정하고, 이념을 표현하는 의례도 변화한다.

제사는 효의 연장이다

유교에서는 영혼 불멸의 관념이 존재하지 않는다. 사람이 숨이 끊어지면 혼백은 신체를 벗어나 하늘과 땅으로 돌아간다고 믿었다. 혼백은 간단하게 귀鬼(귀신)라고 불리기도 한다. 그리고 그 귀鬼(귀신)는 본래의 장소로 돌아간다는 의미에서 귀歸(돌아감)라고 해석되었다. 혼백은 처음부터 귀신[鬼] 관념과 관련이 있다. 혼백이라는 글자 자체가 귀鬼를 전제로 삼기 때문이다. 혼魂은 운云과 귀鬼가 결합된 글자다. 그리고 백白과 귀鬼의 결합이 백魄이다. 혼魂은 구름처럼 하늘로 올라가는 귀鬼이고, 백魄은 백골에 깃들어 있다가 사람이 죽으면 땅으로 돌아가는 귀鬼다. 글자 자체의 구조를 통해서 알 수 있는 것처럼, 귀 개념이 혼魂이나 백魄 개념보다 선행하며 근원적이다.

그리고 귀鬼라는 글자는 사람을 의미하는 인人 자를 구성 요소로 삼고 있다. 결국 귀鬼는 본래 사람이 죽은 다음에 신체를 벗어난 초월적 존재를 가리키기 위해 만들어진 글자였다. 사람에 깃들어 있던 생명력이 사람의 죽음과 함께 신체에서 떨어져 나와 독립적으로 존속하게 된 것이 귀鬼다. 나중에 음양 이기론이 등장하고, 그런 관점에서 기가 귀신을 구성하는 질료라는 생각도 만들어진다. 그런 관점에서 귀 역시 양의 성질을 가진 귀와 음의 성질을 가진 귀로 나뉘며, 양기인 혼은 하늘로 음기인 백은 땅으로 돌아간다는 관념도 형성되었다.

한자어로 죽은 사람을 '귀인歸人'이라 부른다. 우리말로 사람이 죽는 것을

'돌아갔다'고 표현하는 것과 일맥상통하는 것이다. 사람이 죽으면 이 세상의 풍파에서 해방되어 천지의 본래적 자연으로 돌아간다. 그래서 그 사람은 귀인이고, 돌아간 사람이 되는 것이다. 죽음이란 고향을 떠나 있던 사람이 다시 고향으로 돌아가는 일과 다를 바 없다는 의미에서 '시사여귀視死如歸'라는 말도 널리 사용된다. 죽음이란 천지자연으로 되돌아가는 일에 불과하다. 기뻐하지는 못할망정 특별히 비통해 할 이유가 없다는 말이다. 사람이 죽으면 사람을 구성하던 정기精氣와 형구形軀(신체)가 분리된다. 그런 분리에 의해 정신 활동이 정지한다. 유교에서 정신 활동[心]은 감각과 감정에 연결되어 있다. 감각이 정지하면서 정신 활동이 정지하는 것이다. 그리고 그런 죽음의 순간 생명력의 근원인 혼과 백은 신체를 떠나서 본래의 자연 안으로 되돌아간다고 여겨졌다. 따라서 유교적 죽음 의례에서는 사람의 숨이 멎으면 죽은 사람의 신체를 막 벗어나 하늘로 돌아가는 혼魂을 신체 안으로 다시 불러들이려는 시도를 한다. 그런 의례적 절차를 복復(다시 불러들인다) 혹은 초혼招魂(혼을 불러들인다)이라고 부른다. 그런 시도에도 불구하고 혼이 신체로 다시 돌아오지 않으면, 그 사람은 완전히 죽은 사람으로 인정된다. 초혼의 시도가 실패로 돌아간 다음에, 주검을 정리하는 염殮의 절차가 시작된다.

신체를 벗어난 양기는 혼이 되어 하늘로 돌아가고, 음기는 백이 되어 땅으로 돌아간다. 그렇게 자연으로 되돌아간 혼백魂魄은 일정 기간 세상 주변에서 존속한다고 생각된다. 그리고 그런 혼백(특히 혼魂)을 귀신[鬼]이라고 부른다. 사람이 살아 있을 때는 정기의 활발한 활동에 의해 생명이 존속되고, 정신 활동이 계속된다. 그리고 사람이 죽으면 혼백이 몸에서 분리되고 귀신이 된다. 유교의 조상숭배, 제사 의례는 혼백의 관념, 귀의 관념에서 도출되어 나온 것이다. 돌아가신 조상의 혼백, 즉 조상의 귀신이 이 세상을 완전히 떠나지 않고 세상으로 다시 돌아와 후손과 감응感應한다는 믿음이 제사(조상 숭배)의 전제로 깔려 있었다. 조상의 혼백, 즉 조상의 귀鬼가 후손의 정신과 교감할 수 있는 이유는 조상과 후손이 성질이 비슷한 기氣를 나누어 가지기 때문이다. 비슷한 성질을 가진 종족의 기는 공명共鳴할 수 있다. 동일한 성질을 가진 기의 공명을 감응感應이라고 한다. 조상의 귀신은 후손이 드리는 제사에 대해 감응하고, 제사에 대한 보답으로 후손에게 복을 내려 준다. 그러나 후손의 제사를 받지 못하는 혼백, 즉 귀신은 제사를 차려 주지 않는 인간 세상에 대해 원한을 품고, 복이 아니라 화禍(재앙)를 내린다.

사람은 죽어서 귀신이 된다. 그리고 그 귀신(혼백)은 살아 있던 동안의 생명의 힘의 관성 때문에 완전히 세상을 떠나지 못하고 사람이 사는 세상 주변에 머물러 있다. 이 책의 2장에서 『좌전』과 『예기』의 귀신론을 이야기할 때 살펴본 것처럼, 살아 있는 동안 좋은 음식과 좋은 환경에서 살았던 사람은 죽어도 기가 흩어지지 않기 때문에, 오랫동안 세상 언저리에 남아 있다고 하는 믿음이 있었다. 그러나 귀신 역시 언젠가는 자연 속으로 흩어지고 만다.

후손은 돌아가신 귀신(혼백)에게 제사를 드려 부모와 조상에 대한 친애의 감정을 표현한다. 살아 있을 때는 좋은 음식으로 봉양하고 돌아가시면 제사를 드려 친애의 감정을 표현하는 것이다. 그것은 가장 기본적인 효의 실행이다. 효는 부모가 살아 계실 때 의식주를 보살피고 돌아가시면 제사를 드리는 것으로 실천된다. 사람은 죽어서도 자손과의 관계를 일정 기간 동안 계속 유지한다. 돌아가신 조상은 일정 기간 동안 후손을 완전히 떠나지 않는다. 눈에 보이지 않는 존재이지만 귀신은 마치 살아있는 것처럼 후손의 섬김을 받는다. 귀신은 눈에 보이지는 않지만, 여전히 가족의 일원으로 산다.

후손은 조상의 귀신을 생전의 어른을 섬기듯 섬긴다. 사람이 죽어서 귀신이 되지만 친애의 감정은 쉽게 버릴 수 있는 것이 아니다. 따라서 귀신을 섬기는 제사는 마치 산 사람을 섬기는 것처럼 정성을 쏟아야 한다. "제사를 드릴 때는 마치 거기에 있는 것처럼 했다. 그리고 귀신을 제사 지낼 때에는 귀신이 마치 거기에 와 있는 것처럼 했다."[2]는 공자의 말은 바로 그런 정성 어린 태도를 말하는 것이다. 죽은 사람을 섬기는 것을 마치 산 사람을 섬기듯이 한다는 말이다. 가족의 일원으로서, 제사를 통해서 섬김을 받는 귀신은 마치 살았을 때 집안에 머무는 것처럼 생생하게 가족 안에서 머문다고 여겨진다.

"귀신의 덕은 성대하도다! 보려고 해도 보이지 않고 들으려고 해도 들리지 않지만, 귀신이 체현하는 덕은 함부로 버릴 수 없다. 세상 사람으로 하여금 재계하고 성복하여 (죽은 사람을 받드는) 제사를 실천하도록 해야 한다. 마치 하늘에 존재하는 듯, 그리고 마치 좌우에 존재하는 듯, 귀신의 덕은 흘러넘친다."[3]라고 한 것은 귀신의 생생한 임재감을 표현한다. 그렇기 때문에 귀신을 섬기는 제사는 진짜 효자라야 비로소 제대로 실행할 수 있다. "성인이라야 상제에게 제사를 올릴 수 있다. 그리고 효자라야 돌아가신 부모에게 제사를 드릴 수 있다. 제사를 드리기 위해서는 먼저 방향을 정해야 한다. 제사를 올릴 대상을 향해 바르게 방향을 정해야만 비로소 제대로 된 제사를 드릴 수가 있는 것이다."[4] 그리고 효자라야만 돌아가신 조상을 위해 "종묘를 짓고 조상의 귀신에 제사를 바칠 수가 있다"[5]고 말한다.

제사의 사회적 기능

효자는 조상의 사회적 지위를 계승하면서 조상의 역할을 계속해야 하는 임무를 가진다. 그리고 효자는 "조상이 차지했던 지위를 차지하고 그들이 실행했던 예와 음악을 실행하며, 그들이 존경했던 인물을 존경하고 그들이 친애했던 인물을 친애해야 한다(즉 조상과 같은 사회적 지위를 유지한다.). 돌아가신 부모 섬기기를 그들이 살아있을 때처럼 해야 하며, 죽은 사람 섬기기를 마치 산 사람을 섬기듯 해야 한다. 그렇게 할 때 비로소 지극한 효를 실행했다고 평가할 수 있다."[6] 『예기』「중용」의 말이다. 산 사람을 모실 때의 정성으로 돌아가신 부모를 모실 수 있어야 효자라는 명예를 얻을 수 있다. 유교에서는 산 사람을 모시는 양생養生과 돌아가신 부모에게 제사를 드리는 송사送死는 동일한 것의 양면이다.

유교적 이상 정치를 논의하는 『예기』「예운」에는 이런 말이 있다. "예禮와 의義는 인간의 가장 기본적인 일이다. 따라서 산 사람을 보살피고 죽은 사람을 섬기는 양생송사養生送死가 귀신을 섬기는 데 가장 중요한 일이다."[7] 귀신을 섬기는 일, 즉 죽은 사람을 잘 보내고 그들의 혼백을 섬기는 일이 정치의 관건이라고 역설한 것이다. 그런 양생과 송사의 효를 제대로 실천할 수 있는 지도자라야 비로소 제대로 국가를 다스릴 수 있다. "하늘과 땅에 바치는 제사는 상제上帝를 섬기는 일이다. 종묘宗廟의 의례는 선조先祖에게 제사를 드리는 것이다. 천지의 제사와 조상의 제사를 이해하는 사람에게 국가를 다스리는 일은 마치 손바닥을 뒤집는 것처럼 쉽다."[8] 효자의 진심 어린 제사 활동을 통해서 조상의 신명神明의 덕과 통할 수 있다. 가국일체家國一體 구조를 이념으로 삼는 유교에서는 귀신을 섬기는 일과 효제의 덕을 실천하는 일, 그리고 나라를 다스리는 일은 하나라고 본다. 죽은 자를 잘 보내는 일이 국가를 다스리는 일의 전제가 된다고 말하는 이유다. 위의 글에서 이어지는 부분에서 「예운」의 저자는 다음과 같이 결론을 짓는다. "따라서 성인이라야 예가 사람 사는 데 없을 수 없다는 사실을 안다. 국가가 망하고 가문이 망하고 사람이 망하는 이유는 먼저 예를 없애버렸기 때문이다."[9]

이처럼 정치 세계 및 가정과 개인의 삶은 귀신에 대한 제사를 통해서, 제사를 중심으로 삼는 넓은 의미의 예의 실천을 통해서 최종적인 완성에 이른다. 단순히 제사의 형식을 다하는 것만으로 윤리와 도덕이 완수되는 것이 아니다. 형식에 수반되는 진심이 따를 때 형식은 윤리적 행동으로 인정받을 수 있다. 혈연을 기초로 삼는 '인륜'은 부모와 조상의 죽음으로 단절되는 것이 아니라 죽음으로 인해 그 깊이가 확보되고, 삶과 죽음이 연속되어 있다는 생사일여生死一如의 관념은 삶의 의미를 강화하는 원리로 승화될 수 있다. 삶과 죽음이 절대적으로 단절되는 것이라는 합리주의적 관점이 유일한 진리로 받아들여지는 현대사회 안에서, 보이지 않는 초월 존재인 귀신에게 제사를 드리는 활동은 미신이거나 무지의 소치, 혹은 비과학적인 태도로서 비난받을 가능성이 높다. 현실의 삶 이외의 모든 초월의 가능성을 닫아버린 사회는 왜소해진다. 그런 사회는 결국 협소한 관점으로 인해 질식당하고, 마침내 인간적인 삶 자체가 불가능해지는 질곡에 빠져 버릴 수 있다.

사람은 죽으면 기로 흩어져 자연 안으로 되돌아간다. 그러나 귀신은 일정한 기간 동안 가족의 일원으로 세상 가까이에 머물러 있다. 죽은 사람이 돌아가고 난 다음, 제사를 통해서 자손과 조상은 연결된다. 자손이 드리는 제사를 받는 조상의 귀신은 인륜의 질서, 나아가 사회의 질서를 위해 기여한다. 그러나 자손의 제사를 받지 못하는 귀신은 살아 있는 사람의 세상을 교란시킨다. 인륜의 질서를 벗어난 산 사람이 세상을 어지럽히듯, 인륜의 질서에서 탈락한 귀신 역시 세상을 어지럽히는 존재가 될 수 있다.

정치는 살아 있는 사람들이 인륜의 질서 안에서 바른 삶을 영위하도록 이끄는 일이다. 그것이 한자어로 정치政治(물 흐르듯 바르게 이끌어감)라는 말의 진정한 의미다. 따라서 정치가에게는 죽은 사람이 인륜의 질서를 교란시키지 않도록 예방해야 한다. 죽은 사람을 잘 보내야 하는 이유가 거기에 있다. 그래서 양생養生만큼이나 송사送死가 중요하다. 맹자는 송사가 더 중요한 일이라고 말했던 이유다. 조상에 대한 제사를 인륜의 최고 가치로 여기는 이념은 귀신이 살아 있는 인간에게 복을 주고 생명을 강화하는 힘을 가지고 있을 뿐 아니라 현실의 질서를 강화하는 데 도움을 준다는 믿음을 전제한다. 나아가 받아야 할 애도를 받지 못한 귀신이 사회를 어지럽히는 뿌리가 된다는 믿음을 전제한다. 근대를 대표하는 중국 유학자의 한 사람인 위원魏源은 그런 생각을 이렇게 표현한 바 있다. "귀신은 사람의 마음에 안정과 유익을 줄 뿐 아니라 정치를 보좌하는 무시할 수 없는 역할을 한다."[10]

유교에서 귀신이나 신적 존재의 존재 증명에 큰 관심을 갖지 않았다. 초월적 존재에 대한 관심은 사회의 질서를 수립하고 유지하기 위한 실용적이고 기능적인 입장에서의 관심이었다. 초월적 존재의 뒷받침 없이 인간들끼리 만들어 내는 약속은 지속되기 어렵다. 그런 관점을 전통 유교에서는 신도설교神道設教라고 말한다. "성인은 하늘을 우러러 신도神道를 살펴본다. 그러자 사시四時가 어긋남이 없어졌다. 성인은 신도에 근거하여 가르침을 펼쳤다. 그러자 세상이 그에게 복종하였다."[11] 귀신의 존재를 상정하고 수립된 종교가 왕도를 실현하는 정치적 목적에 이바지한다는 말이다. 고대의 성왕이 신령에 대한 신앙을 근거로 제사를 제도화한 이유는 결국 백성을 바른 삶으로 이끌기 위한 정치적, 제도적, 교육적 목적을 실현하기 위해서라는 것이다.

삼불후, 유교적 불멸의 탐구

죽음을 의미하는 한자어 사死는 전통적으로 시澌(盡滅)라는 훈으로 풀이되어 왔다. 한자 문명권에서는 죽음을 생명의 기가 다하여 사라진다는 의미로 이해했다는 것을 보여준다. 죽음은 장작이 타 버리면서 불이 꺼지는 것에 비유되기도 했다. 서양에서도 죽음은 장작이 타고 나서 재(ash)가 되어 버리는 것에 비유되었다. 죽음이란 불꽃(생명)을 일으키는 에너지가 소진되어 버린 것이라고 보는 점에서 동서양이 다르지 않다. 불꽃이 꺼지고 난 이후의 잔유물이라고 할 수 있는 혼백마저 시간이 흐르면서 사라진다고 보았던 유교와 영혼의 불멸을 이야기하는 기독교의 차이가 없는 것은 아니다. 유교에서 귀신은 시간이 흐르면서 자손과의 감응이 단절되고, 언젠가는 대자연의 기의 바다 속으로 완전히 흩어져 버린다.

그렇다면, 죽고 나면 결국 아무것도 남지 않고 사라져 버리고 마는가? 후손을 남기는 것 이외에는 아무것도 남지 않는다는 말인가? 많은 종교에서는 죽음 이후의 생명, 죽음 이후의 세계를 상상하면서 인간 생명의 덧없음, 생명의 허무를 극복하려고 했다. 그러나 유교가 사람은 죽은 다음 일정기간 후손의 제사를 받으면서 생명의 환희를 보유하지만 마침내 그것마저 사라진다고 보았다면, 도대체 인간의 존재 이유는 무엇인가? 자손을 남기는 것이 인간의 유일한 존재 이유인가? 인간의 재생산(reproduction)이 인간의 유일한 존재 이유라고 한다면, 그것만으로는 허망하지 않은가? 그렇다고 영원히 죽지 않는 영혼, 영원히 사라지지 않는 귀신을 상정하는 것 역시 받아들이기 곤란하다.

여기서 유교는 죽지만 죽지 않는다는 '역설'을 생각해 낸다. 신체를 가진 존재인 인간은 죽으면 신체를 구성하는 기가 사라지고 만다. 혼백을 구성하는 것도 기氣인 이상, 혼백도 사라지고 만다. 그러나 유교는 혼백이나 신체의 불사가 아니라 전혀 다른 방식으로, 죽지 않음을 상상한다. 그것은 무엇인가가 남아있다는 의미의 '불사'와는 다른 어떤 불멸이다. 유교는 영원히 사라지지 않는 어떤 '가치'를 추구함으로써, 인간의 존재 이유와 인생의 의미를 발견하려고 한다. 신체의 죽음을 넘어서는 특별한 가치를 가진 불멸을 유교에서는 '불후不朽'라고 부른다. 유교의 불후는 신체의 불사를 추구하는 도교, 영혼의 불멸에 대해 말하는 기독교, 나아가 우주적 원리인 자아(아트만)의 불멸을 말하는 인도 종교와는 다른, 유교만의 독특한 불멸의 사유라고 말할 수 있다.

유교는 사회적 관계의 조화를 중시하는 종교-사상-문화 체계다. 그런 사회적 관계를 인륜, 혹은 오륜이라고 부른다는 사실은 앞에서 살펴보았다. 인륜 질서를 중시하는 사회 안에서 삶과 죽음이 인륜의 유지와 완성이라는 목표를 향해서 영위되는 것은 당연하다. 생명의 가치는 살아 있는 동안 인륜 질서의 완성을 위해 얼마나 기여했는가에 의해 평가된다. 죽음 이후의 세계, 귀신의 존재는 어차피 인간이 알 수 없는 일이다. 따라서 살아 있을 때의 행적이 중요한 가치를 가질 수밖에 없다. 산 사람이 허무감으로 무너지지 않고, 삶을 적극적으로 의미 있게 완수하는 것이 중요하다. 어차피 죽어야 한다면, 그냥 살다 가는 것이 아니라 살아남은 사람의 복리와 인간의 가치를 드높이는 죽음을 죽을 수 있다면, 그런 죽음은 가치 있는 죽음이라고 말할 수 있다. 그 경우 죽음은 삶을 완성하는 것이 된다. 나만 잘 먹고 잘 살기 위해 아등바등하고, 나의 이익을 위해 다른 사람을 희생시키는 작태를 연출하는 소인배의 삶을 살다 죽은 사람은 죽어도 손가락질을 당한다.

유교에서 이상으로 삼는 것은 군자君子의 삶이다. 결국 군자로 살고 군자로 죽는 것이 유교가 지향하는 바다. 군자는 다른 사람의 복리를 위해 자기를 희생할 수 있는 도량과 용기를 가진 사람이다. 자기가 서기 위해서 먼저 다른 사람을 세워주는 사람[己欲立而立人, 己欲達而達人](『논어』「옹야」). 이익을 앞에 놓고 그 이익을 취하는 것이 도리에 맞는 것인지 아닌지를 먼저 생각하는 사람[見利思義, 見危授命](『논어』「헌문」). 대의를 실현하기 위해 자기 이익, 심지어 자신의 생명마저도 희생시킬 수 있는 사람[守死善道](『논어』「태백」). 정의와 도리가 사라진 나라에서 성공하고 출세하는 것을 도리어 부끄러움으로 여기는 사람[邦無道, 富且貴焉, 恥也](『논어』「태백」). 그런 사람이 군자다. 그런 군자는 죽음의 때가 오면 피하지 않는다. 옳고 그름을 구별하는 지혜가 있기 때문이다. 그러나 소인은 반대다. 자기 이익을 위해서 정의롭지 않은 일에도 파당을 짓고[小人比而不周](『논어』「위정」), 강자 앞에서 움츠리면서 약자에게 뻐기고[小人驕而不泰](『논어 자신의 손톱만한 이익도 놓치지 않으려 하는[小人喻於利](『논어』「리인」) 교활한 겁쟁이가 소인이다. 그는 제대로 사태를 판단하는 지혜가 없기 때문에, 항상 두려움으로 근심과 걱정이 가득하다.

군자는 소인과 더불어 도를 논의하지 않는다[子曰, 道不同, 不相為謀](『논어』「위령공」). 참새처럼 작은 식견을 가진 소인배는 군자의 자기희생을 도저히 이해할 수 없다. 왜 저러지? 왜 저렇게 손해 보는 일을 하는 것이지? 나 살기도 빠듯하고 내 이익 챙기기도 힘든데, 왜 저 사람은 저렇게 나서는 것이야? 『장자』는 그런 소인을 메추라기에 비유한다. 좋은 게 좋은 거니까, 남들 일에는 간섭하지 말자. 정의, 불의 그런 거 난 몰라, 난 정치에 무관심해, 난 중립이고 공정하거든… 소인배는 이런 식으로 용기 없는 자신을 합리화한다. 소인배가 군자를 비난하는 것은 열등감 때문이다. 군자 앞에서 한없이 작아지는 소인은 자기를 합리화하기에 군자의 도량과 용기가 버겁다. 군자 앞에서 한없이 작아지는 자신이 부끄럽다. 그런 열등감 때문에 소인은 도리어 군자를 깎아내리기에 여념이 없다. 교묘한 말과 알랑거리는 낯빛[巧言令色]으로 아부하는 자신의 삶의 태도가, 겸양으로 세상의 조화를 지키는 일이며 세상일에 대한 초연함이라고 자신의 겁약과 비겁을 치장한다. 아무리 작은 것이라도 자기 이익을 놓치지 않는 것이 그들이 금과옥조로 여기는 현명함이고, 그들의 지혜다. 조화와 화목을 핑계로 거짓 겸손을 가장하는 '향원'의 삶을 사는 것이 유교가 주장하는 인륜의 완수가 아니라는 말이다. 공자는 군자를 가장하는 "향원이 덕을 파괴하는 진짜 적[鄕愿, 德之賊也](『논어』「양화」)"이라고 꾸짖었다. 모든 사람의 친구는 그 누구의 친구도 아니라는 서양 속담이 있다. 공자의 말은 그런 서양 속담과 비슷한 맥락에서 말하고 있는 것은 아닐까?

후한 시대의 왕충은 『논형』「사위」편에서 이렇게 말한다. "사람의 죽음에는 모두 나름의 한恨이 있기 마련이다. 지사는 의로운 일이 아직 완수되지 못했음을 한으로 여긴다. 학사는 학문이 아직 이루어지지 않았음을 한으로 여긴다. 농부는 농사의 결과가 풍성한 결실을 낳지 못했음을 한으로 여긴다. 상인은 재화가 아직 충분히 불어나지 않았음을 한으로 여긴다. 벼슬아치는 자기의 지위가 높지 않음을 한으로 여긴다. 용감한 사람은 자신의 자질이 뛰어나지 않음을 한으로 여긴다. 천하 사람은 각자 원하는 바가 있다. 그리고 각자 한으로 여기는 바가 있다. 눈이 아직 밝지 못한 자는 모두 나름의 한이 있게 마련이다. 따라서 천하 사람은 죽어도 아직 밝은 눈을 갖지 못한다."[12] 그렇다면, 군자가 죽음에 직면하여 품는 한恨은 무엇일까? 군자는 자기의 삶이 더 많은 사람의 행복과 복리를 위해 쓰이지 못한 것에 대해, 아쉬움과 한을 품으면서 죽지 않을까?

유교가 중시하는 인륜, 도덕은 봉건적인 질서유지를 위한 계급적 규범에 국한되지 않는다. 눈만 뜨면 내가 챙길 것이 무엇인지 계산하는 참새와 메추라기 같은 소인배의 삶을 유지하는 것이 인륜의 의미나 최고 목표가 아니다. 유교는 모든 인간이 군자의 삶을 완수하고 군자의 삶을 실천하는 것을 목표로 삼는다. 그 인륜의 완성이 그 사람의 삶을 가치 있게 만들고, 그 사람의 죽음을 기억할 만한 것으로 만든다. 그렇게 살다 죽은 사람은 천명을 아는 사람이고, 가치 있는 삶을 살다 죽은 사람이 된다. 유교에서 말하는 가치 있는 삶이란 결국 '군자로 살다가 군자로 죽는' 삶이다. 그런 군자의 삶과 군자의 죽음을 실천하는 사람은 죽은 후에도, 작은 가족의 영속성에 그치지 않고, 인류 전체의 유지와 존속을 가능하게 하는 모범이 된다. 효가 혈연의 연속성을 보장하기 위해 중요한 규범이라면, 효가 가족의 범위를 넘어 확대되어 인仁이라는 가치를 실현할 때 군자의 삶이 완성된다. 그런 군자의 삶과 죽음은 우리 같은 '범속한 인간'이 기대고 모방할 수 있는 '성스러운 모델'이 된다. 그런 군자의 삶과 죽음이 영원한 인류의 모델로서 범례가 된다는 사실을 유교에서는 불후不朽라는 개념으로 표현한다. 몸은 죽지만 사라지지 않는다[死而不朽]는 말이다.

불후는 유교 경전의 하나인 『좌전』에서 처음 등장하는 개념이다. 『좌전』 「양공 24년」에는 사람의 삶과 죽음의 가치를 평가하는 의논이 기록되어 있다.

“24년 봄, 목서가 진나라로 갔다. 범선자가 그를 맞이하면서 물었다. 옛사람들의 말에 몸은 죽어도 ‘썩지 않는다’(不朽)는 말이 있습니다. 무슨 의미입니까? 목서가 대답을 하지 못하고 있을 때, 범선자는 다시 말했다. 옛날 개丐의 조상은 우 이전에는 도당씨가 되었고, 하에서는 어룡씨가 되었고, 상에서는 탁위씨가 되었고, 주에서는 당두씨가 되었고, 진에서는 회맹을 통해서 중국을 좌지우지하면서 범씨가 되었는데, 이런 것이 바로 ‘썩지 않음(불후)’을 말하는 것이 아닌가요? 목서가 다시 말했다. 제[豹]가 듣기로는 이런 일들은 모두 세록을 말하는 것이지 ‘썩지 않음(불후)’을 말하는 것이 아닙니다. 노나라의 선대부 중에 장문중이라는 분이 있었습니다. 그분은 이미 돌아가셨지만, 그분의 말씀이 바로 그것에 대해 말하고 있습니다. 제가 기억하기로는 이렇습니다. 가장 높은 것이 입덕立德이고, 그 다음이 입공立功이며, 다시 그 다음이 입언立言이다. 아무리 오래되어도 폐지되지 않으니 그것을 썩지 않는다[不朽]고 말할 수 있다. 만일 성씨를 보전하고 종족의 제사를 지키며 제사가 단절되지 않도록 하는 것으로는 부족하다. 그것은 나라가 없어지면 곧 없어지는 것이기 때문이다. 그런 것은 작록이 큰 것이지 불후라고 말할 수 없는 것이다.”[13]

그 기사에 나오는 장문중의 관점에 따르면, 가장 뛰어난 가치는 입덕立德이고, 그 다음은 입공立功이며, 그 다음이 입언立言이다. 범선자가 지적한 것처럼, 단순히 작위가 높아서 그 작위가 전해지는 것만으로는 그 사람이 위대한 인간의 업적을 이루었다고 평가하지 않는다. 우리 역사를 보아도, 유교적 불후론이 상당히 의미 있는 관점이라는 사실을 알 수 있다. 우리 역사 안에서 왕후장상을 지낸 인물이라고 해서 반드시 후대 사람의 존경을 받거나 역사에서 기억되는 것은 아니지 않는가. 전문 학자가 아니라면, 그 누가

숱하게 등장하고 사라진 정승과 판서의) 이름을 기억하겠는가? 반면에 위대한 글과 사상을 남긴 사상가, 학자, 작가의 이름이 기억된다. 그것이 입언立言에 의한 불후다. 퇴계 이황 선생이나 다산 정약용 선생이 그런 사례일 것이다. 그리고 국가를 위기에서 구원한 위대한 공적을 남긴 이순신 장군 같은 인물은 오래도록 기억된다. 그것은 입공立功에 의한 불후라고 볼 수 있을 것이다. 그리고 공자나 붓다같이 위대한 인간의 모범을 보여준 인물은 성인으로 추앙받고 오래도록 인류의 사표로 기억된다. 그런 경우를 입덕立德에 의한 불후라고 보아도 좋다. '입언'은 지식의 표준, 말의 표준을 세우는 것이다. '입공'은 사회적 대의를 지키기 위해 자기의 일신을 희생하는 공적을 세우는 것이다. '입덕'은 만인의 사표로서 인간의 인간됨의 표준을 실천하여 인간 가치를 수립하는 것이다.

그 세 가지 전부 혹은 셋 중 하나라도 완수한 사람은 몸이 죽어도 이름은 오랫동안 폐지되지 않는다. 그것을 '불후'라고 말한다. 그런 불후의 인물은 대개 국가의 공식적인 제사 대상으로 승격되어 오랫동안 사람들의 기억에 남는다. 이름이 폐지되지 않는다는 말은 오랫동안 사람들의 제사, 혹은 인민을 대표하는 국가의 제사를 받는다는 것을 의미한다. '불후'의 존재는 결국 죽어서도 사람의 기억에서 사라지지 않고, 신이 되어 제사를 받게 된다. 예를 들어, 역사적으로 유명한 삼국지의 관우關羽는 죽어서 신으로서 광대한 인민의 숭배를 받았다. 지금도 관운장을 숭배하는 '관묘關廟'에는 사람이 들끓는 것을 볼 수 있다(서울 동대문 근처에 있는 동묘東廟가 관운장을 기리는 곳이다). 그런 인물이야말로 '불후'의 존재가 되었다고 말할 수 있다. 중국에 가면, 거의 모든 주요 도시에서 역사적으로 위대한 공적을 남긴 인물들을 기념하는 사묘寺廟가 남아 있는 것을 볼 수 있다. 그런 사묘에 모셔진 인물들은 죽어서 신으로 승격되어 민중의 제사나 국가의 사전祀典에 신으로 등록되었다. 그런 인물신은 죽어서 귀신이 되어 후손의 제사를 받는 데 그치지 않고, 광대한 민중, 혹은 국가의 제사를 받는다. 보통의 인간이 죽었다면, 그 귀신은 4대 후손으로부터 제사를 받는 데 그쳤을 것이다.[14]

이렇게 불후의 가치가 있는 것이 세 가지(입언, 입공, 입덕)가 있다고 해서 그것을 '삼불후론'이라고 말한다. 『좌전』에서 처음 표현된 삼불후론은 유교 문화 안에서 경전적인 관념으로 확립되어 수천 년 유교 지식인의 삶을 이끄는 모델이 되었다. 그런 '불후'의 관념은 영혼의 불사나 신체의 불사를 말하는 여타 종교의 관념과 달리, 인간 사회의 인륜 가치를 가장 철저하게 완성한 사람에게 주어지는 명예를 중시하는 것이다. 그런 관념에 따르자면, 인간의 존재 이유는 '불후'의 존재가 되는 데 있다고 말할 수 있을 것이다. 신체의 불사가 아니라 가치의 불후다. 살아서 인간다움을 완수했기 때문에, 명예로운 이름이 오래도록 기억되는 인간이 군자가 아니고 무엇일까. 유교에서는 그런 인간을 단순히 군자라고 부르지 않고, 성인이나 현인이라고 부르거나, 심지어 '신'이라고 부르면서 그들이 살아서 완성한 인간다움의 가치를 기억한다.

절의, 네 번째 불후

『좌전』의 삼불후론에 대해 청말의 위원魏源이라는 학자는 '입절'이라는 항목을 하나 더 설정하여 '사불후'에 대해 말한다. 입덕立德, 입공立功, 입언立言, 입절立節, 그것을 네 가지 불후라고 말한다. "군자의 말은 덕이 있는 말이다. 군자의 공은 구체적인 일의 실천이다. 군자의 절개 역시 인자의 용기의 실천이다. 따라서 공功, 절節, 언言을 갖추지 않은 덕이란 세상을 위해서는 아무런 도움이 되지 않는 마치 빛을 발하지 않는 별처럼 무익한 것이다. 덕을 갖추지 않은 공과 절과 언은 일신에 있어서 벌판 없는 비[無原之雨]에 불과하다. 즉 소용이 없다. 그런 것은 군자가 취하지 않는다."[15] 위원이 말하는 '입절'은 단순히 군주를 위해, 혹은 남자를 위해 자기를 희생하는 좁은 의미의 절개를 의미하는 것이 아니다. '입절'은 죽어야 할 때에는 목숨을 아끼지 않는 것, 죽어야 할 사람을 위해 죽을 수 있는 용기를 의미하는 것이었다. 단순히 군주라서 그 군주를 위해 죽는 것이 아니다. 그가 바른 군주이고 그가 나의 가치를 알아주는 사람이기 때문에, 필요하다면 그를 위해 죽을 수 있는 것이다. 대의를 실현하고 자신의 굳은 의지를 표시하기 위한 죽음이 절節이다. 이런 '입절'의 이념은 『좌전』에서는 논의되지 않은 것이지만, 실제로 유교 지식인의 죽음 인식을 지배하던 중요한 관념이었다고 말할 수 있다. 사마천이 저술한 위대한 역사책 『사기열전』의 첫머리를 장식하는 인물이 절의節義로 유명한 백이伯夷와 숙제叔齊였다는 사실, 굴원의 죽음, 명말의 방이지 등등, 자신의 굳센 의지를 드러내기 위해 '자살'로 자기의 굳은 의지를 밝힌[以死明志] 수많은 인물의 선택이 유교 문화 속에서 '입절'의 중요성을 말해 준다.

제7장 | 억울한 죽음을 없게 하라!

죽음 이후에 대한 상상력

사람은 반드시 죽는다. 그러나 인간은 불사와 재생, 또는 산 사람의 세계와 근원적으로 구별되는 죽은 자의 세계, 한마디로 초월 세계를 '상상'한다. 초월적 세계를 상상한다는 사실로 인해 인간은 동물과 근본적으로 구별된다. 불사와 재생 그리고 초월 세계의 상상력은 종교를 형성하는 유일한 근원은 아닐지라도, 가장 중요한 근원인 것은 틀림없다. 종교는 모든 문화 현상 중에서 죽음과 그것의 초월을 가장 진지하게 고려하는 문화 현상이다. 따라서 우리는 종교가 죽음의 문제에 관해 무엇인가를 말해 줄 것이라고 기대한다. 하지만 죽음과 초월에 대한 여러 종교의 이해 방식과 대응 방식의 차이를 일목요연하게 제시하는 것은 불가능하다. 다만, 동서양의 여러 종교가 죽음과 초월을 인간의 존재 의미가 가장 치열하게 드러나는 장으로 바라본다는 사실은 기억해야 한다.

죽음이라는 움직일 수 없는 사실 앞에서 인간은 상상력을 동원하여 불사와 초월을 꿈꾸는 문화를 창조한다. 그렇게 창조된 것은 '물리적 사실'은 아닐지 모르지만, 문화적으로 구성되어 믿어지고 전승되어 온 '문화적 사실'로서, 인간의 삶을 형성하는 중요한 축이 되었다. 인간은 특유의 구성적 상상력을 동원하여 불사 혹은 초월을 문화적 사실로 만들었다.[1] 그러나 대충 우리가 '근대'라고 부르는 시점부터, 인간은 죽는다는 물리적 사실 외에는 죽음과 관련한 어떤 상상도 거부하는 확고한 입장을 견지하기 시작했다. 합리주의라고 부를 수 있는 그 입장 앞에서 우리는 불사와 초월을 상상하는 인간만의 권리를 포기해야 했다. 그리고 이제는 죽는다는 사실만이 인간 앞에 놓인 유일한 진실이 되었다. 죽음과 더불어 인간에게는 다른 어떤 가능성도 미래도 사라진다. 그러나 죽음 이외의 다른 출구를 인정하지 않는 합리적 '진실'은 우리에게 '폭력'으로 다가온다.

죽는다, 그리고 그것으로 끝이라고 생각되었다. 그 사실만이 유일한 진실이 되면서 죽음은 어떤 일이 있어도 회피해야 할 종말로 단죄되었다. 죽음을 삶의 세계, 생명의 세계에서 배제해 버린 뒤로 우리는 평면적 삶의 영역에 갇혀버렸다. 그러나 갑자기 세상이 달라지고 있는 것일까? 근대의 축복으로 여기던 합리주의적 신념이 한 발짝 물러나는 것일까? 죽으면 모든 게 끝난다는 물리적 사실 이외의 다른 진실에 대해 다시 생각하기 시작했다. 죽는다는 인간의 운명을 다른 방식으로 바라보기 시작했다. 죽음과 죽지 않음, 그리고 초월에 대해 자유로운 상상이 허용되었다. 사이버 혁명은 인간의 삶에 대한 인식을 송두리째 뒤흔들어 놓는다. 특히 삶의 공간에 대한 인식은 걷잡을 수 없이 뒤죽박죽이 된다. 그 '뒤죽박죽'의 틈새를 뚫고 죽음과 죽지 않음, 있음과 없음, 사라짐과 다시 태어남의 경계가 허물어지기 시작했다.

인간의 삶을 초월한 '이계異界'에 대한 믿음은 단순히 터무니 없는 환상이 아니라 지극히 현실적인 삶과 사유의 일부로서 동아시아인의 생활과 자연스럽게 공존해 왔다. 동아시아인의 삶을 지배해 온 유교는 무신론적 가르침이고, 유교가 지배했던 동아시아 사회에는 초월 세계와 신령 존재에 대한 신앙과 실천이 크게 중요하지 않았다는 근거 없는 확신이 의외로 널리 퍼져 있다. 근대 중국을 대표하는 지식인 학자 후스(胡適, 1891-1962)는 "중국인은 현세적이기 때문에 신의 길을 명상할 시간적 여유가 없다"고 주장한 바 있다. 후스의 주장은 서구적 근대를 도입함으로써 동아시아의 곤경을 극복할 수 있다고 생각했던 근대주의자들의 전형적인 편견이며, 그러한 근대주의적 편견은 유교 및 동아시아 문화를 평가하는 기준이 되었던 것이 사실이다. 그러나 이제 우리는 그러한 근대주의적 유교 이해의 한계에 대해서도 서서히 눈을 떠 가고 있다.

신령 세계에도 위계가 있다

실제로 동아시아인의 삶은 후스가 말한 것과 정반대였다. 일반 민중은 말할 것도 없고 지식인들조차도 신령을 신앙하고, 그들에게 제물을 바치는 제사 행위를 당연한 생활의 일부로 여기는 삶을 살아왔다. 도처에 신령에게 제사 지내는 사묘祠廟가 널려 있었고, 집안에는 집안의 신령에게 제사 지내는 제단祭壇이나 의식의 장소를 준비해 두었다. 초월적 신령과 그들의 세계에 대한 그 믿음은 삶을 구성하는 진실로서 생활의 역사 속에 현존해 왔다. '귀신'을 포함하는 신령에 대한 신앙과 실천은 동아시아 종교 문화의 핵심을 보여주는 중요한 문제였다.

동아시아인의 사상에서 귀신은 죽은 자의 영혼(혼백)이다. 죽은 자는 이 세상을 떠나 그들만의 세계에 머물러야 한다. 저세상에 존재해야 마땅한 죽은 인간의 영혼이 생자들의 세상으로 복귀하는 때에 이 세상을 사는 인간의 질서는 심각한 위기에 처한다. 산 사람과 죽은 자는 서로 다른 질서 속에서 살아야 한다. 유교적 이념은 일단 죽은 자와 산 자의 세계를 분리시키고, 그 분리를 유지하는 데서 이 세상과 저세상의 균형과 질서의 단초가 열린다고 생각한다. 사람은 누구나 이 세상에서 자기에게 부여된 유한한 시간을 살고 난 다음, 지상적 삶을 마감하고 다른 세상으로 이전한다. 저세상은 인간의 삶과 다른 질서 속에서 살아가는 '죽은 자'들과 신령의 영역이다. 유교의 핵심에 자리하고 있는 예禮는 그 두 세계의 질서가 다름을 전제하고, 그 질서를 흐트러뜨리지 않는 데서 인간의 문화가 시작된다고 생각한다. 그리고 모든 예의 형식 중에서 가장 세련된 표현인 제사祭祀는 그 두 다른 세계를 연결하는 통로였다. 그리고 국가의 임무는 초월적 질서를 이 땅에 구현하는 인간의 질서를 유지하는 데 있다고 믿었다. 예의 본질은 두 세계의 분리와 연결을 슬기롭게 유지하는 역설의 지혜를 습득하는 것이었다.

동아시아의 종교 전통에서 죽음은 단순하게 말하자면 영혼(혼백)이 몸을 떠나는 것이라고 설명된다. 육체에 깃들어 있던 생명력인 영혼(혼백)이 육체를 벗어나면서, 생명이 빠져나간다는 것이다. 육체를 벗어난 생명력은 혼魂과 백魄으로 나뉜다. 음陰과 양陽이라는 독특한 이원론적 세계 분류의 원리를 적용하여, 혼과 백을 양陽과 음陰으로 분류하는 이론도 널리 받아들여졌다. 영혼을 단일한 것이라고 이해하는 서양적 영혼 관념과 달리, 동아시아의 종교 전통에서는 영혼이 성질이 다른 두 가지 양상의 영혼이 결합한 것이라고 본다는 사실이 중요하다. 영혼을 땅의 속성을 가진 영혼[陰魄]과 하늘의 속성을 가진 영혼[陽魂]으로 나누어 보는 것이다.

죽음은 두 영혼이 분리되어 본래 귀속되어야 할 곳으로 되돌아가는 것이다. 죽은 사람의 혼은 하늘로 올라가고 백은 땅으로 내려간다. 그리고 일정한 시간이 지나면서 혼백은 기의 세계 속으로 완전히 사라진다. 혼백이 기의 세계 안으로 되돌아가기 이전의 중간 상태가 귀신이다. 삶의 세계와 완전한 사라짐의 중간 상태에 있는 '귀신'은 다시 삶의 세계로 되돌아올 수 있는 가능성이 있다. 유교의 상례와 제사는 죽은 자의 혼백이 점차 삶의 세계에서 멀어져서 완전히 저세상으로 사라지는 과정을 시간적으로 분절하여, 이 세상과의 분리를 명확하게 드러낸다. 그런 의미에서 상례와 제사는 통과의례(rites of passage)의 일종이며, 이 세상과 저세상을 분리하는 동시에 연결하는 의식儀式이다.

여기서 귀신에 대한 일반 민중의 신앙에 대해 살펴보자. 유교의 공식적인 죽음 이해에 따르면, 죽은 자의 영혼은 일단 귀신이라고 불린다. 그러나 실제적인 종교 신앙에서 '귀신'은 다음과 같은 세 가지 양상으로 분류된다. 신(령), 조상신, 귀신이라는 세 가지 양상으로 나뉘는 것이다. 보통 말하는 귀신은 조상신과 귀신 모두를 가리킬 수 있다. 그러나 민중의 종교 세계에서 귀신은 조상신을 제외한 다른 모든 귀신이다. 첫 번째 범주인 신령도 두 가지로 구분할 수 있다. 본래부터 초월 존재인 천지자연의 신(령)과 사람이 죽은 다음에 국가와 민중의 제사 대상이 되면서 신령으로 승격된 신이다. 살아있을 때에 커다란 공덕을 쌓아 많은 사람들에게 도움을 주는 존재로 인정받거나, 위대한 업적을 남기고 죽은 사람은 숭배의 대상으로 승격하여 사후에 신(령)이 되는 것이다. 이 경우에는 더 이상 귀신이라고 불리지 않는다. 그는 신(령) 세계의 일원이 되어 숭배의 대상으로 격이 높아지고, 신상神像이 만들어진다. 민중은 그런 신상 앞에서 그들의 소망을 기원한다. 현실적인 종교 생활에서 귀신과 신령의 차이는 신상의 존재 여부라고 말할 수 있다.

나아가 신령들의 세계는 인간의 사회 구성을 반영하는 엄격한 위계질서를 가진 곳이라고 상상된다.

그 다음, 죽은 자는 조상(신)으로서 후손들의 숭배와 제사의 대상이 된다. 조상신은 원리적으로 '귀신'에 속하지만, 일반적인 귀신과 분명한 획을 긋는 초월 세계의 일원이다. 조상은 그들의 후손에게만 숭배를 받는다. 조상에게 제물을 바치며 드리는 제사는 유교에서 가장 중요한 종교 행위의 하나이지만, 모든 조상이 제사의 대상이 되는 것은 아니다. 후손은 특히 강력하고 중요한 조상에게만 제사를 드린다. 예를 들어, 시조始祖라든가 현재에서 가까운 조상들 또는 고위의 관직에 올랐던 조상들이 제상의 대상이 되며, 혈연적으로 거리가 있는 먼 조상들은 시간이 지나면서 제사의 대상 목록에서 제외된다. 제사의 대상 목록에서 제외되는 조상은 그를 나타내는 신주神主를 사당에서 치운다. 신상神像이 없는 신은 숭배의 대상이 되지 않는다는 동아시아 종교의 원리가 적용되는 것이다. 그렇게 기의 바다 속으로 사라지는 조상의 혼령은 다시 이 세상으로 돌아오지 않는다고 여긴다.

마지막으로, 귀신에 대해 살펴보자. 후손의 제사를 받지 못하는 귀신은 죽었지만 산 자의 세계를 떠나지 못하는 애처로운 존재다. 죽은 자는 죽음의 세계에 소속되어 다시는 사람이 사는 세상으로 출몰하지 않는 것이 정상이다. 사람의 영역과 귀신의 영역은 분명하게 분리되어 있기 때문이다. 그러나 사람들은 귀신이 완전히 저세상에 머물지 못하고 사람의 세상으로 되돌아오는 일이 있다고 생각했다. 유교의 이념에서는 인간은 누구나 가족의 일원이어야 한다. 그리고 가족의 일원으로서 죽은 사람은 가족이나 후손의 제사를 받으면서 조상신이 되어야 한다. 그러나 실제로는 그렇지 못하다. 누구나가 가족의 일원이 되는 이상적 사회는 현실에서 완전하게 실현되지 못한다. 죽어도 가족이나 후손의 제사를 받지 못하는 애처로운 경우가 반드시 발생한다. 그런 애처로운 영혼이 일반적인 의미의 귀신이다.

이계異界(저세상)의 일원인 신(령), 조상신, 귀신은 제사를 드리는 대상이다. 그러나 그 세 종류의 초월 존재에 대한 제사는 형식과 내용에서 명확하게 구별된다. 그중에서도 조상신에 대한 제사는 가장 인간미 넘치는 형식을 가지고 있다. 조상신에게는 먹기 좋게 적당한 크기로 잘라진 익힌 고기와 적당히 소금기가 들어간 음식과 따뜻한 온기가 감도는 국을 드린다. 왜냐하면 조상신은 제사의 목록에서 제외되기 이전까지는 거의 가족의 일원으로 여겨지기 때문이다. 그러나 가족의 조상신을 대하는 이러한 친밀함과 익숙함은 신령에게는 적절하지 않다. 신령은 일반적인 가족과 달리 숭고한 존재이기 때문이다. 초월 세계의 구조가 사회의 구조를 반영한다는 원리에서 보자면, 신령은 마치 지방정부의 지현知縣이나 중앙 부서의 관리들 같은 존재다. 따라서 가족을 대하는 것과 같은 친밀함은 오히려 무례함으로 여겨질 수도 있다. 신령에게 드리는 공물은 통상 세 가지 혹은 다섯 가지의 살짝 익힌 고기를 칼금을 내지 않고 덩어리째 바친다. 고사를 지낼 때 돼지머리를 통째로 올려놓는 것을 연상하면 좋을 것이다. 그리고 여기에는 소금 간을 하지 않는다. 공물의 형태와 크기, 종류는 신의 지위 여하에 따라 별도로 결정된다.

귀신(조상신을 제외한 모든 귀신, 특히 죽어서 후손의 제사를 받지 못하는 귀신을 여귀라고 부르기도 한다)은 이계의 일원이지만 가장 지위가 낮은 존재이다. 따라서 더운 음식이나 찬 음식, 육류 혹은 채소류를 가리지 않고 무엇이든 먹을 것을 나누어주기만 하면 족하다. 그런 귀신들에게는 음식을 바치는 정해진 형식은 없다. 귀신에게 바치는 음식은 대개 민가나 사묘寺廟의 영역 밖에 둔다. 귀신은 집안이나 성스러운 영역에 초대할 수 없는 비천한 존재이기 때문이다. 불결한 존재인 귀신과의 접촉을 피하기 위해서라도 귀신을 집안에 들이는 일은 꺼리는 것이다. 이처럼 귀신은 숭배의 대상이라기보다는 배제의 대상으로서 제사 의례에 끼어든다. 앞에서 언급한 것처럼, 귀신에 대한 신상은 만들지 않는다.

원귀, 억울한 죽음을 당한 귀신

죽은 자가 귀신이 되어 이 세상으로 되돌아오는 일은 영혼(혼백)이 기의 바다 속으로 흩어지기 전에 발생한다. 여기서 주목해야 할 점은 죽은 자의 영혼인 귀신이 욕망을 가진 존재라고 여겨졌다는 사실이다. 귀신은 죽은 자의 영혼이지만, 욕망에서 벗어난 존재가 아니다. 인간이 욕망에 사로잡힌 존재이듯이 귀신 역시 그렇다. 귀신은 인간과 마찬가지로 다양한 욕망에 얽혀 있는 존재라는 점에서 절대적 초월자는 아니다. 귀신의 욕망은 인간의 뒤틀린 욕망의 다른 모습이다. 귀신이 욕망을 가지고 있다는 믿음은 귀신 세계에 대한 인간의 상상력을 풍부하게 만들고, 귀신의 존재를 인간의 존재와 얽어매는 계기를 만들어낸다.

민중의 생활 세계에서 귀신은 일상인의 삶과 떼어놓을 수 없는 풍성한 상상의 영역을 형성하고 있었다. 그 상상의 영역에서 귀신은 공포의 대상이면서 기묘한 즐거움을 주는 존재였다. 현실의 삶을 떠난 그 귀신은 우리가 알지 못하는 특별한 장소에서 우리를 바라본다. 그들은 이미 살아본 이 세상을 한 걸음 벗어나 바라보는 예지를 가진 존재로 그려지기도 한다. 그러나 그들은 인간이 알지 못하는 영역에 속하기 때문에, 여전히 두려운 존재로 상상된다. 귀신은 어둠의 영역에 속한다. 귀신은 행복과 욕망의 원천임과 동시에 저주받은 몸을 벗어 버린 존재다. 하지만 귀신은 살아있는 사람과 마찬가지로 음식을 필요로 하고, 사랑의 온기를 필요로 하고, 대화를 필요로 하고, 억울한 마음을 달래야 안정을 얻을 수 있다. 죽은 자의 영혼이 이 세상으로 귀환하는 이유는 이 세상을 떠나고 싶지 않은 강한 욕망, 자기의 의지를 드러내고자 하는 강한 욕망이 존속하기 때문이다.

귀신은 간단하게 말하자면 억울한 영혼이다. 욕망의 노예가 되어 버린 죽은 자의 영혼, 그것이 귀신이다. 귀신의 충족되지 않는 욕망은 그를 저세상에 안식할 수 없게 만든다. 인간의 삶에서 완성해야 할 욕망의 극복에 아직 이르지 못한 존재인 귀신은 그렇기 때문에 부정적인 존재로 규정된다. 같은 죽은 자이지만, 그의 욕망이 향하는 방향과 크기에 의해 결정된다. 그러나 귀신의 욕망은 억울함에서 나오는 것이라는 점에서 단순히 왜곡된 욕망이라고 단정해서 말할 수 없다. 억울함이 일상화된 삶을 살았던 민중이 귀신의 존재를 상상하지 않았다면, 그들의 억울함은 얼마나 큰 분노로 폭발하였을까? 억울함은 불공평하다는 느낌에서 비롯된다. 산 자의 불공평이, 죽음 이후까지 이어지는 결핍감이 귀신을 만들어 낸다. 대개 귀신은 후손 없이 죽은 자들의 영혼이라고 한다. 그들은 가뜩이나 어둡고 음침한 저세상에 있으면서, 그나마 후손들이 정기적으로 바치는 공물의 혜택을 받지 못해 그 외로움과 억울함이 배가된 존재이다. 또는 정상적인 죽음을 맞지 못해 이승에서의 삶이 아직 채 완성되지 못한 안타까운 영혼들이 원귀가 되기도 한다. 아직 세상을 채 살아 보지도 못하고 죽은 어린이의 영혼 역시 원귀가 된다고 상상된다. 결혼하지 못하고 죽은 젊은 여성의 고통은 그를 원귀로 만들기에 충분한 욕망의 결핍이 된다. 그 외에도 자식을 얻지 못하고 죽은 요절자, 전쟁에서 죽은 전몰자, 자살이나 수해 혹은 사고를 당해 죽은 억울한 귀신…. 원귀가 되는 연유를 여기서 모두 열거하는 것은 불가능하지만, 간단히 말하자면 원귀는 억울한 욕망, 억눌린 욕망의 존재들이다.

원귀의 출현과 욕망의 호소. 그것은 어찌 보면, 이 세상에 결여된 공정과 평등을 갈구하는 요청으로 이해될 수도 있다. 억울한 영혼은 이 세상으로 복귀하여 자기에게 무리한 손실을 요구했던 무도한 자를 단죄한다. 살아서 아무런 힘이 없었던 그 영혼은 죽어서나마 공정과 정의가 실현될 것을 요구한다. 모든 욕망의 완전한 충족은 불가능하다. 그래서 예와 법이라는 규범을 설정하여, 그 신분과 계층의 한계 안에서 각자의 욕망이 충족될 수 있는 원칙을 마련한다. 그리고 그 원칙이 타당성을 가지기 위해서는 공동체 구성원의 일정한 합의가 전제되어야 한다. 그러나 귀신은 인간으로서 충족시켜야 할 최소한의 욕망마저도 박탈당한 억울한 존재들이며, 공동체적 합의를 파괴하는 세력에 의해 희생된 자들이다. 그들의 왜곡되고 억눌린 욕망은 결국 사회적 차원의 무질서로 이어질 가능성이 있다고 믿어졌다. 결국 귀신의 회귀를 승인하는 상상력은 사람답게 살 수 있는 권리를 확보하기 위한 정의와 공정에의 요구와 일정한 연관이 있다고 이해할 수 있다.

서양에서도 유령(spectre) 혹은 귀신(ghost)은 죽은 자의 영혼이다. 그리고 죽어서도 안식을 얻지 못한 영혼이 이 세상으로 되돌아온다고 믿었다. 안식을 얻지 못한 죽은 자의 영혼은 다시금 삶의 세계로 되돌아오려는 강한 욕망에 사로잡혀 있다. 셰익스피어의 『햄릿』에서 밤마다 출몰하는 유령은 서양인의 귀신 관념을 단적으로 표현하는 좋은 예다. 햄릿의 죽은 부왕은 밤에 햄릿 앞에 유령으로 나타난다. 그 유령의 욕망은 억울한 죽음에 대해 보복하는 것이다.

한편 기독교적 의미에서의 귀신은 하나님의 섭리가 지배하는 질서에 편입되지 못한 자들의 떠도는 영혼이다. 하나님의 섭리에 의한 질서는 죽은 자를 지옥이나 연옥으로 이끌어 간다. 그리고 그곳에서 충분한 영혼의 정화를 거친 후에 그 영혼은 천국으로 이행할 준비를 갖추게 된다. 죽음과 함께 이 지상에 남겨진 육신은 정화된 영혼과 결합하여 영원한 지복(bliss)의 땅에서 평화롭게 새로운 생명을 얻을 수 있다. 그러나 귀신들은 영혼의 정화 과정으로서의 죽음 이후의 세계를 인정하지 않는다. 그들은 하나님의 질서에 편입되는 것을 스스로 거부한 영적 존재이다. 그들은 하나님이 창조한 광명의 세계에 편입되기를 거부하며 어둠의 세계에 속하는 존재이다. 그 어둠의 세계는 사탄이 다스리는 영역이다. 그 사탄의 질서에 편입된 귀신은 신적 질서를 전복시키기 위해 광명의 이 세상으로 복귀하고자 하는 왜곡된 욕망에 사로잡힌 존재들이다.[2]

초월 세계에 대한 상상력과 그 힘

저세상을 상상하면서 인간은 이 세상에 대한 사랑을 더 깊이 간직할 수 있었다. 저세상을 상상하는 문화 현상인 종교가 거의 예외 없이 이 세상에서의 생명을 소중하게 여길 것을 가르치고, 이 세상에서의 올바른 삶이 저세상으로 이어지는 새로운 삶의 전제 조건임을 가르치는 이유가 바로 여기에 있다. 하지만 저세상은 여전히 낯선 타자의 세계이다. 우리의 삶의 방식과 근본적으로 달라서 우리가 감히 꿈꾸기조차 곤란한, 그래서 두려운 세계이다. 두려움은 알지 못하기 때문에 생긴다. 우리는 익숙한 것에 대해 두려움을 느끼지 않는다. 깊이를 알 수 없는 심연 앞에서 인간은 공포를 느낀다.

인간은 그 두려움을 어둠의 이미지로 표현한다. 그중에서도 귀신이나 괴물이 사는 저세상은 검고 어둡고 축축한 공간, 인간이 살 수 없는, 그야말로 '유령'이나 살아 낼 수 있을 법한 그런 '다른' 세계이다.

그 어둠의 공간은 이 세상 '너머'에 존재한다. 그러나 자세히 살펴보면 그 '너머'는 구체적인 장소 개념은 아니다. 그곳은 인간이 살 수 없는 공간, 살아서도 안 되는 공간, 삶의 질서를 벗어난 공간, 신의 창조가 무력해지는 공간, 즉 우리의 의미 세계 바깥에 존재하는 영역을 은유적으로 표현한 것에 불과하다. 그 '너머'는 사실 도처에 존재할 수 있다. 그 '너머'는 우리가 사는 이 세상 안에 존재할 수도 있고, 심지어 우리의 마음속 깊은 곳에 존재할 수도 있다. 여러 종교에서는 어둠이 지배하는 그 공간은 대체로 지하에 존재한다고 상상한다. 지하는 따뜻한 햇살이 비치는 광명의 반대쪽에 자리 잡고 있는 빛이 없는 영역이다. 광명이 질서 잡힌 의미 세계의 상징이라면 지하는 혼돈과 혼란, 즉 무의미 세계의 상징이다. 어두운 그 세상은 의미 세계의 저편으로 밀려난 배제된 공간이다.

배제된 공간으로서 저세상(이계)의 상상은 사실상 이 세상을 바라보는 총체적인 인식과 분리되지 않는다. 어두운 저세상을 지하 세계에 설정하는 상상적 관념은 신성한 신령의 세계를 하늘에 두는 상상적 믿음과 짝을 이룬다. 어두운 저세상을 지배하는 악령은 또 다른 저세상인 하늘 세계를 지배하는 신령 존재에 대한 믿음과 멀리 있지 않다. 마찬가지로 저세상에 사는 귀신은 인간의 영혼과 불사, 시간 관념과 분리되어 존재하지 않는다. 그런 점에서 저세상은 이 세상과 단절되지 않고 어떤 의미에서든 연결되어 있다. 그러나 우리가 근대라고 부른 역사의 어느 시기부터 이 세상과 저세상은 단절되어 상호 작용의 끈을 놓쳐 버렸다.

아무도 미래를 예측하고 판단할 수 없는 불확실성의 시대에 근대가 배제해 버린 죽음과 저세상을 둘러싼 인간의 열린 상상력이, 우리가 예기하지 못한 방식으로 다시 평가받는 때가 찾아온 것이다. 죽음에 대한 상상이 펼쳐지는 그곳에, '저세상' 혹은 '다른 세상'에 대한 상상력이 꿈틀거린다. 저세상은 우리에게 익숙한 인간적 생명이 숨쉬는 공간이 아니다. 신령이나 악령의 세계, 귀신과 요괴와 유령의 세계, 온갖 환상적 괴물이 주인공이 되는 공간이 그곳이다. '저세상'의 존재에 대한 상상적 믿음은, 인간은 죽는다는 사실만큼이나 강력하게 인간의 문화를 지탱해 온 진정한 꿈꾸기의 한 양상이었다. 상상적 믿음의 무게와 깊이를 과소평가해서는 안 된다. 상상은 살아있다는 바로 그 생명감에서 비롯되는 진실이기 때문이다.

제8장 | 죽음과 유교적 상상력

삶의 신비, 죽음의 신비

사람은 누구나 죽는다. 인간이란 죽어야 하는 존재(mortal)인 것이다. 인간인 영웅도 결국 죽었다. 신화 속에서는 예외가 등장한다. 인간이었던 헤라클레스는 죽음을 극복했고 신이 되었던 것이 그런 예외다. 한문 문명권 안에서도 비슷한 생각이 있었다. 사람은 죽는 존재이지만, 죽지 않는 사람들도 있다고 생각했다. 특별한 수행이나 약물의 도움으로 죽지 않는 사람은 신선神仙이라 불린다. 신인神人이라고 불리는 경우도 있다. 신이 된 인간이라는 뜻이다. 영어로 번역하면 불사자(immortal)이다. 신과 인간을 구별하는 가장 중요한 표지는 죽느냐 아니냐다. 신은 죽지 않는 존재이지만 '사람은 죽는다.'

우리는 타인의 죽음을 목격할 수는 있지만, 자기 죽음을 경험할 수는 없다. 죽었다가 다시 살아난 사람이 있다는 보고가 있지만, 그들은 정말로 죽었던 것은 아니다. 죽음 가까이 갔을 뿐이다. 그들은 진짜 죽음을 경험한 것이 아니라 '거의 죽음'을 경험한 것에 불과하다. 그래서 그런 경험을 임사체험(near death experience)이라고 한다. 사람은 누구나 죽지만 죽음을 정말로 '경험'한 사람은 없다. 따라서 죽음에 대해 자신 있게 '안다'라고 말할 수 있는 사람은 없다. 우리는 죽음에 대해 누군가에게 배움을 청할 수가 없는 것이다.

공자의 제자 자로는 스승에게 죽음에 대해 가르침을 청했다. 그러나 공자는 그 물음에 대답하지 않고, 삶에 대해 더 깊이 생각하라는 의미로 답한다. "삶을 모르는데 어찌 죽음을 알겠는가?"[未知生, 焉知死?] 공자도 죽음이 무엇인지 정확하게 대답할 수 있는 지식은 갖지 못했을 것이다. 붓다 역시 마찬가지였다. 죽음 문제나 사후 생명의 문제에 대해 붓다는 침묵으로 일관했다. 붓다의 무기無記라고 말한다.

죽음은 자기 스스로 맞이해야 하고, 각자가 감당해야 하는 실존적인 사건이다. 하지만 인간의 죽음과 다른 생명체의 죽음에는 분명히 다른 점이 있다. 인간의 죽음은 생물학적 시간의 끝으로서만 문제가 되는 것은 아니기 때문이다. 인간의 죽음은 단순한 생물학적 사실이 아니라 문화적 현상으로 자리매김되어 왔다. 죽음이 문화 현상으로 다루어졌다는 것은, 그것이 인간의 삶과 무관하지 않다는 인식이 존재했다는 것을 의미한다. 인간의 삶과 완전하게 무관한 어떤 것은 문화 현상이 될 수 없다. 옛날 사람들은 죽음이 인간의 삶과 뗄 수 없는 사건이며, 동시에 삶을 구성하는 사건이라고 확신했다. 특히 우리의 전통적 삶을 지배하던 유교적 신념 체계 안에서 죽음은 삶의 일부로 이해되었다. 죽음과 삶은 단절된 것이 아니었던 것이다. 공자도 죽음 물음에 대해 삶을 먼저 이야기했다.

현재 우리는 유교적 신념을 전면적으로 수용하는 것이 불가능한 시대를 살고 있다. 문화적 전환으로 인해 발생하는 문화적 갈등은 삶의 모든 영역에서 보인다. 우리는 여전히 문화적 과도기에 놓여 있는 것이다. 특히 죽음 사유에서 문화적 갈등은 심각하다. 죽음을 어떻게 이해하는 것이 바람직한

지에 대해 누구도 분명하게 말할 수 없다. 하지만 분명한 것은, 현대인에게 죽음이란 불안과 두려움의 대상일 뿐이라는 사실이다.

죽음을 두려워하는 것은 자연스러운 감정이다. 따라서 그게 뭐 잘못인가, 라고 말해 버릴 수 있다. 그러나 문제는 그렇게 간단한 것 같지 않다. 죽음은 알지 못하는 것이니 두려움의 대상일 수밖에 없다는 추론을 받아들인다고 하자. 그러나 공자도 말한 것처럼, 삶도 모르기는 마찬가지 아닌가. 죽음이 알 수 없는 것인 만큼, 삶 역시 알 수 없는 것이다. 남들이 다 그럭저럭 살고 있으니 삶에 대해 안다는 생각이 들 수는 있다. 그러나 삶의 정체, 삶의 의미, 삶의 가치를 아는 사람은 많지 않다. 주변을 둘러보라. 삶에 대해 배움을 청할만한 사람이 많지 않다는 사실을 새삼 발견하게 된다. 삶은 직접 경험할 수 있는 것이니, 경험하는 것은 안다는 생각이 드는 것일 뿐이다.

살아 있다는 사실은 분명하다. 그렇다고 삶의 의미가 분명한 것은 아니다. 누구나 적당히 인생을 살아가지만, 올바른 삶을 확신 있게 살았던 사람은 거의 없지 않은가? 삶은 죽음만큼이나 신비다. 삶에 대한 감수성을 가진 사람들에게 삶은 대단히 어렵고, 어둡고, 두려운 길이다. 눈에 뻔히 보이는 것 같지만, 인생의 길은 그야말로 눈뜬 장님이 길을 걷는 것 같은 위태로움이 연속해서 펼쳐지는 깊은 정글 숲이라 말할 수 있다. 인생은 눈에 보일 것 같으면서도 잡히지 않는 신비와 두려움의 연속이다. 삶의 신비와 죽음의 신비가 다른 점이 있다면, 삶은 눈에 보이는 것이라서 안다는 착각이 가능하다는 사실뿐이다.

그러나 삶의 역경을 헤치고 인생의 참맛을 맛본 선각자들의 삶은 무언가 다르다. 그들은 삶에 대해 모든 것을 안다는 태도를 갖지 않는다. 공자도 고백한 것처럼, 삶은 알기 어려운 것이다. 그들은 절대로 인생을 만만하다고 여기지 않는다. 인생을 다 안다는 오만한 태도를 취하지도 않는다. 그들은 인생이 무거운 짐을 지고 먼 길을 가는 것과 같은 고난의 길이라고 분명하게 말한다. 공자의 제자 증자는 인생에 대해 이렇게 말한 바 있다. "선비는 넓은 마음과 큰 뜻을 가지지 않으면 안 된다. 인생길은 무거운 짐을 지고 먼 길을 가는 것이다. 인을 실현하는 것을 자기 임무로 떠맡았으니 무겁지 않겠는가? 죽은 다음에야 그 임무가 끝난다. 그러니 어찌 멀다고 하지 않겠는가?"[1] 『논어』에 나오는 말이다. 그들은 하나같이 삶에 대해서 알지 못한다는 고백을 한다. 아니 성인이 삶에 대해 모른다니, 그건 겸손함의 표현일 뿐이라고 생각하는 사람이 있을 수 있다. 그런 사람들이 고전의 가르침을 왜곡한다. 성인이 모든 것을 다 안다거나, 그들이 무소부지의 존재라는 착각 때문에, 고전을 판에 박힌 교조(dogma)의 덩어리로 받아들이려고 한다. 성인의 말은 교조로서가 아니라 삶에 대한 진지한 반성을 촉구하는 권유로 받아들여야 한다. 육상산陸象山이 말한 것처럼, 고전은 내 마음을 보충하는 각주, 나를 비추는 거울일 뿐이다.

그들은 인생의 고난 속에서도 올바른 길이 분명히 존재한다는 확신을 가지고 삶을 살았다. 한 치 앞을 볼 수 없는 오리무중五里霧中 속에서도 무엇인가 올바른 삶의 방향이 있다고 확신하고, 그 확신을 나누기 위해 말을 건다. 그런 선각자들의 가르침을 핵으로 삼으면서 우리가 종교라고 부르는 문화가 만들어졌다. 종교는 교조의 집합이나 교리에 대한 추종이 아니다. 종교는 삶을 성공적으로 살아 낸, 혹은 삶의 고통을 통해 의미 있는 삶의 길을 발견한 선각자들의 삶의 방식을 우리에게 말해 준다. 그들의 삶을 모델로 삼아 자기만의 삶을 살아 낼 수 있도록 통한의 반성을 촉구한다. 죽음은 삶의 결과이기 때문에 삶을 주제로 삼는 종교가 죽음에 대해서도 무언가를 말하는 것은 자연스럽다. 여기서 우리가 스케치하는 것은 유교에서 말하는 삶과 죽음에 대한 큰 그림이다.

유교와 죽음 사유

인간은 누구나 죽지만 동일한 죽음을 경험하지는 않는다. 그것이 죽음의 미묘한 특징이다. 그런 죽음의 특성 때문에 인간은 상상력을 동원하여 죽음의 경험을 공유할 수 있는 문화를 만들었다. 알지 못하는 것에 대한 밑그림조차 없이 죽음에 대한 두려움을 이겨내는 것이 지극히 힘들기 때문이다. 인간의 사회라면 반드시 존재하는 죽음에 대한 인식과 의례가 바로 그런 문화적 틀이고 밑그림이다. 하나의 문화가 삶과 죽음에 대처하고 삶과 죽음의 불안을 견뎌내기 위해 상상적으로 공유하는 문화적 틀을 우리는 종교라고 부른다. 종교는 삶을 문제 삼지만, 죽음 문제 역시 대단히 중요한 주제라고 생각했다. 흔히 말하듯 죽음이 종교의 발생을 가능케 한 기원이라고 단정적으로 말할 수는 없다. 하지만 현재 관찰할 수 있는 대부분의 종교에서 죽음에 대한 관념과 죽음 의례가 핵심적인 부분을 이룬다는 사실은 부정할 수 없다. 따라서 조금은 성급한 단언이 될 수 있겠지만, 죽음의 인식과 죽음 의례가 종교의 핵심이라고 말하는 것은 크게 잘못이 아닐 수도 있다. 그 정도로 죽음과 종교는 밀접한 관계가 있다. 우리 조상들도 유교라는 문화 체계를 공유하면서 죽음을 맞이했다.

유교는 종교가 아니라고 주장하는 사람들도 있다. 여기서 종교와 종교 아닌 것의 경계에 대해 자세히 논의할 필요는 없을 것이다. 하지만 유교를 종교가 아니라고 말하는 사람들의 근거에 대해서 잠시 생각해 볼 가치는 있다고 생각한다. 유교는 종교가 아니라고 말하는 사람들이 말하는 근거 중 하나는 유교가 죽음과 내세에 대한 '체계적인' '해답'을 가지고 있지 못하다는 것이다. 어느 정도가 되어야 '체계적'이라 할 수 있고, 또 어느 정도가 되어야 '해답'이랄 수 있을지 모르겠지만, 유교는 분명 죽음을 진지하게 사유하며 삶을 되돌아보도록 촉구한다. 유교와 종교를 논의하는 사람들은 대부분 유교와 종교가 무엇인지 알려주지 않는다. 그들은 유교도 그렇고 종교도 그렇고, 그 두 개념이 자명한 것이라고 생각하는 경향이 있다. 아니면, 자기 입맛에 맞는 한정적인 개념 정의를 아전인수적으로 끌어들여 논의를 진행하는 경우도 없지 않다. 예를 들어, 기독교라고 말한다고 해도, 그 기독교라는 개념의 범주는 한정하기 어려울 정도로 모호하고 다양하다. 유교 역시 마찬가지다. 기독교가 하나가 아니듯, 유교는 하나가 아닐 뿐 아니라 명확한 구획선을 가진 자명한 개념도 아니다. 불교도 마찬가지고, 이슬람교도 마찬가지다. 우리는 종교가 자명한 개념이라고 생각하는 경향이 강하고, 그런 만큼 종교의 범주 안에 포함되는 여러 종교들, 예를 들어, 기독교, 불교, 이슬람교, 힌두교, 심지어 유교와 도교가 확고한 경계선을 가진 범주라고 생각하는 경향이 있다. 유교가 종교가 아니라고 할 때, 유교를 무엇이라고 본다거나, 어느 범위까지를 유교라고 본다는 것이 먼저 확정되어야 한다. 그런 의미에서 나는 유교가 종교가 아니라고 말하는 사람들의 주장에 의구심을 표시한다.

마찬가지로 유교를 종교라고 할 때도 비슷한 어려움이 따른다. 종교라든가, 철학이라든가 하는 개념은 서양의 문화를 수용하고 번역하는 과정에서 새롭게 만들어진 개념이고 범주다. 그런 문화적 개념과 범주가 없었던 동아시아의 전통 문화를 그런 이식된 문화 범주와 개념을 사용하여 산뜻하게 규정하고 구분하는 것은 쉬운 일이 아니다. 우리는 서양 종교와 철학의 지향과 관심이 무엇인지를 대강 이해하고, 그런 대강의 그림을 통해서 동아시아 문화의 성격과 방향성을 보여주는 데 만족할 수 있을 뿐이다. 유교가 종교인가 아닌가, 혹은 유교가 철학인가 아닌가 하는 토론은 노력에 비해서는 결실이 없는 무용한 토론이 될 가능성이 높다.[2]

앞에서 말한 것처럼, 삶과 죽음의 모델을 제시하고 그 모델에 따라 삶을 구축하고 삶에 대한 반성을 촉구하는 문화 체계를 종교라고 말한다고 느슨하게 정의한다면, 유교를 종교의 범주 안에서 논의하는 것은 아무런 문제가 없다. 종교와 철학이라는 개념의 의미는 그 개념을 만들어 낸 서양 문화 안에서도 시대마다 지역마다 큰 편차가 있었다. 여기서는 그런 이야기를 길게 할 수 없다. 따라서 그 문제에 관해서는 관련 전문 서적을 참조하기 바라면서, 결론만을 말하면 다음과 같다. 유교는 삶과 죽음에 대한 비교적 충실한 밑그림을 제공하고, 삶의 여러 국면 및 여러 단계에 의미를 부여하는 사상을 가지고 있다. 그리고 삶의 마지막 단계인 죽음에 의미를 부여하면서 죽음과 죽음 이후의 존재에 대한 사유를 가지고 있으며, 체계적인 의례를 실행한다.

유교가 사람들 사이의 관계를 조정하는 윤리를 강조하는 사상이라는 사실을 부정하는 사람은 없을 것이다. 그리고 유교 윤리의 요점이 효孝로 집약된다는 사실을 부정할 사람도 없을 것이다. 그러면 효란 무엇인가? 효란 무엇보다 살아 계신 부모를 잘 봉양하는[養生] 일, 그리고 돌아가신 조상을 잘 보내고 정성껏 제사를 드리는[追遠] 일이라고 간단하게 말할 수 있다. 부모가 살아 계실 때 공경하고, 돌아가신 후 정성껏 섬기는 일이 효의 처음과 끝이다. 그것을 달리 '양생송사養生送死'를 잘한다고 표현한다. 송사는 돌아가신 부모를 법도에 따라 보내고 정성껏 제사하는 것이다. 그렇게 부모를 보내고 섬기는 의례가 상례, 장례, 제사다. 살아 계신 부모에게 잘하기도 어렵지만, 돌아가신 다음에 정성껏 제사를 바치는 일은 더 어렵다. 맹자는 살아서 섬기는 것도 중요한 일이지만 돌아가신 부모를 섬기는 일이 더 큰일이라고 말했다. 따라서 돌아가신 부모님을 섬기는 제사야말로 유교의 핵심 중의 핵심이라고 말할 수 있는 것이다.

한편, 소위 이론적 관점에서 유교를 설명하는 사람들은 이기철학理氣哲學이 유교의 핵심이라고 말하기도 한다. 그리고 이기철학은 합리주의적 자연철학이기 때문에, 거기에 종교적 사유가 개입될 틈이 없다고 말하기도 한다. 더 나아가 유교가 종교가 아니라는 논거로, 공자께서 삶에만 관심을 기울이고 죽음에 대해서는 관심을 기울이지 않았다고 말한다. 과연 그럴까?

먼저, 리기 철학은 가시적 존재의 설명 원리일 뿐만 아니라, 비가시적인 영혼(혼백)이나 귀신 등과 같은 초월적인 존재에 대한 해명의 원리이기도 하다. 리기 철학을 근거로 곧바로 유교는 종교가 아니라는 것은 납득하기 어렵다. 이기철학의 완성자 주희의 사상 안에 귀신이나 제사에 대한 논의가 풍부하게 담겨 있다는 사실을 보면 쉽게 알 수 있다.

나아가 『논어』에 나오는 자로의 질문에 대한 공자의 대답을 통해서 공자가 죽음에 대해 관심을 기울이지 않았다거나, 귀신은 존재하지 않는다고 생각해서는 안 된다(본서 제2장 공자의 귀신론 참조). 인간의 '죽음'이나 '귀신' 세계에 대한 사색 그 자체가 공자 사상의 주요 과제가 아닌 것은 확실하다. 그러나 그렇다고 해서 『논어』를 비롯한 유교 경전이 죽음에 무관심했다고 말할 수는 없다. 더욱이 유교에는 죽음에 대한 사유가 없다고 말할 수는 없다. 유교가 죽음에 대한 사색을 결여하고 있다는 선입견은 극복되어야 할 것이다.

유교는 철저하게 삶의 관점에서 죽음을 사색한다. 유교는 충실한 삶과 삶의 완성이라는 관점에서 죽음을 바라본다. 그렇다고 해서 유교가 죽음 문제를 회피한다고 말할 수는 없다.

공자는 좋은 삶을 산다는 전제에서만 죽음에 대한 사유가 의미가 있다고 생각했다. 좋은 삶을 살았을 때, 운명으로 닥쳐오는 죽음은 피하려 하지 않는다. 그러나 공자는 죽음을 호기심의 대상이나 지적인 해명의 대상으로 생각하지는 않았다. 공자는 죽음이 삶을 완성해 가는 하나의 과정이라고 생각했다. 공자에게 죽음은 이론적으로 논의되어야 하는 주제가 아니었다. 인식적 물음으로서 죽음 논의는 무의미하다. 공자에게 죽음 문제에 대해 질문을 던진 자로는 공자의 사랑을 받는 제자이지만, 용맹이 지나치고 삶에 대한 감수성이 부족한 제자였다. 죽음에 관한 공자의 생각을 이해하려 할 때, 염두에 두어야 하는 사항이다. 어쨌든 자로는 나중에 전장에서 죽었는데, 마지막 죽음의 순간에도 갓끈을 바로 매면서 최후를 맞이했다는 이야기가 전한다. 죽음이 좋은 삶의 연장선에 있는 것이라는 공자의 가르침을 실천하려는 의지가 눈에 선하게 떠오른다.

바른 죽음은 좋은 삶의 결과

인간은 행복을 추구하는 존재라고 한다. 물론 행복이라는 말은 너무 막연해서 구체적인 의미가 떠오르지 않는 것이 사실이다. 행복의 의미는 문화마다 시대마다, 심지어 사람마다 다르다. 그러나 행복이라는 말이 자기 자신에 대한 자존감, 정서적 만족감, 경제적 안정감, 그리고 미래에 대한 안심감 같은 요소를 포함한다는 데 이의를 제기할 사람은 많지 않을 것이다. 그러나 경우에 따라서 사람은 행복의 여러 기준 중에서 한두 가지를 포기하고 단 하나를 선택해야 하는 극한상황에 놓일 수도 있다. 그러나 어떤 경우라도 행복을 추구하는 소망 그 자체를 빼앗을 수는 없을 것이다. 행복한 삶의 소망은 언제나 행복한 죽음의 소망으로 이어진다. 좋은 삶에 대한 소망 못지않게 좋은 죽음에 대한 소망도 중요하다. 잘 죽지 못한다면 살면서 누리는 행복이 다 무슨 소용이 있을까? 좋은 죽음이 바른 삶에 의해 결정되는 것과 마찬가지로, 바른 삶 역시 좋은 죽음에 의해 마무리되는 것이라는 사실을 기억하는 것이 좋은 삶을 사는 최소한의 조건이다. 행복한 삶의 소망은 좋은 죽음에 대한 소망을 바탕에 깔고 있다. 잘 죽기 위해서는 잘 살아야 한다. 그리고 잘 죽어야 잘 살았다고 말할 수 있다. 죽음은 삶의 마무리이기 때문이다.

죽음이란 누구에게나 필연적으로 오는 것이기 때문에 아등바등 피하려 하지 말자. 그것이 운명 받아들이기의 첫걸음이다. 어차피 죽을 것이니, 닥치는 대로 살자는 말이 아니다. 어차피 죽을 것이니, 용기를 내어 자기다운 삶을 살자는 말이다. 자기답게 사는 것, 그것이 좋은 삶을 사는 것이다. 사람으로서 사람답게 사는 것이 자기답게 사는 것이다. 공자는 자기다움을 실현하는 삶을 '인을 완성[成仁]'하는 삶이라고 말했다. 목숨을 걸고라도[殺身] 자기답게 사는 길을 선택[成仁]해야 한다는 것이 공자의 신념이었다. 내가 도를 실현하고, 내가 인을 완성한다. 아무리 위대한 사람의 삶이라도 그것이 나의 삶이 아닌 이상, 그런 삶을 살아서는 자기답게 사는 것이 아니다. 자기답게 살지 않았다면, 그건 살아도 산 것이 아니다.

이처럼 유교의 사유는 불굴의 심지(강인함)가 있다. 그것을 유교에서는 강剛이라고 불렀다.[3] 그러나, 그런 심지가 호학好學을 통한 자기반성을 동반하지 않을 때는 제멋대로[狂]가 될 위험이 있다.[4] 우리 사회의 폐단이 바로 제멋대로[狂] 사는 것을 좋은 삶으로 착각하는 풍조가 만연해 있다는 것이 아닐까? 좋은 죽음을 위해 기나긴 준비 과정으로서 자기만의 삶을 완성해가는 것[成仁]이 운명을 아는 일이고, 운명을 받아들이는 일이다. 그러나 우리 사회에서는 언제부터인지 그런 태도를 나약한 태도, 부질없이 손해 보는 태도라고 폄하하는 문화가 자리 잡았다. 잘 살기 위해서 다른 사람을 희생시켜도 좋다는 식의 제멋대로 살기를 자기다움의 실현이라고 착각하는 것이 정상이 되어 버린 것이 아닌지 안타깝다. 우리 사회에서 다른 사람에 대한 배려는 사라지고 어디서든 억지 주장이 판을 친다. 사회 전체가 거대한 하나의 난파선이 되어 버린 느낌이 든다. 사회를 유지하는 기본이 제대로 서지 않은 상태에서, 꼼수와 속임수가 판을 친다. 나이 든 사람이든 어린 사람이든 무례함과 뻔뻔함을 자존감의 표현이라고 착각한다. 지도자를 자처하는 사람들의 삶의 모습이 그러니, 누구를 탓할 수 있겠는가. 윗물이 맑아야 아랫물이 맑다 했다. 공자는 군자는 바람이고 소인은 풀이라고 했다. 바람이 불면 풀이 눕는 것은 당연하다.[5] 너무도 당연한 말이라서 오히려 코웃음이 난다. 그런데 그런 너무도 당연한 기본이 지켜지지 않는 사회에서 다른 고상한 말이 무슨 의미가 있겠는가?

이런 사회 안에서 사람들은 좋은 죽음을 기대하기 어렵고, 따라서 좋은 삶을 기대하는 것 자체가 어렵지 않겠는가. 어른의 책무는 다음 세대에게 좋은 사회를 물려주는 것이다. 좋은 사회에서 자기답게 사는 모범을 보여주는 것이 교육이다. 좋은 삶은 반드시 좋은 사회를 전제하기 때문이다. 사회의 질이 낮은 사회에서 수준 높은 행복이나 좋은 삶을 기대하는 것은 쉽지 않다.

공자는 부유함[富]과 명예[貴]의 획득이 인간의 행복 추구에서 중요한 일임을 절대 부정하지 않는다. 재산(부)과 명예(귀)를 추구하는 것은 당연한 욕구가 될 수 있다. 정치의 중요한 목표 중의 하나도 백성을 부유하게 만드는 것이라고 말한다. 그러나 부유함과 명예가 다른 사람의 억울한 희생 위에서 얻어지는 것이라면 그것은 오히려 부끄러운 일이 된다. "바르게 얻은 부와 명예가 아니라면 나는 머물지 않겠다."[6] 공자의 말이다. 이것이 공자의 강剛이다. 공자는 심지가 굳은 사람이었다. 바르지 않은 방법으로 얻은 부유함과 명예는 공자에게 뜬구름 같은 것이었다.[7]

공자의 생각을 따라가 보면, 정의롭지 않은 사회에서 성공을 거두었다는 것은 오히려 부끄러운 삶을 살았다는 증거가 될 수도 있다. "나라에 도가 있는데 가난하고 비천하다면 그것은 부끄러운 일이다. 나라에 도가 없는데 부유하고 명예롭다면 그것이 도리어 부끄러운 일이다."[8] 우리 사회는 도道가 살아 있는 있는 사회인가? 행복을 말하기 전에, 좋은 삶을 말하기 전에, 우리는 우리가 사는 사회가 좋은 사회인지 진지하게 물어보아야 한다. 사회를 말하지 않고 개인의 행복과 자기다움을 말하는 것은 어불성설이기 때문이다. 그런데도 다른 사람의 억울한 희생을 딛고 성공한 사람들, 약자들의 희생을 강요하면서 부귀를 누리는 사람들이 사회의 지도자로서 군림하는 모습이 자주 목격된다. 그리고 그런 사람들이 아름답지 않게 삶을 마감하는 모습도 자주 목격된다. 살아서 아무리 잘 먹고 잘 살아도 올바르게 살지 못했기 때문에 비참한 최후를 맞이하거나 부끄럽게 인생을 마감하는 사람들을 볼 때마다, 나는 삶을 다시 생각한다.

올바른 죽음 인식이 있다고 해서 사람이 죽음이라는 한계를 넘어설 수는 없다. 그러나 죽음에 대한 사유는 죽음이라는 사건을 통해 삶을 진지하게 되씹어 보고 반성하며 삶의 옷매무새를 매만지게 만든다. 영원히 살고자 하는 헛된 욕망을 가진 사람, 죽음에 대해 밑도 끝도 없는 두려움이 있는 사람은 오히려 건강한 삶을 살기가 어렵다. 더구나, 죽음이 언제 닥쳐올지 모르는 위험 사회를 사는 현대인으로서 죽음에 대해 자신의 가치관을 가다듬어 두는 것은 '현대인의 윤리'라고 생각될 정도다. 자연사를 당연한 것으로 여기던 시절에는 천천히 죽음을 생각해도 별 문제가 없었다. 그러나 우리가 사는 이 시대는 죽음을 더 가까이서 느끼는 시대다. 현대인에게 죽음의 사자는 더 가까이 다가와 있다.

올바른 죽음 인식을 갖는다는 것은 언젠가 죽는다는 사실을 당연하게 받아들이고, 죽음을 준비하는 과정으로서 삶을 대하는 태도를 갖기 위해서 필요한 일이다. 바른 죽음은 좋은 삶의 결과이기 때문이다. 좋은 삶을 산 결과 자연스럽게 찾아오는 죽음은 안타깝지만 피할 수 없는 필연이다. 이 세상에서의 삶을 잘 살아낸 사람에게, 죽음은 무조건 회피해야 할 공포는 아니다. 우리는 자기의 바른 죽음을 준비하기 위해 자신의 삶을 자기답게 살아내야 할 의무가 있지만, 다른 사람들의 삶을 배려해야 하는 의무도 있다. 우리가 잘 죽기 위해서 잘 살아야 하는 것처럼, 다른 사람이 잘 죽기 위해서 그들이 각자의 좋은 삶을 사는 것을 방해하지 않아야 한다.

죽음의 문제는 결국 삶의 문제다. 세계의 중요한 종교들이 가르치는 좋은 삶이란 결국 바른 죽음을 준비하는 과정으로 삶을 사는 것이다. 그런 점에서 좋은 삶의 탐색은 죽음의 준비이고 죽음의 연습이다. 올바르게 자기다운 삶을 산 사람은 이 세상에 헛된 미련을 가지지 않고, 편안하게 눈을 감을 수 있지 않지 않을까? 좋은 삶을 살았고 그 결과 바른 죽음을 맞이한 사람은 윤회의 고통에서 벗어난다고 보아야 하지 않을까? 불교도가 말하는 해탈이란 그런 것이 아닐까? 기독교가 말하는 죽음 뒤의 영원한 삶 역시 그런 것이 아닐까? 기독교의 영원한 삶은 이 세상에서 한 점 부끄러움 없이 정의롭고 사랑이 가득한 삶을 산 사람에게 주어진 은총의 선물이다. 그런 삶을 산 사람이 올바르게 죽어야 다다를 수 있는 곳이 하나님의 나라이고 영원한 삶이다. 도교의 불사不死 역시 영원히 살아 있음을 말하는 것이 아니다. 모든 것을 완전히 비워 낸 삶[爲道日損], 그래서 '도와 하나가 된'[與道爲一] 삶이 도교적 의미의 불사不死다. 유교도 예외는 아니다. 올바른 삶은, 사적인 이익을 위해 도리를 버리는[見利捨義] 삶이 아니라 사적인 욕망 추구를 앞두고 진정한 도리가 무엇인지[見利思義] 다시 생각하는 삶이다. 다시 말해 '군자'로서 사는 삶이다. 군자의 삶을 사는 것이 유교가 말하는 바른 삶인 것이다. 군자는 죽음의 순간에도 사람의 바른 길을 생각한다. 사적인 욕망 때문에 도리를 내팽개치지 않는다. 개인의 작은 욕망에 사로잡히지 않고, 더 큰 가치의 존재를 잊지 않는 큰사람이 군자다.

죽음 의례를 통해 사회는 하나가 된다

모든 존재하는 것에는 시작과 끝이 있다. 우리 속담에 '시작이 반'이라는 말이 있다. 시작이 중요하다는 것을 강조하는 말이다. 좋은 끝을 맺기 위해서는 시작이 대단히 중요하다. 그렇지만 아무리 시작이 멋있어도 마무리가 좋지 않으면 시작이 의미가 없다. 끝이 좋으면 다 좋다는 말도 있지 않은가! 인간은 부모의 은혜에 힘입어 이 세상에 태어난다. 누구든 자기의 시작을 선택하고 준비할 수는 없다. 인간의 시작은 부모에게 전적으로 의존한다. 좋은 부모는 자식이 인생을 잘 시작할 수 있도록 도와주는 스승이자, 후원자다. 유교적으로 보자면, 잘 사는 것의 가장 중요한 표지는 좋은 부모가 되는 것이다. 유교에서 인간은 근본적으로 사회적 인간이고, 가족적 인간이다. 그런 사회적 가족적 관계를 유교에서는 '오륜'이라는 말로 정리한다. 가족과 사회를 떠나 고립된 인간은 유교적 세계의 구성원이 아니다. 유교가 불교나 도교를 비판하는 가장 근원적인 이유는, 그 두 종교가 반사회적이고 반가족적이라고 보기 때문이다. 그런 반사회적, 아니 탈사회적 인간의 삶을 유교에서는 반인륜이라고 부른다. 물론 이러한 비판은 타 종교에 대한 유교의 오해이고 편견이다.

사회적 존재인 인간이 좋은 삶을 살기 위해서는 부모나 가족의 도움만으로는 부족하다. 인간은 나와 가족, 그리고 사회가 연속되어 있는 상호 연관의 고리를 이해하고, 그 연결의 맥락 속에서 의무와 책임을 실천해야 한다. 인륜人倫, 오륜五倫, 그리고 윤리倫理의 윤倫은 사람과 사람이 만드는 바퀴, 사회를 굴러가게 만드는 바퀴라는 의미가 있다. 우리는 타인과 관계를 맺으며 사회 안에서 살고 있다. 그 관계가 하나라도 어긋나면 세상은 굴러가지 않는다. 우리는 모두 누군가의 자식으로서, 누군가의 부모로, 또 누군가의 친구로, 누군가의 부하 혹은 상사로, 누군가의 선배 혹은 후배로 살아간다. 이런 인간관계의 고리가 뭉쳐서 사회가 만들어진다. 이렇게 인간은 복잡한 '우리'라는 관계 속에서 인생을 시작하고, 인생을 끝마치는 존재다. 인간이 살고, 죽는다는 사실은 단순한 생물학적 개체의 문제로 그치지 않는다. 인간의 삶은 '우리'라는 관계 속에서 발생한다. 삶이 그렇듯 죽음 역시 그런 관계망 안에서 발생하는 문화적 현상이다. 우리의 전통 사회는 그러한 우리의 관계를 묶어 주는 원리를 유교적인 체계에 의존하여 배웠다.

그런 유교적인 체계를 '예'라고 부른다. 예는 사회를 조직하는 유교적 체계다. 유교는 '예'를 통해 사회적 존재로서 인간을 연결하고 그런 인간의 관계에 의미를 제공하는 신념과 행위의 거대한 체계였다. 전통 사회에서 예가 작용하는 범위는 대단히 넓어서, 현대적인 언어로는 그 범위를 완전히 포괄하는 말을 찾아내기가 쉽지 않다. 예는, 굳이 번역하자면, 문화적 질서 혹은 문화 체계라고 말할 수 있을 것이다. 예는 단순한 법질서 이상이고, 도덕 질서보다도 훨씬 범위가 넓다. 유교적 예는 법, 경제, 정치, 사회의 모든 것을 담는 포괄적인 질서라고 말할 수 있을 것이다. 그렇지만, 예의 바탕에는 역시 오늘날 종교적이라고 불리는 행동, 즉 상례와 제사가 자리 잡고 있었다. 상례와 제사는 죽음에 관한 유교의 종교적 인식을 바탕에 가지고 있는 의례다. 상례와 제사에는 삶의 마지막 과정인 죽음을 맞이하는 유교적 신념이 잘 드러난다.

유교적 신념에 따르면, 인간의 삶은 죽음에 의해 완성된다. 죽음은 인생의 마지막 단계를 마무리하여 삶을 완성시킬 수 있는가 없는가를 가늠할 수 있는 척도였던 것이다. 유교에서 죽음은 생명의 단순한 종점이 아니라 다시 이어지는 삶을 위한 준비라고 생각되었다. 유교에 부활이나 내세에 관한 교리나 이론이 있다는 말이 아니다. 유교는 내세로 이어지는 삶이 아니라 죽은 사람의 가족에 의해 이어지는 혈연적 생명의 연속성을 강조했다. 사람이 죽으면 신체와 생명력은 기로 변하여 자연 안으로 사라진다. 그러나 신체가 사라진 다음에도 무언가가 남는다. 영혼이나 혼백이 아니다. 혼백도 언젠가는 사라지고 만다. 그러나 무엇인가 남는다. 아니 누구에게나 그런 일이 발생하는 것은 아니기 때문에, 남는다기보다는 '남을 수 있다'고 말하는 것이 옳을 것이다. 신체의 불사가 아닌, 사후의 불멸을 유교에서는 '불후不朽'라고 표현한다.

사람의 신체는 죽은 후에 자연의 '기의 바다[氣海]' 속으로 되돌아간다. 그러나 사람은 후손과 가족을 통해서, 혹은 그가 생전에 이룩한 위대한 업적을 통해(立德, 立功, 立言) 이름이 남고, 그의 업적이 남고, 그의 가르침이 남는다. 그런 식으로 남아서 불멸의 존재가 될 수 있다는 것이다(삼불후론에 대해서는 6장에서 자세히 살펴보았다.). 따라서 가족이 없이 죽는 사람, 혹은 살았어도 세상을 위해 아무런 가치 있는 일도 남기지 못하고 죽는 사람은 그냥 자연 속으로 흩어지고 나면 아무런 흔적도 남기지 않는다. 그는 그냥 물질을 구성하는 미세 요소가 되어 허무로 돌아간다.

유교에서 말하는 '불후'는 생물학적 불사不死와는 전혀 다르다. 하지만 그것은 대단히 의미가 깊은 유교적 불사, 즉 사회적 불사라고 말할 수 있다. 유교는 바로 이 '불후'의 이념에 근거하여 생물학적 영생을 추구하는 도교적 불사의 탐색을 허망한 일이라고 비판했다(물론 도교의 불사에 대한 오해라고 볼 수도 있다). 그리고 죽은 자가 살아 돌아온다면 삶의 인륜적 질서가 혼란에 빠지고 말 것이라는 이유에서 불교의 윤회를 부정했다.

유교에서 죽음은 죽은 사람의 삶을 말해 주는 것이고 그의 인생을 판단할 수 있는 표지였다. 죽은 사람의 가족 및 사회적 관계를 단적으로 드러내는 계기가 죽음이라고 생각한 것이다. 인간은 죽음으로써 산 자가 꾸미는 사회의 질서로부터 벗어나 전혀 다른 새로운 세계로 들어간다. 그러나 죽었다고 해서 죽은 사람이 살아 있을 때 구축한 사회적 관계가 일거에 단절되는 것이 아니다. 죽은 사람의 삶은 가족이라는 유대를 통해 남겨진 가족과 후손에게 계승된다. 그 관계는 이제 남아 있는 가족과 자손의 삶을 통해서 이어진다. 죽은 사람을 보내는 적절한 의례를 치르는 이유 중의 하나는, 그 의례를 통해서 살아남은 사람들의 관계를 연결하고 회복하기 위해서였다. 따라서 죽음의 의례는 죽은 사람을 위한 것이지만, 동시에 살아남은 가족을 위한 것이기도 했다. 죽은 사람을 보내는 의식이 유교에서 그토록 중요했던 이유는 바로 그것이 유교적 인간의 삶을 곧바로 보여주는 것이었기 때문이다.

죽은 이를 보내는 상례는 죽은 이의 후손이 치르는 것이 원칙이었다. 그 의례를 계기로 죽은 이의 후손은 죽은 이가 생전에 수립한 사회적 관계를 물려받는다. 그런 의미에서 상례는 역할 교체와 세대 교체의 의미가 있다. 그렇다면, 그러한 의례를 치를 후손이 없는 경우는 어떤가? 죽은 사람을 장사 지내고 죽은 사람의 영혼에게 제사를 드려 줄 자손이 없이 세상을 떠나는 것은 유교 사회에서 가장 큰 불행이라고 생각되었다. 부모에 앞서 자식이 먼저 이 세상을 떠나는 것은 최대의 불효였다. 그 둘은 같은 맥락이다. 유교가 불교를 비판한 최대의 이유가 바로 그것이다. 기독교는 유교적 제사를 우상숭배라고 비판한다. 그러나 유교적 입장에서는 조상 제사를 부정하는 기독교를 효의 실천을 반대하는 반인륜적이고 패륜적인 종교라고 비판할 수 있다. 자손이 있어도 제사를 드리지 않는 것은 후손이 끊긴 것과 마찬가지 상황이 되기 때문이다.

조금만 생각해 보면 알 수 있지만 유교의 조상 제사는 기독교가 말하는 우상숭배와는 다르다. 제사의 대상은 일반적인 의미의 신이나 귀신이 아니다. 제사 지내는 사람의 돌아가신 조상의 혼백이 제사의 대상이다. 유교에서는 죽은 사람의 혼백이 죽는 순간 곧바로 이 세상을 떠나는 것이 아니고, 얼마간은 세상 주변에 머물러 있다고 본다. 부모님께 문안 인사를 올리고 건강을 염려하는 것과 같은 맥락에서, 돌아가셨지만 아직은 완전히 자연 속으로 사라지지 않은 부모님의 기氣와 감응하기 위해 제사를 드린다. 기의 감응을 전혀 믿지 않는 사람이 제사를 드리는 것은 이상하다. 그러나 완전히 믿지는 않아도 어렴풋이 믿기 때문에, 어정쩡하게 제사를 드리는 사람도 있을 수 있다. 그냥 습관으로 받아들이는 사람도 있을 것이다. 특별한 효심이 없어도 사회적 관습 때문에 부모님을 봉양하는 것과 비슷한 상황이다. 그러나 그 어떤 경우든 제사는 조상이나 부모에 대한 문안 인사의 연장선상에 있다. 따라서 일정 기간 동안(대개 4대, 120년 정도), 사당이나 집안에 신주(神主, 혼백이 깃드는 상징적인 몸)를 모시고, 그것을 조상의 영혼이 깃드는 몸으로 삼는 것이다. 신주는 부모, 조상의 상징적 육신이다. 따라서 그 신주를 단순히 우상이라고 보아서는 안 된다. 유교에서도 조상의 영혼(혼백)이 아닌 일반적인 귀신(잡신, 여귀)에게 함부로 제사를 올리는 것을 금지한다. 그리고 그런 잡신에게 바치는 제사, 즉 산천의 신령이나 온갖 종류의 초월 존재인 잡신들에게 제물을 바치는 행위에 대해서는 우상숭배라고 말할 수도 있을 것이다. 그러나 유교의 조상 제사를 우상숭배라고 볼 수는 없다.

유교는 죽음으로써 삶은 완결된다고 생각한다. 그리고 죽음은 죽음의 의례를 거치면서 완결된다. 죽음의 의례가 제대로 치러지지 않은 죽음, 죽음의 의례를 통해서 제대로 구획되지 않은 죽음은 완결되지 못한 죽음이다. 생물학적으로는 죽었을지 모르지만 사회적 존재로서, 그리고 문화적인 존재로서는 아직 제대로 죽지 못한 것이다. 따라서 그 사람의 삶은 완결되지 못한 사회적으로 문화적으로 불완전한 미완의 삶인 것이다. 죽어도 죽지 못하는 자의 불행이란! 삶이 제대로 정리되지 못했기 때문에 죽어도 죽을 수 없는, 삶이 아닌 삶이 이도저도 아닌 상태에서 머물러 있는 것이다.

유교의 예 정신에 따르면, 죽음을 삶과 분리하지 못하는 혼란, 산 자와 죽은 자의 영역이 구분되지 않는 혼란보다 끔찍한 것은 없다.[9] 예법禮法에 규정한 의식을 치르면서 산 사람은 정상적인 삶의 영역으로 복귀할 수 있어야 한다. 죽은 자는 돌아오지 않을 길을 떠나고, 죽은 사람과 살아 있는 사람은 예를 통해 완전히 분리된다. 죽은 사람을 보내는 예가 적절하게 치러지면 죽은 사람은 산 사람의 삶에 개입하지 않는다. 그러나 현실은 그렇게 단순하게 정리되지 않는다. 모든 사람이 올바른 죽음을 맞이하는 것도 아니고, 모든 죽은 사람이 아무런 여한 없이 올바른 예법에 근거하여 세상을 떠나는 것도 아니기 때문이다.

옛날 사람들은 이 세상에서 발생하는 불가사의한 재난들이 저세상에 편안히 안주하지 못하는 귀신들의 개입에 의한 것이라고 믿었다. 가뭄 등 사회와 국가의 안녕을 위협하는 큰 재앙이 발생하면, 후손 없이 죽어 간 원혼冤魂을 제사 지낸다거나, 산천에 흩어진 해골骸骨을 모아 성대한 장례를 치러주는 의식이 국가적으로 공식화되어 있었던 것은 그들의 사고방식을 잘 보여준다.

세계의 모든 종교는 죽은 자를 보내는 의례를 가지고 있다. 적절한 절차를 따르는 죽음의 의례를 통해 인간 사회는 건강한 질서를 수립할 수 있기 때문이다. 죽음의 의례를 반복하면서 공동체의 구성원은 죽음의 경험을 공유하는 문화적 장치를 갖게 된다. 그런 장치를 통해 죽음은 특정한 사람에게만 발생하는 특별한 사건이 아니라는 사실을 알게 된다. 죽음의 의례는 살아 있는 사람과 죽은 자를 분리시키는 것이지만, 동시에 살아남은 사람들의 소망을 하나로 묶어 주는 역할을 한다. 인간은 누구나 언젠가는 죽어야 하지만 같은 죽음을 경험할 수 없기 때문에, 의례를 통해 같은 소망을 품고 사는 사람들이라는 동질감을 강화한다. 죽음 의례를 통해 삶과 죽음에 대한 상상력을 공유함으로써 그들은 하나가 되는 경험을 하는 것이다. 종교는 구성원을 하나로 묶어 주는 경험을 가능하게 하는 문화적 상상의 체계인 것이다.

| 주석 |

제1장 유교와 죽음의 정치

1 『좌전』「성공13년」: "國之大事, 在祀與戎."
2 『좌전』「문공2년」: "祀, 國之大事也."
3 『논어』「안연」에는 제가 자공과 공자의 다음과 같은 문답이 실려 있다. "子貢問政. 子曰, 足食. 足兵. 民信之矣. 子貢曰, 必不得已而去, 於斯三者何先? 曰, 去兵. 子貢曰, 必不得已而去, 於斯二者何先? 曰, 去食. 自古皆有死, 民無信不立." 이 문답에서 공자는 군대[兵]와 경제[食], 그리고 백성의 신뢰[信], 세 가지가 정치의 핵심 문제라고 말한다. 그리고 그 셋 중에서 가장 중요한 것은 '군대'도 아니고 '경제'도 아니고 '신뢰'라고 말한다. 현대적인 관점에서 보면 현실성이 떨어지는 말인 것 같지만, 오늘의 정치인들이 정말로 깊이 새겨들어야 할 말이다. 국민의 '신뢰'를 잃으면 그 어떤 좋은 정책이라도 실행할 수 없다. 국민의 '신뢰'를 잃으면 국민으로 구성된 군대는 오합지졸이 되고 말 것이기 때문이다.
4 『관자』「경중하」: "倉廩實, 則知禮節. 衣食足, 則知榮辱."
5 위에서 살펴본 종교 개념, 사람과 사람을 하나로 이어 주는 신념과 생활 방식, 근원적인 가치관이라는 종교의 본래 의미에 주목해 보자. religion을 번역하는 한자어 '종교宗教'라는 말은 '으뜸 되는 가르침'이라는 말이다. 사람이 사는 데 가장 중요한 절대로 없을 수 없는 기본적 가르침, 즉 근원적인 가치관이라는 말이다. 사람의 가치를 유지하면서 사회를 유지하는 것, 그 이상 중요한 일이 있을까? 번역어 '종교'는 'religion'이라는 말의 본래 의미를 상당히 잘 전달하고 있는 훌륭한 번역이라는 생각이 든다.
6 『논어』「학이」: "生, 事之以禮. 死, 葬之以禮, 祭之以禮."
7 유교는 시신을 땅에 묻는 것을 '바른' 처리 방식이라고 생각한다. 불교에서는 사체를 땅에 묻지 않는다. 여기서는 유교적 방식에 대해 말하기 때문에 땅에 묻는 것이 '바른' 방법이라고 말했다. 땅에 묻는 것만이 올바른 방법이라는 말이 아니다.
8 유교적 혼백魂魄과 번역어인 영혼靈魂은 비슷하지만 다른 의미가 있다. 이 문제는 이 책의 제3장에서 자세히 논의한다.
9 '祭之以禮'의 의미다. 어느 사회든 죽은 사람을 추모하는 일정한 형식이 있다. 그리고 모든 종교는 그런 추모를 제도화하고 있다. 여기서 말하는 혼魂은 사람의 육체 안에 깃들고 있던 생명력의 원천이다. 혼魂에 대해서도 이 책의 제3장에서 자세히 말한다.
10 『논어』「학이」: "愼終, 追遠, 民德歸厚矣."

11 『맹자』「이루하」: "養生者不足以當大事, 惟送死可以當大事."

12 『묵자』「수신」: "生則見愛, 死則見哀."

13 『순자』「예론」: "凡禮, 事生, 飾歡也. 送死, 飾哀也. 祭祀, 飾敬也. 師旅, 飾威也. 是百王之所同, 古今之所一也. 未有知其所由來者也. … 故喪禮者, 無他焉, 明死生之義, 送以哀敬, 而終周藏也. … 事生, 飾始也. 送死, 飾終也. 終始具, 而孝子之事畢, 聖人之道備矣. 刻死而附生謂之墨, 刻生而附死謂之惑, 殺生而送死謂之賊. 大象其生以送其死, 使死生終始莫不稱宜而好善, 是禮義之法式也, 儒者是矣."

제2장 공자의 침묵 : 제사의 정치학

1 『논어』「선진」: "季路問事鬼神. 子曰, 未能事人, 焉能事鬼? 敢問死. 曰, 未知生, 焉知死?"

2 『논형』「논사」: "物死不為鬼, 人死何故獨能為鬼." "人死不為鬼, 無知, 不能語言, 則不能害人矣."

3 『논어』「안연」: "非禮勿視, 非禮勿聽, 非禮勿言, 非禮勿動."

4 『논어』「계씨」: "공자께서 말했다. 군자는 세 가지 두려워하는 것이 있다. 천명, 대인, 성인의 말을 두려워한다. 그러나 소인은 천명을 모르기 때문에 두려워하지 않는다. 대인을 두려워하지 않기 때문에 친압하고, 성인의 말을 이해하지 않기 때문에 모욕한다."(孔子曰, 君子有三畏, 畏天命, 畏大人, 畏聖人之言. 小人不知天命而不畏也, 狎大人, 侮聖人之言.)

5 『논어』「선진」: "德行, 顔淵閔子騫冉伯牛仲弓. 言語, 宰我子貢. 政事, 冉有季路. 文學, 子游子夏."

6 『논어집주』: "問事'鬼神, 蓋求所以奉祭祀'之意."

7 『논어』는 공자의 말 전부가 아니라 전형적인 주장을 기록한다. 수많은 사회적, 정치적, 종교적, 인간적 문제에 대해 방향 설정의 역할을 하는(한다고 생각되었던), 사유의 지침이 될 수 있는 공자의 기본적 입장을 선별적으로 수록하고 있다.

8 고대 중국의 귀족사회에서 예의 중요성은 부정할 수 없다. 따라서 자료의 질문은 너무 근원적이어서 함부로 제기할 수 없는 것이라고 볼 수도 있다. 예를 모든 행위의 준거라고 생각하는 사람들을 유자儒者라고 부른다면 당시의 귀족들은 넓은 의미의 모두 유자儒者였다. 전국 시대가 되면 예의 당위성에 대해 의문을 품는 사상가들이 등장한다.

9 양백준, "孔子未必眞的相信鬼神的實有", 『논어역주』, 중화서국.

10 초기의 중국불교에서는 윤회의 주체를 '신'이라고 부르면서 사람이 죽은 다음에 육체

는 소멸하지만 '무언가'가 남아서 윤회를 거듭한다고 주장한다. '신'은 윤회의 주체가 되는 살아있던 사람의 인격의 중심인 '무언가'이다. 불교에 의한 '신' 개념의 오용이라고 말할 수도 있다.

11 『주역』「계사전」: "陰陽不測之謂神."

12 귀신 개념의 다양성, 신 개념의 다양성에 대해서는 이 책의 7장에서 자세히 논의한다.

13 『공자』「팔일」: "孔子謂季氏, 八佾舞於庭, 是可忍也, 孰不可忍也?" 예禮에 의해 규정되는 계급질서를 넘어선 의례를 비판하는 대표적인 문장이다.

14 『논어』「안연」: "民無信不立."

15 『좌전』「환공 6년」: "夫民, 神之主也, 是以聖王先成民, 而後致力於神." 또, 『좌전』「희공19년」에는 "제사는 사람을 위한 일이며, 백성은 신의 주인"(祭祀以為人也, 民, 神之主也.)이라는 말도 나온다. 제사가 중요하지만, 궁극적으로 사람을 살리는 일이 제사, 정치의 목표라는 관점이 강조된다. 공자의 제사론 역시 『좌전』에서 제시된 제사론의 연장선에 있다고 생각된다.

16 『논어』「위정」: "非其鬼而祭之, 諂也."

17 '음사'라는 말은 『예기』에 나온다. '음사'로는 복을 받지 못한다고 말한다. 『예기』「곡례하」: "제사하지 않아야 할 신에게 제사하는 것을 음사라고 부른다. 음사로는 복을 받지 못한다."(非其所祭而祭之, 名曰淫祀. 淫祀無福.) 영어권 학자들은 '음사'를 '과도한 제사excessive cult'라고 번역한다. 음淫은 성적 문란 내지 음란淫亂이라는 뉘앙스를 가지고 있기 때문에 그렇게 보면 '음사'의 의미가 좀 달라진다. 음사는 성적으로 문란한 제사와 음탕한 내용을 가진 종교의례라는 의미를 가지고 있지 않다. 오히려 영어 번역이 정확하다고 볼 수 있다.

18 "子曰, 未能事人, 焉能事鬼."

19 『논어』「선진」: "敢問死. 曰, 未知生, 焉知死."

20 『논어』「술이」: "子不語, 怪力, 亂神."

21 『논어』「옹야」: "樊遲問知. 子曰, 務民之義, 敬鬼神而遠之, 可謂知矣."

22 『논어』「위정」: "子曰, 由! 誨女知之乎? 知之為知之, 不知為不知, 是知也." 흥미롭게도 이 구절 역시 자로에게 준 말씀이다. 자로는 형이상학적 문제나 알기 어려운 문제에 대해 많은 관심을 가진 사람이었던 것 같다. 아니면, 잘 알지 못하는 문제에 대해 막무가내로 행동하는 사람이었을 수도 있다.

23 『논어』「헌문」: "공자께서 말했다. 나를 아는 사람이 없구나! 자공이 물었다. '나를 아는 사람이 없다'는 말은 무슨 뜻인지요? 공자께서 말했다. [나는] 하늘을 원망하지 않고, 사람을 탓하지 않는다. 사람에 대한 공부를 통해서 하늘의 뜻을 이해하는데 이르렀다. [그러니] 나를 아는 것은 하늘이 아니겠는가? (子曰, 莫我知也夫! 子貢曰, 何為其

莫知子也? 子曰, 不怨天, 不尤人. 下學而上達. 知我者, 其天乎!)"

제3장 『좌전』, 『예기』의 혼백과 귀신

1 『논어』「리인」: "子曰, 朝聞道, 夕死可矣."

2 글자 모양 자체가 재미있다. 무당이 많은 제물을 바친다. 그 결과 하늘에서 구름처럼 신의 축복이 내려온다. 신의 말씀이 막 쏟아진다. 일종의 트랜스 상태에 빠져드는 것을 형상화한 글자다. 일본의 문자학 대가 시라카와 시즈카(白川靜)는 입 '口' 자를 신에게 바치는 제물을 담는 그릇. 혹은 신에게 바치는 제문(언어)을 담는 제구라고 해석한다. 입 '口' 자는 그냥 말이 아니라 분명히 종교적 활동과 관련이 있는 글자다. 제사의 결과 신으로부터의 신비로운 응답이 주어진다고 상상할 수 있을 것이다.

3 『장자(외편)』「달생」: "桓公曰, 然則有鬼乎? 曰, 有. 沈有履, 灶有髻. 戶內之煩壤, 雷霆處之. 東北方之下者, 倍阿, 鮭蠪躍之. 西北方之下者, 則泆陽處之. 水有罔象, 丘有峷, 山有夔, 野有彷徨, 澤有委蛇. 公曰, 請問委蛇之狀何如? 皇子曰, 委蛇, 其大如轂, 其長如轅, 紫衣而朱冠. 其為物也惡, 聞雷車之聲, 則捧其首而立. 見之者殆乎霸. 桓公囅然而笑曰, 此寡人之所見者也. 於是正衣冠與之坐, 不終日而不知病之去也."

4 후한 시대의 왕충은 '귀鬼'의 존재를 폭넓게 인정하면서도, '사람이 죽어서 귀가 된다'(人死爲鬼)는 입장을 거부한다. 왕충은 유교에서 말하는 '사람이 죽어서 되는 귀鬼'를 부정하지만, 민중 신앙의 대상인 초월 존재로서 도처에 존재하는 다양한 귀鬼의 존재를 부정하지 않는다. 그런 점에서 왕충을 간단히 무귀론자無鬼論者라거나 무신론자, 혹은 합리적 이성 철학자라고 부를 수는 없을 것이다.

5 영어권에서는 중국고전 어휘인 혼魂을 일반적으로 soul이라고 옮긴다. 그러나 그렇게 옮겨 버리면, 영어의 soul 개념과 혼魂을 손쉽게 동일시하는 단순화의 오류를 피하기가 어렵다. 그래서 조금 더 세심한 번역자는 혼魂은 soul과 대단히 유사한 것이지만, 문화적 맥락의 차이로 인해 그 두 개념 사이에는 차이가 있다는 것을 보여주기 위해 중국어 발음을 앞에 덧붙여 hun-soul(魂)이라는 세심한 번역어를 찾아내기도 했다. 거기에 덧붙여 그들은 중국 고전에서는 soul이 한 종류가 아니라 두 종류라는 점을 강조하면서, 두 번째의 영혼(soul)을 pu-soul(魄)이라고 부른다는 사실을 거의 반드시 알려준다. 혼魂과 함께 백魄 역시 영혼(soul)의 일종이라는 점에서, 하나의 영혼을 상상하는 서양과 영혼이 두 종류라고 보는 유교적 영혼관은 커다란 차이가 있을 수밖에 없다. Yu Ying-shi, "Oh! Soul Come Back, 참조.

6 [鬼有所歸, 乃不爲厲, 吾爲之歸也]

7 『좌전』「소공 7년」: "鄭人相驚以伯有, 曰伯有至矣, 則皆走, 不知所往. 鑄刑書之歲二

月, 或夢伯有介而行, 曰壬子, 余將殺帶也. 明年壬寅, 余又將殺段也, 及壬子, 駟帶卒. 國人益懼. 齊燕平之月, 壬寅, 公孫段卒. 國人愈懼. 其明月, 子產立公孫洩及良止以撫之, 乃止. 子大叔問其故, 子產曰, 鬼有所歸, 乃不為厲, 吾為之歸也. 大叔曰, 公孫洩何為, 子產曰, 說也. 為身無義而圖說, 從政有所反之以取媚也, 不媚不信, 不信, 民不從也."

8 [趙景子問焉, 曰, 伯有猶能為鬼乎? 子產曰, 能]

9 [子產曰, 鬼有所歸, 乃不為厲, 吾為之歸也]

10 '지괴'의 의미는 이 책의 2장에서 공자의 귀신, 죽음론을 논의하면서 간략하게 언급했다. 그리고 이 책의 7장 "원귀, 억울한 죽음을 당한 귀신"에서 다시 언급한다.

11 『예기』「곡례하」: "非其所祭而祭之, 名曰淫祀. 淫祀無福."

12 『좌전』「소공 7년」: "及子產適晉, 趙景子問焉. 曰, 伯有猶能為鬼乎? 子產曰, 能. 人生始化曰魄, 既生魄, 陽曰魂. 用物精多, 則魂魄強. 是以有精爽, 至於神明. 匹夫匹婦強死, 其魂魄猶能馮依於人, 以為淫厲, 況良霄. 我先君穆公之胄, 子良之孫, 子耳之子, 敝邑之卿, 從政三世矣. 鄭雖無腆, 抑諺曰, 蕞爾國, 而三世執其政柄, 其用物也弘矣. 其取精也多矣. 其族又大, 所馮厚矣. 而強死, 能為鬼, 不亦宜乎."

13 『예기』「제법」: "山林川谷丘陵能出雲爲風雨見怪物, 皆曰神."

14 귀신(귀) 개념은 서양의 종교나 대중적 신앙 세계 안에서 말하는 '고스트'(ghost)나 '스펙터'(spectre)에 해당한다고 볼 수 있겠지만, 신령(신)은 일신교 전통에 속하는 서양의 종교 전통 안에서 그 유사한 존재를 찾기가 어렵다. 중국의 신은 오히려 자연물을 신격화한 그리스 종교의 신 개념과 유사하다고 볼 수 있을 것이다. 하여튼, 이 글에서 말하는 '귀신'은 특별히 적시하는 경우가 아니면, '귀'와 '신' 둘 중에서 '귀'를 의미하는 개념이고, 사람이 죽었을 경우에 그의 영혼을 '귀'라고 부른다는 사실을 지적해 둔다.

15 『예기』「중용」: "子曰, 鬼神之爲德, 其聖矣乎. 視之而不見, 聽之而不聞, 體物而不可遺. 使天下之人齊明盛服, 以承祭祀, 洋洋乎如在其上, 如在其左右."

16 『예기』「악기」: "樂者敦和, 率神而從天, 禮者別宜, 居鬼而從地. 故聖人作樂以應天, 制禮以配地. 禮樂明備, 天地官矣."

17 『예기』「제의」: "宰我曰, 吾聞鬼神之名, 而不知其所謂. 子曰, 氣也者, 神之盛也. 魄也者, 鬼之盛也. 合鬼與神, 教之至也. 眾生必死, 死必歸土, 此之謂鬼. 骨肉斃於下, 陰為野土. 其氣發揚于上, 為昭明, 焄蒿, 凄愴, 此百物之精也, 神之著也."

제4장 기의 사상과 생사의 달관

1 章炳麟, 「駁建立宗教論」

2 리의 사상과 기의 사상은 커다란 입장의 차이를 가지고 있다는 사실을 부정하는 것은

아니다. 예를 들어, 리의 사상은 '형이상학'적이고, 기의 사상은 '창발론'적이라는 사실 등이다. 그럼에도 불구하고, 리의 사상이라 할지라도 기를 생명과 존재의 바탕으로 받아들인다. 본문에서 그들 사이의 차이가 언급될 것이다.

3 『순자』「왕제」: "水火有氣而無生, 草木有生而無知, 禽獸有知而無義, 人有氣 有生 有知, 亦且有義, 故最為天下貴也. 力不若牛, 走不若馬, 而牛馬為用, 何也? 曰, 人能群, 彼不能群也. 人何以能群? 曰, 分. 分何以能行? 曰, 義. 故義以分則和, 和則一, 一則多力, 多力則彊, 彊則勝物. 故宮室可得而居也. 故序四時, 裁萬物, 兼利天下, 無它故焉, 得之分義也."

4 『풍속통의』「세간다유」: "죽음이란 사라지는 것이다. 귀는 돌아간다는 말이다. 정기는 흩어져 하늘로 올라가고 골육은 땅으로 돌아가는 것이다.(夫死者 澌也, 鬼者 歸也, 精氣消越, 骨肉歸于土也.)"

5 『장자』「지북유」: "人之生, 氣之聚也, 聚則為生, 散則為死. 若死生為徒, 吾又何患! 故萬物一也, 是其所美者為神奇, 其所惡者為臭腐. 臭腐復化為神奇, 神奇復化為臭腐. 故曰, 通天下一氣耳. 聖人故貴一."

6 『설원』「변물」: "故《易》曰, 一陰一陽之謂道, 道也者, 物之動莫不由道也. 是故發於一, 成於二, 備於三, 周於四, 行於五. 是故玄象著明, 莫大於日月, 察變之動, 莫著於五星. 天之五星運氣於五行, 其初猶發於陰陽, 而化極萬一千五百二十."

7 『춘추번로』「오행지의」: "天有五行, 一曰木, 二曰火, 三曰土, 四曰金, 五曰水. 木, 五行之始也, 水, 五行之終也. 土, 五行之中也."

8 『예기』「예운」: "사람은 천지의 덕을 지니고 있으며, 음양의 이기가 결합한 결과이며, 귀신이 화합한 결과이며, 오행의 빼어난 기를 획득한 결과다.(故人者, 其天地之德, 陰陽之交, 鬼神之會, 五行之秀氣也.)"

9 『관자』「내업」: "精也者, 氣之精者也." 『논형』에도 비슷한 관점이 보인다. 『관자』의 규정은 널리 수용되는 것이었음을 알 수 있다. 『논형』「논사」: 人之所以生者, 精氣也, 死而精氣滅. 能為精氣者, 血脈也. 人死血脈竭, 竭而精氣滅, 滅而形體朽, 朽而成灰土, 何用為鬼? 人無耳目, 則無所知, 故聾盲之人, 比於草木. 夫精氣去人, 豈徒與無耳目同哉? 朽則消亡, 荒忽不見, 故謂之鬼神."

10 『대대례기』「증자천원」: "陽之精氣曰神, 陰之精氣曰靈."

11 『백호통의』와 『관자』는 정精을 고요함[靜]이라고 해석한다는 점에서 같은 생각을 보여 준다고 볼 수 있다. 마음을 비우는 고요함[靜]을 통해서 고도의 정신 상태인 정精의 단계에 도달하고, 그런 훈련을 계속 해나가면 더욱 더 고도의 정신 상태에 도달하여 신神이 밝아지는[明] 경험, 혹은 황홀의 경험에 도달한다고 설명하는 점도 유사하다. 기의 순수화를 통해서 정과 신의 상태, 즉 고도의 정신적 단계에 도달한다는 것이다.

마음을 수련한 결과 신비경험에 도달할 수 있다는 생각으로 읽을 수 있다. 『백호통』「정성」: “精神者, 何謂也? 精者, 靜也, 太陰施化之氣也. 像火之化, 任生也, 神者恍惚, 太陰之氣也, 間松雲支體, 萬化之本也.” 『관자』「심술」: “世人之所職者精也, 去欲則宣, 宣則靜矣. 靜則精, 精則獨立矣. 獨則明, 明則神矣.”

12 이 경우 정신은 서양어의 mind 혹은 spirit의 번역어로서의 정신과는 다르다. 기론의 연장선에서 나오는 개념이다. 정신 개념은 영혼과 혼백의 차이와 마찬가지로 동서 사상의 중요한 차이를 드러내는 주제다.

13 『논형』「사위」: “臣聞之, 神不歆非類, 民不祀非族, 君祀無乃殄乎?”

14 『주자어류』「논어21」: “若曰氣聚則生, 氣散則死, 才說破則人便都理會得. 然須知道人生有多少道理, 自稟五常之性以來, 所以父子有親, 君臣有義者, 須要一一盡得這生底道理, 則死底道理皆可知矣.”

15 『주자어류』「석씨」: “氣聚則生, 氣散則死, 順之而已, 釋老則皆悖之者也.”

16 『논어』「선진」: “子畏於匡, 顏淵後. 子曰, 吾以女為死矣. 曰, 子在, 回何敢死?”

17 『공자가어』「육본」: “子路之為人奚若. 子曰, 由之勇賢於丘.”

18 『논어』「공야장」 “子曰, 道不行, 乘桴浮于海. 從我者其由與? 子路聞之喜. 子曰, 由也好勇過我, 無所取材.” 『논어』「술이」: “子謂顏淵曰, 用之則行, 舍之則藏, 唯我與爾有是夫! 子路曰, 子行三軍, 則誰與? 子曰, 暴虎馮河, 死而無悔者, 吾不與也. 必也臨事而懼, 好謀而成者也”

19 『공자가어』「안회」: “顏回問子路曰, 力猛於德, 而得其死者, 鮮矣. 盍慎諸焉!”

20 『논어』「옹야」: “敬鬼神而遠之.”

21 『논어』「요왈」: “不知命. 無以為君子也”

22 『장자』「대종사」: “死生, 命也, 其有夜旦之常, 天也.”

23 『주역』「상전」: “山上有澤, 咸, 君子以虛受人.”

24 『주자어류』: “生便帶着個死底道理.”

제5장 성리학의 죽음 이해

1 『순자』「예론」: “禮有三本. 天地者, 生之本也. 先祖者, 類之本也. 君師者, 治之本也. 無天地, 惡生? 無先祖, 惡出? 無君師, 惡治? 三者偏亡, 焉無安人. 故禮, 上事天, 下事地, 尊先祖, 而隆君師. 是禮之三本也.”

2 『순자』「유효」: “性也者, 吾所不能為也.”

3 『순자』「예론」: “性者本始材朴也.”

4 『순자』「정명」: “不事而自然謂之性.”

5 『순자』「정명」: "性者天之就也."

6 『순자』「천론」: "故人之命在天, 國之命在禮."

7 『순자』「유좌」: "死生者, 命也" 도가 사상가로 유명한 장자도 『장자(내편)』「덕충부」에서 "死生, 命也, 其有夜旦之常, 天也."라고 명命을 규정한다. 선진 사상가들의 공통 인식이라는 것을 확인할 수 있다.

8 『순자』「천론」: "故人之命在天, 國之命在禮."

9 유교의 삼경 중의 하나인 『서경(상서)』에는 그런 사고가 표현되고 있다. "천지는 만물의 부모, 인간은 만물의 위대한 신비다.(惟天地萬物父母, 惟人萬物之靈.)"(『상서』「태서」) 나아가 주역의 함괘의 단전에도 비슷한 생각이 표현되고 있다. "천지가 교감하여 만물을 낳는다. 성인은 사람의 마음을 움직여 천하가 평화를 이룬다.(天地感而萬物化生, 聖人感人心而天下和平.)" (『주역』「함괘 단전」)

10 "천지의 위대한 덕을 생이라고 말한다. 성인의 위대한 보물을 위라고 말한다.(天地之大德曰生, 聖人之大寶曰位.)"(『주역』「계사전하」)

11 『주역』「관괘 단전」: "觀天之神道, 而四時不忒, 聖人以神道設教, 而天下服矣."

12 『이정집』: "人之初生, 受天地之中, 稟五行之秀, 方其稟受之動, 仁固已存乎其中."

13 『이정집』「명도선생문4 묘지명」: "死而不忘于正, 可謂至矣."

14 『주자어류』「학7 역행」: "味道問, 死生是大關節處. 須是日用間雖小事亦不放過, 一一如此用工夫, 當死之時, 方打得透. 曰, 然."

15 『논어집주』「태백8」: "不守死, 則不能以善其道. 然守死而不足以善其道, 則亦徒死而已. 蓋守死者篤信之效, 善道者好學之功."

16 『주자어류』「논어27 위령공」: "問, '無求生以害仁, 有殺身以成仁.' 一章, 思之. 死生是大關節, 要之, 工夫卻不全在那一節上. 學者須是於日用之間, 不問事之大小, 皆欲即於義理之安, 然後臨死生之際, 庶幾不差. 若平常應事, 義理合如此處都放過, 到臨大節, 未有不可奪也. 曰, 然."

17 『장자정몽주』「대심」: "善吾生者善吾死. 死生不易其素, 一以貫之大之德矣."

18 『전습록』: "學問功夫, 于一切聲利嗜好, 具能脫落殆盡. 尙有一種生死念頭, 毫無挂帶, 便于全體有未融釋處. 人于生死念頭, 本從生身命根上帶來, 故不易去. 若于此處見得破, 透得過, 此心全體方是流行無碍, 方是盡性至命之學."

19 『전습록』: "當生則生, 當死則死, 斟酌調停, 無非是致其良知, 以求自慊而已."

20 『잠서』「이재」: "君子有四不死. 權奸擅命, 天子斂手, 欲救而逆之, 如冶爐燎羽耳, 當是之時, 君子不死也. 朋黨相訾, 有伏戎焉, 自賢而非人, 自白而濁人, 禍不移影, 當是之時, 君子不死也. 興廢用捨, 非所以安危者則不爭, 抗言爭之, 或以激怒, 當是之是, 君子不死也. 大命旣傾, 人不能與, 君死矣, 國亡矣, 非其股肱之佐, 守疆之重臣, 而委身徇之, 則

過矣. 當是之時, 君子不死也. 此四不死者, 死而無益於天下, 是以君子不死也."

21 『잠서』「이재」: "君子有三死. 身死而大亂定, 則死之. 身死而國存, 則死之. 身死而君安, 則死之."

제6장 삼불후, 유교적 불멸의 탐구

1 여기서 맥락적 의미를 먼저 깊이 생각해 보아야 한다. 군신, 부자하면 먼저 알레르기 반응을 보이는 ~주의자들은 조금 더 차분하게 유교적 윤리가 말하는 바의 맥락적 의미를 이해할 필요가 있다. 그렇게 그것의 본래 의도를 이해하고, 그 다음에 탈맥락화 과정을 거쳐 새로운 의미를 부여할 필요가 있다. 그런 두 단계를 거친 다음에 비판을 해도 할 수 있다. 먼저 전통적인 의미에 대해 설명하고, 탈맥락화를 통한 현대적 재해석 가능성에 대해 말해 볼 것이다.

2 『논어』「팔일」: "祭如在, 祭神如神在."

3 『예기』「중용」: "鬼神之爲德, 其盛矣乎. 視之而不見, 聽之而不聞, 體物而不可遺. 使天下之人齋明盛服, 以承祭祀, 洋洋乎如其上, 如在其左右."

4 『예기』「제의」: "唯聖人為能饗帝, 唯孝子為能饗親. 饗者, 鄉也. 鄉之, 然後能饗焉."

5 『예기』「문상」: "祭之宗廟, 以鬼饗之."

6 『예기』「중용」: "踐其位, 行其禮, 奏其樂, 敬其所尊, 愛其所親, 事死如事生, 事亡如事存, 孝之至也."

7 『예기』「예운」: "禮義也者, 人之大端也. … 所以養生送死事鬼神之大端也."

8 『예기』「중용」: "郊社之禮, 所以事上帝也. 宗廟之禮, 所以祀乎其先也. 明乎郊社之禮, 禘嘗之義, 治國其如示諸掌乎!"

9 『예기』「예운」: "故唯聖人爲知禮之不可以已也, 故壞國, 喪家, 亡人, 必先去其禮."

10 『위원집』「묵고상」: "鬼神之名, 其有益於心, 陰輔王教者甚大."

11 『주역』「관괘 단전」: "觀天之神道, 而四時不忒, 聖人以神道設教, 而天下服矣."

12 『논형』「사위」: "凡人之死, 皆有所恨, 志士則恨義事未立, 學士則恨問多不及, 農夫則恨耕未畜谷, 商人則恨貨財未植, 使者則恨官位未極, 勇者則恨材未優. 天下各有所欲乎, 然而各有所恨. 必有目不瞑者為有所恨, 夫天下之人, 死皆不瞑也."

13 『좌전』「양공 24년」: "二十四年, 春, 穆叔如晉, 范宣子逆之問焉, 曰, 古人有言曰, 死而不朽, 何謂也. 穆叔未對, 宣子曰, 昔丐之祖, 自虞以上為陶唐氏, 在夏為御龍氏, 在商為豕韋氏, 在周為唐杜氏, 晉主夏盟為范氏, 其是之謂乎. 穆叔曰, 以豹所聞, 此之謂世祿, 非不朽也. 魯有先大夫曰臧文仲, 既沒, 其言立, 其是之謂乎. 豹聞之, 大上有立德, 其次有立功, 其次有立言. 雖久不廢, 此之謂不朽. 若夫保姓受氏, 以守宗祊, 世不絕祀, 無國

無之. 祿之大者, 不可謂不朽."

14 『예기』에는 국가 사전祀典에 등록될 수 있는 자격을 언급하는 부분이 있다. 주로 입공立功을 기준으로 삼는다. 『좌전』의 삼불후와는 약간 다르지만, 기본 입장은 동일하다는 것을 알 수 있다."夫聖王之制祭祀也, 法施於民則祀之, 以死勤事則祀之, 以勞定國則祀之, 能御大菑則祀之, 能捍大患則祀之. … 此皆有功烈於民者也, 及夫日月星辰, 民所瞻仰也, 山林川谷丘陵, 民所取材用也. 非此族也, 不在祀典."(『예기』「제법」)

15 『위원집』「묵고상 학편9」: "君子之言, 有德之言也. 君子之功, 有體之用也. 君子之節, 仁者之勇也. 故無功節言之德, 於世爲不曜之星. 無德之功節言, 於身爲無原之雨. 君子皆弗取焉."

제7장 억울한 죽음을 없게 하라!

1 프랑스의 고전학자 폴 벤느는 『그리스인들은 신화를 믿었는가? *Les grecs ont-ils cur à leurs mythes?*』(김운비 옮김, 이학사, 2002)라는, 신화학과 상상력에 관한 훌륭한 책에서 '구성적 상상력imagination constuitive'이라는 개념을 사용하여 신화를 형성하고 그 신화를 믿었던 그리스인들의 정신 종교 세계를 설명한다. 죽지 않음과 다시 태어남의 상상력은 전형적으로 신화적인 상상력의 연장선에 위치하며, 그 상상력의 성질을 벤느를 따라 '구성적 상상력'이라고 이름 붙일 수 있을 것이다.

2 공식적으로 기독교가 귀신의 존재를 승인하고 귀신에 관한 체계적인 이론을 발전시키지는 않았다. 기독교 신학의 체계를 정리한 조직신학(組織神學, systematic theology) 책에서 귀신의 항목을 발견할 수 없다. 공식적인 침묵에도 불구하고 귀신의 실재에 관한 민중적 신앙은 기독교 세계에서 널리 존재한다.

제8장 죽음과 유교적 상상력

1 『논어』「태백」: "曾子曰, 士不可以不弘毅, 任重而道遠. 仁以為己任, 不亦重乎? 死而後已, 不亦遠乎?"

2 종교와 철학이라는 서양 개념의 수입 과정 및 종교와 철학이라는 개념의 의미의 변천에 대한 정리된 논의를 찾기가 쉽지 않다. 종교 개념의 대강의 의미에 대해서는 니니안 스마트, 『종교와 세계관』(김윤성 옮김, 이학사, 2000) 정도를 참조하면 종교를 포괄적으로 이해하는 데 도움을 받을 수 있을 것이다. 종교 개념의 형성 과정에 대한 연구로는 조나단 스미스, 윌프레드 캔트웰 스미스의 저작을 참조하면 좋다. 그러나 어떤 연구든 종교를 완전하게 설명하지 못한다. 종교는 정의 불가능한 개념이라고 말하는

편이 더 낫다. 철학도 마찬가지다. 서양에서 탄생한 철학은 본래 '삶의 기술'(ars vitae, art of liviing) 혹은 '영혼의 훈련' '영혼에 대한 배려'의 사유와 실천이었다. 그런 점에서 기독교 역시 철학의 한 흐름이라고 말할 수 있었다. 그러나 근대 이후, 철학의 성격이 변하고 철학의 방향이 달라졌다. 철학 개념이 인식론, 바른 지식을 얻는 규칙을 탐색하는 학문으로 변하면서, 기독교 등 '삶의 기술'에 관심을 가지는 사유와 실천은 종교라는 이름을 얻게 된다. 그런 개념의 역사적 배경을 고려하지 않고, 유교를 철학, 혹은 종교와 연결시키는 논의는 문제가 있다. 유교, 도교, 불교는 삶의 기술, 영혼의 훈련으로서의 성격이 대단히 강하다. 그렇다면 그것은 종교인가, 철학인가? 무의미한 질문이다.

3 『논어』「자로」: "子曰, 剛毅木訥, 近仁."

4 『논어』「양화」: "好剛不好學, 其蔽也狂."

5 『논어』「안연」: "君子之德風, 小人之德草. 草上之風, 必偃."

6 『논어』「리인」: "富與貴是人之所欲也, 不以其道得之, 不處也."

7 『논어』「술이」: "不義而富且貴, 於我如浮雲."

8 『논어』「태백」: "邦有道, 貧且賤焉, 恥也. 邦無道, 富且貴焉, 恥也."

9 고대 유학의 대사상가 순자는 '예는 법의 큰 분할이다.(禮者, 法之大分.)'(『순자』「권학」)이라든가, '나눔은 분分보다 더 중요한 것이 없고, 분分은 예보다 더 중요한 것이 없다.(辨莫大於分, 分莫大於禮.)'(『순자』「비상」)라고 말하면서, 예를 한마디로 '나누는 것[分]'이라고 규정한다. 그 때 '나눈다[分]'라는 말이 담고 있는 다양한 함의를 한마디로 풀이하는 것은 어렵다. 하지만, 그것을 죽음의 의례라는 현상에 국한시켜 본다면, 그것은 죽은 자와 산자를 '구분하고, 분리한다'는 의미로 이해할 수 있을 것이다.

| 찾아보기 |

[ㅈ]

[ㅊ]

타나토스총서 09

죽음의 정치학

등록 1994.7.1 제1-1071
1쇄 발행 2015년 5월 29일

지은이 이용주
펴낸이 박길수
편집인 소경희
편 집 조영준
관 리 위현정
디자인 이주향
펴낸곳 도서출판 모시는사람들
110-775 서울시 종로구 삼일대로 457(경운동 88번지) 수운회관 1207호
전 화 02-735-7173, 02-737-7173 / 팩스 02-730-7173

인 쇄 상지사P&B(031-955-3636)
배 본 문화유통북스(031-937-6100)
홈페이지 http://modl.tistory.com/

값은 뒤표지에 있습니다.
ISBN 979-11-86502-06-8 94100
SET 978-89-97472-87-1 94100(세트)

이 도서의 국립중앙도서관 출판예정도서목록(CIP)은 서지정보유통지원시스템 홈페이지(http://seoji.nl.go.kr)와 국가자료공동목록시스템(http://www.nl.go.kr/kolisnet)에서 이용하실 수 있습니다.(CIP제어번호: 2015014239)